本书为山东省自然科学基金"考虑政府补贴的产能共享供应链协调策略研究"（项目编号：ZR2021QG045）课题成果。

产能共享

竞合博弈与决策优化

CAPACITY SHARING

Co-opetition Game and Decision Optimization

谢磊 韩红帅 张传义 著

中国社会科学出版社

图书在版编目（CIP）数据

产能共享：竞合博弈与决策优化／谢磊，韩红帅，张传义著． —北京：中国社会科学出版社，2024.4
 ISBN 978-7-5227-3171-1

Ⅰ.①产… Ⅱ.①谢…②韩…③张… Ⅲ.①制造工业— 工业企业—经济合作—研究—中国 Ⅳ.①F426.4

中国国家版本馆 CIP 数据核字（2024）第 044556 号

出 版 人	赵剑英	
责任编辑	黄 山	
责任校对	贾宇峰	
责任印制	李寡寡	
出　　版	中国社会科学出版社	
社　　址	北京鼓楼西大街甲 158 号	
邮　　编	100720	
网　　址	http://www.csspw.cn	
发 行 部	010-84083685	
门 市 部	010-84029450	
经　　销	新华书店及其他书店	
印　　刷	北京明恒达印务有限公司	
装　　订	廊坊市广阳区广增装订厂	
版　　次	2024 年 4 月第 1 版	
印　　次	2024 年 4 月第 1 次印刷	
开　　本	710×1000　1/16	
印　　张	15.25	
插　　页	2	
字　　数	228 千字	
定　　价	49.00 元	

凡购买中国社会科学出版社图书，如有质量问题请与本社营销中心联系调换
电话：010-84083683
版权所有　侵权必究

目　录

第一章　绪论／·1
　　第一节　本书的研究背景／·3
　　第二节　本书的研究内容／·5
　　第三节　相关研究现状／·7
　　　一　产能共享的驱动因素／·7
　　　二　产能共享的运作形式／·11
　　　三　产能共享的影响／·18
　　　四　未来研究展望／·20
　　第四节　本书的结构／·22

第二章　环境友好型制造的产能共享与产能投资策略选择／·25
　　第一节　问题背景／·27
　　第二节　问题分析／·29
　　　一　产能投资与产能共享情况／·29
　　　二　产能投资与产能共享比较／·35
　　　三　产能投资策略的稳定性分析／·38
　　第三节　结论／·45
　　　一　管理启示／·45
　　　二　结论和未来研究展望／·46

第三章　损失敏感型制造商的产能需求策略／·49
　　第一节　问题背景／·51
　　第二节　问题分析／·52

一　单一产能需求制造商的最优策略分析/·54
　　　二　n个产能需求制造商的最优均衡策略分析/·66
　第三节　结论/·71

第四章　季节性产品制造商的产能定价博弈研究/·73
　第一节　问题背景/·75
　第二节　问题分析/·76
　　　一　销售旺季制造商的均衡策略及其稳定性分析/·81
　　　二　销售淡季制造商的均衡策略及其稳定性分析/·90
　　　三　产能共享策略的不稳定性及其控制方法/·95
　第三节　结论/·98

第五章　有限产能的自产和共享优先策略分析/·99
　第一节　问题背景/·101
　第二节　问题分析/·102
　　　一　绿色产能充足时的产能共享决策/·104
　　　二　绿色产能不足时的产能共享情形/·109
　　　三　绿色供应链契约设计/·112
　第三节　结论/·114

第六章　产能供求双方的产能合作与价格竞争竞合博弈均衡策略研究/·117
　第一节　问题背景/·119
　第二节　问题分析/·120
　　　一　供给方和需求方具有不对等谈判能力的动态决策/·123
　　　二　供给方和需求方具有对等谈判能力的动态决策/·132
　　　三　利润和系统稳定性的比较/·136
　　　四　均衡解的混沌控制/·140

五　平台对产能共享制造商决策及其稳定性的影响／·140
　第三节　结论／·148

第七章　跟单服务与溢短交易下产能共享供应链均衡策略选择／·151
　第一节　问题背景／·153
　第二节　问题分析／·156
　　一　跟单服务与溢短交易策略组合／·156
　　二　溢短交易与跟单服务均衡策略／·161
　　三　基于数值模拟比较不同策略组合／·165
　第三节　结论／·168

第八章　考虑平台匹配失败的产能共享竞合博弈与渠道策略研究／·171
　第一节　问题背景／·173
　第二节　问题分析／·174
　　一　情况（a）：无产能共享／·176
　　二　情况（b）：无平台参与的产能共享模式／·177
　　三　情况（c）：通过平台实现产能共享的情形／·179
　　四　产能共享双方产能共享偏好分析／·181
　　五　制造产能共享系统的可持续性分析／·184
　　六　扩展分析／·192
　第三节　结论／·194

第九章　考虑公平关切的制造产能共享平台智能匹配推荐算法／·197
　第一节　问题背景／·199
　第二节　问题分析／·200
　　一　产能供需双方及平台的描述／·200

二　产能供需匹配算法/·204
　　三　优化结果分析/·211
　第三节　结论/·224

参考文献/·225

第一章 绪论

第一章 绪 论

第一节 本书的研究背景

制造业是我国实体经济的重要组成部分，是国民经济的脊梁。随着共享经济的发展和物联网、大数据、云计算等数字化新技术的推广应用，我国制造业迎来转型升级的发展变革关键时期。习近平总书记在党的二十大报告中强调高质量发展是全面建设社会主义现代化国家的首要任务，指出要坚持以推动高质量发展为主题，坚持把发展经济的着力点放在实体经济上，推进新型工业化，加快建设制造强国。因此，制造业高质量发展是构筑现代化产业体系的重要支撑。当前，制造业面临部分企业产能闲置和部分企业产能不足的现实问题。如何整合制造业闲置产能资源满足多样化产能需求是制造业产能升级进而实现高质量发展亟须突破的困局。在共享经济的迅速发展及应用浪潮下，围绕各制造环节，运用共享的理念，整合并高效配置分散制造资源和能力的制造业产能共享模式受到政府、业界和学者们的重视。国家信息中心分享经济研究中心发布的《中国共享经济发展报告（2023）》指出制造业共享经济发展步伐加快，2022年生产能力共享交易额居共享经济市场规模第二名，为12548亿元。"十四五"期间，共享制造将会成为制造业高质量发展的重要抓手，大型制造企业的资源开放以及共享平台对制造企业的赋能将成为共享制造未来发展的重要支撑。国务院印发的《"十四五"数字经济发展规划》指出要鼓励和支持互联网平台、行业龙头企业等立足自身优势，开放生产和服务能力，以赋能传统企业和中小企业转型升级，推动线上线下相结合的创新协同、产能共享、供应链互通。

党的二十大报告着重提出要推动制造业高端化、智能化、绿色化发展，指明了制造业高质量发展的前进方向。而制造业产能共享正契合此发展路径，一方面，制造业产能共享可推动制造企业接入工业互联网平台，促进平台赋能下的大中小型制造企业的产能升级和数字化转型，借助数字技术实现数字经济和实体经济的深度融合；另一方面，制造业产能共享依托工业互联网平台实现闲置资源的盘活利用，有利于提高资源利用率，以先进环保产能逐步淘汰落后产能，助力经济社会和环境的绿色高质量发展。因此，制造业产能共享有助于加快重构制造业供需结构，可助推构建数字驱动的制造业增长引擎、激发制造业的绿色创新活力，进而推动制造业高质量发展。

目前，我国已经有不少企业开始实践产能共享。例如，中国山东省德州市武城县是"中国制冷空调北方产业基地"，存在大量空调设备制造企业，其中包含许多"散乱污"的中小型企业，面临产能落后、产品同质化、恶性竞争等问题，亟须进行产能升级和绿色转型。当地的中威集团以"协作共享、效益优先"的原则提出并实施了"共享工厂"模式，吸纳产能落后或者不足的中小企业加入，与之共享品牌、车间、设备等生产制造产能，并从中获得一部分服务费，从而提升生产效益，形成优质的产业链条。类似地，青岛双星集团和青岛启航联合公司共同出资打造了全球首个橡胶绿色密炼"共享工厂"，以龙头企业带动园区企业的模式，对现有橡胶密炼产能整合集约，中小企业可以在避免巨额投资下使用先进的智能设备，极大提升生产效率并降低能耗，践行的是由行业内大型企业牵头搭建共享工厂的产能共享模式。共享工厂的所有者拥有厂房、机器等生产资源的所有权，与进驻工厂的企业共享使用权。同时，生产过程中的各个环节，包括设计、研发、管理、生产、运输、销售等都可以实现不同程度的共享。通过产能共享，产能过剩的企业可以充分利用闲置的产能，降低生产成本，优化生产结构，以更好利用自身资源获取更多的收益；而产能不足的中小型企业通过产能"共享工厂"模式低成本地共享大企业的优质制造资源，专注于生产，实现企业产能的升级转型。

在共享工厂中，企业之间由原来的竞争关系变为竞合关系，同类企业之间的恶性竞争转化为资源因素的相互配合和运营决策的相互影响。由于在共享工厂参与的产能共享供应链中，除了产能供需双方外，还有双方的各自上下游企业、第三方服务商等角色，因此集中采购时供应商的定价、多种零售渠道的竞争、第三方服务商的服务水平以及市场不确定因素等都会对产能共享参与主体的决策形成重要影响。

随着工业互联网技术以及平台经济的发展，产能共享的业态和模式不断丰富和创新。由工业互联网企业搭建产能共享平台，连接生产和服务能力的供需双方进行匹配调度，为企业提供产能共享交易市场的产能共享模式也受到政府和业界的关注及认可。例如，航天云网 INDICS 工业互联网平台（http：//www.casicloud.com/）利用大数据和云计算等技术助力产能供需双方通过平台实现精准对接，极大地降低了交易成本，也可围绕制造过程提供一系列增值服务。海尔集团 COSMOPlat 工业互联网平台（https：//store.cosmoplat.com/）基于生产过程、研发设计、运营管理等环节搭建相关服务供应方集群，为需要制造服务的企业提供支持。智能云科旗下的 iSESOL 工业互联网平台的 BIZ 版块（https：//biz.isesol.com/）提供制造业生产采购和供应的平台，并为制造企业提供工艺设计和改善等相关制造服务。阿里巴巴旗下的 1688 找工厂平台（https：//factory.1688.com/）整合中小型制造企业空闲生产能力和资源，助力产能需求方匹配提供方，实现产能的高效利用和生产效率的提升。产能共享平台大大提高了产能供需匹配成功率，助力产能资源整合和提升，创造了巨大的经济价值和社会效益。

基于以上研究背景，本书以产能共享实践中出现的现实问题为驱动，从产能供给方、产能需求方、产能共享平台等不同产能共享参与主体的角度展开研究，将现实问题映射为理论模型，运用博弈论、非线性理论、数学建模以及数值实验等理论、方法和工具，对企业的产能规划、定价、共享合作伙伴的选择和匹配等运营优化决策进行分析，为企业的管理决策提供参考建议。

第二节　本书的研究内容

本书第一章首先介绍了研究背景，指出我国制造企业间共享产能的发展现状和趋势，以产能共享领域实际案例为依据，介绍本书涉及的多方研究主体，阐述本书的理论与实践意义，并从产能共享的驱动因素研究、产能共享的运作形式研究、产能共享对企业和社会的影响研究等角度对现有相关文献进行了综述，探究适应制造产能共享的发展环境，探讨产能共享对企业效益和社会发展的影响。

第二章探究了无第三方平台参与下环保产能有限的制造商在产能投资策略与参与产能共享策略之间的选择。首先通过比较基准模型与产能投资模型、产能共享模型下的最优均衡找到两种策略的使用条件，其次通过利润比较探究制造商对两种策略的选择偏好，最后利用混沌理论研究了产能有限制造商为维持决策系统稳定的产能投资调整机制。

第三章分析了无第三方平台参与且市场需求不确定下损失敏感型制造商的产能需求策略。通过构建产能不足制造商的产能需求决策模型，分析了制造商的损失敏感程度对其产能订购量的影响，并对均衡策略进行稳定性讨论，分析了产能订购量的调整策略和市场不确定程度对产能共享系统稳定性和可持续性的影响，进一步扩展到多个产能需求方的模型，剖析异质企业的不同决策调整规则对系统稳定性的影响。

第四章考虑无第三方平台参与下，研究具有闲置产能的双寡头制造商为自身闲置产能进行定价的过程，并分析产能供给市场中的价格竞争均衡策略。探讨制造商在提供闲置产能过程中的价格竞争行为，并且通过周期性产品在销售旺季和销售淡季的不同表现，分析了产能供给方在不同市场环境中的定价决策，以及不确定的产能需求对系统稳定性的影响，进而给出针对产能共享策略不稳定性的控制方法。

第五章在共享工厂绿色产能不足以完全满足产能供需企业生产的条件下，构建了具有产品竞争关系的两个制造商产能共享博弈模型，探究绿色产能供给方的产能合理配置问题，在此基础上分析了产能落后方的成本共担契约和收益分享契约在促进绿色产能共享中的作用。

第六章基于双渠道竞争模型的供应链结构，研究了产能供求双方的产能合作和价格竞争策略。分别考虑产能供求双方具有对称的权力结构和非对称的权力结构，研究了制造商的均衡决策以及均衡决策的局部稳定性，并且分别比较了两种权力结构下制造商的收益和系统稳定性的表现。进一步考虑平台收取的服务费用对制造商决策的影响。

第七章考虑第三方平台参与下，探究了"跟单服务"与"溢短交易"下产能共享供应链的均衡策略。构建由产能充足制造商、产能不足制造商和平台跟单服务商组成的供应链，探究产能充足制造商和产能不足制造商分别对"溢短交易"模式和"跟单服务"模式的选择策略，以及分析三种策略组合下制造商的均衡策略，并关注产能供给方的定价机制设计。

第八章探究了产能需求方参与产能共享的渠道选择问题。第三方平台参与下产能供求双方参与产能共享匹配率提高但会顺势产生错配情况，因此本章研究不进行产能共享、供求双方自行共享和依托平台进行产能共享下的最优决策，研究了平台的策略对制造商决策的影响，并对制造产能共享系统的可持续性进行分析。

第九章研究了第三方产能共享平台的匹配问题。从平台和产能供求双方的角度，研究了平台利润、供应方利润总和和需求方剩余效用总和，并且根据需求方不同要求讨论了两种不同的匹配方案，进而开发了基于传统 GA 和基于 NSGA-II 的两种元启发式算法以优化产能匹配，提出了有效的方案修复机制。

第三节 相关研究现状

一 产能共享的驱动因素

目前，产能共享的影响范围已经覆盖全球。面对产能共享新的发展形式，产能共享模式定将成为未来共享经济的主战场。由于决策者选择产能共享决定的出发点不同，所呈现出的内容也各有不同，因此本节汇总了相关文献，从不同视角展开，分别探讨不同对象视角下的产能共享驱动因素，其分别为企业视角、政府视角和产业视角。

（一）企业内因驱动

从企业内部视角展开，决策者不仅需要对企业的营收利润负责，还需要对企业规划发展负责。决策者选择了产能共享,其最基础的目标便是企业利润,结合当前国际局势来看,我国制造业面临着诸多难题,原料获取问题,制造成本、人力成本、技术成本等成本的不断攀升,同时我国还存在不少制造业低端产能过剩问题,而高端制造业又面临产能不足的窘境,制造业处在产业链"微笑曲线"低谷处,发展前景受阻,依此本节就将从基础利润需求和进阶发展需要两个方面展开。

1. 基础利润需求

企业经营利润的提升往往是决策者所考虑的第一要素,也是经营者进行产能共享的最主要目标。诸多学者以企业利润为出发点对产能共享问题展开研究。通常参与产能共享的企业都面临供需不匹配的问题(Qin 等,2020),因此企业为了解决这一棘手问题,选择了产能共享,这其中有通过推迟灵活性和产能共享互补性来回避产能成本过高问题(Wei,Zhang,2021),有的是企业通过建立产能预测信息共享策略来获取最大利润(Wei 等,2021),有的联合线性转移支付签约机制和收入共享签约机制下的合作战略追求更多利润(Fang,Wang,2020),甚至是在遇到突发事件下导致的产能中断这样的极端情况下,采用动态策略减少损失(Gan 等,2007;Shao,2018)等一系列不同的应对举措。上述案例所面临的问题都是供需不匹配导致企业利益受损,企业面对利润的态度或是追逐更高利润,或是规避产能亏损。当然除了供需问题外,还有产能限制情况,例如碳配额和减排约束(李辉等,2018a),例如 Chen 等(2022)分析了双寡头发电厂的制电价下能力共享合同,在打破产能限制同时创造了双赢局面。Xie 和 Han(2020)根据严格环境规章制度淘汰过时和对环境有害的生产能力后,环境友好型产能不足的情况下,针对环境友好型产能有限的制造商为解决这一问题采取的产能共享的分析。综上所述的案例不难看出,制造企业推行产能共享模式的目的在于解决企业产能过剩与产能不足的矛盾导致利益受损这一根本问题,利润作为企业的基础任务目标,为企业推行产能共享提供了充足的驱动力。

2. 进阶发展需要

产能共享模式是数字化和实体制造进一步融合的体现，其模式基于创新创造制造业价值，决策者推行该模式除了追求利润，还会考虑企业发展的进阶目标。为了突破当前制造业发展受阻的困境，在数字经济产业结合的大背景下，制造业企业迫切地需要升级产业，对产业进行数字化转型，随着互联网产业的发展壮大，给予了企业转型的发展支撑，其中的数字智能化保障了产能共享的进行（鲍世赞、蔡瑞林，2017）。这其中的代表就是"淘工厂"，即将加工企业与全球采购资源匹配，为需求方适配最合适的制造商（张玉明等，2020）。数字技术刺激了企业闲置资源，放宽企业专属制造能力的约束，使得生产价值链数据可以在云端观测并做出调整决策，从而提升了企业制造能力精确性和生产效率（Hozdič，2015），这其中有涉及交付时间（邰丽君等，2013；苏凯凯等，2015b）、加工时间（Yi等，2020；Que等，2018）、响应时间（Liu等，2017）、可靠性（易安斌等，2017；赵金辉、王学慧，2016）。此外，面对市场无时无刻的变化，小众化、定制化产品需求量越来越大，制造企业发展也迫切需要柔性制造能力，产能共享就旨在将产能制造进行数字化、模块化改造，使得企业能够获得个性化生产，柔性化生产，定制化生产的能力（唐亚汇、李凌，2017；苏凯凯等，2015a）。

（二）政府政策导向

2019年11月国家发展改革委等15部门联合印发的《关于推动先进制造业和现代服务业深度融合发展的实施意见》指出："先进制造业和现代服务业深度融合是顺应新一轮科技革命和产业变革，增强制造业核心竞争力、培育现代产业体系、实现高质量发展的重要途径。要推进建设智能工厂、推广柔性化定制、发展共享生产平台，强化产业链龙头企业引领作用，提升平台型企业和机构综合服务效能"（国家发改委，2019）。因此，从政府视角来看，随着工业4.0时代的到来，制造业服务化发展趋势日益明显，产能共享则是打造先进制造业和现代化服务业的深度结合的重要利器（国务院，2016），其目标正对应我国"中国制造向中国创造转变，中国速度向中国质量转变，制造大国向制造强国转变"的制造业转型目标（周济，2015）。

随着我国制造业稳步发展，如今我国已经进入了工业化后期，传统制造业所面临的供给侧问题越发明显，整个产业当中低端过剩的产能已经无法被当下市场消化。此外，需求侧的驱动力也展现出疲软势态，行业的边际报酬比递减，与消费者的需求发生脱节，缺少个性化产品，供给结构与需求结构错位，矛盾突出。整个行业内部资源分配不均，制造能力闲置，中国制造业应当从供给侧视角出发探寻新的商业模式来应对当下挑战，这其中产能共享模式脱颖而出，该模式旨在将冗余的制造生产资源，包括原材料，设备，制造能力等生产能力相关要素整合汇聚，将其输送到需求方或者共享平台，进行再分配，并且结合云端、物联网、大数据等新晋技术（姚锡凡等，2016），实施资源对接，任务调配，精准匹配，最终实现产能共享的市场目标——对整个行业的制造资源和生产能力的优化（郑志来，2016）。

（三）产业目标驱动

从全产业角度来看，在"共享工厂"模式下，对于需求方而言，其可根据采购习惯和标准灵活选择供给方，这种基于大数据支持下的精准匹配，能够更好地满足服务需求方的需要，解决了制造业需求不对称的问题，基于此产能共享模式达成大中小企业的协同合作，企业之间为了共同达成相同的目标，共同承担产能共享风险，共同享有共享利润（Tao等，2017a）。在全行业内推新共享，极大发挥中小企业在行业内的作用，既可以弥补大型企业中缺乏柔性灵活的短板，又可以促进中小企业的发展，为中小制造企业提供了强大的生产动力，并且降低了大型企业内设备闲置率，从而实现产品协同制造，更好地满足市场需求，做到制造业的合力凝聚。自此，制造业内凝聚了产能合作，产能共享可以应对新兴共享经济下个性化消费需求，同时，这种需求又反向刺激了制造供给上的创新（徐婷婷、苏鸿飞，2018）。企业借助互联网平台，可以优化生产成本（陈晟恺等，2020），克服生产技术难题（任磊、任明仑，2018），提高创新的效率，减少企业创新创业的风险（余明桂等，2016）。

二 产能共享的运作形式

在现实企业实践中,产能共享的供需双方一般存在两种常见的共享形式:一是作为共享合作的参与方,各企业都有能力成为产能出借方的产能对称结构形式;二是其中的部分企业受到自身产能约束而无法成为产能借出方的产能不对称结构形式(Chen 等,2020)。本章节从产能共享结构的角度,分别从产能供需双方都可以出借产能的产能对称角度,以及只有一方可以出借产能,另一方一直受到产能约束的非对称产能的两个角度,综述现有研究的进展,汇总当前企业通过不同运作形式,进行产能共享的策略。

(一)供需双方产能对称

共享供应链作为共享经济的细分领域,本质上是对供应链上的剩余产品和闲置资源进行再利用和再分配。产能对称的企业之间有相似的生产设施,可以根据需要生产相似的产品。但面对不稳定的市场需求,企业会面临供需不确定的风险。为了实现生产经营的稳定,制造厂商往往会同生产能力对称的企业达成合作关系,在遇到供需风险时共同应对(Guo,Wu,2018)。在现有的产能对称企业案例中,开展产能共享的形式主要划分为两种:一是建立中介共享平台,产能需求方可以将剩余需求转移,即企业将订单分发给其他企业。这种形式的产能共享类似于分包,提供产能的一方并不直接面对市场需求方,而是在完成订单后直接将产品发送给产能需求方,并由产能需求方向市场出售产品。在这种情况下,共享合作所产生的额外收益主要通过购买或转移能力来实现在企业之间的分配。二是企业之间已成立联盟或达成协议,即当产能需求方需要产能时,其联盟伙伴或已达成协议的一方可以转移自己的过剩产能;产能需求方利用他人的能力直接生产自己的产品,以满足企业产品的外部需求。之后,双方将按比例分享额外收入(Jing,2020)。在明晰在线平台环境,确认企业制造资源共享的条件下,制造企业间长期演化的结果仅有产能共享和产能不共享两种选择。增加产能共享量、降低投机收益和共享成本系数均能提高制造企业产能共享意愿(辛依林,2020)。在"互联网+"环境下,产能共享的发展很多都依赖于共享平台（姚远等，2020），而供应链资源的供给方、平台及资源需求方三者需要深度整合、共享、动态优化配置资源，可以设立成本分担契约，在各方最优匹配努力的机制下，实现较好的共享激励效果（徐琪等，2021）。推进制造业产能共享，将不同制造资源进行拆分重组，通过调配整合来实现资源利用最大化，可以大幅减少制造业技术创新中的不利因素以及降低不同生产要素之间的协作成本，重构制造业的供需结构，激发创新活力。

1. 制造能力分享

在需求不确定的情况下，企业可以在产能投资之前或之后达成联盟协议，同意在未来分享产能（Shao，2021；Wei，Zhang，2021）。即使他们生产相似/相同类型的产品，但由于他们服务于不同的行业/市场/地区，为了应对市场/行业的动态特性而产生的供需不匹配问题，这也是现代企业经常会面临的挑战，而这种企业间的产能共享可以在提高企业竞争力方面发挥重要作用。企业通过提高生产可持续性，最小化销售损失来提高客户满意度，并提高设备利用率（Seok，Nof，2014a，b）。基于此，在产能对称的情况下，一众拥有自产产能的企业为了应对需求的不确定性，往往会选择采取签订合同的形式来协调实际需求与产能条件，像在集成器件制造商（IDM）和代工企业中，IDM既设计又制造半导体器件，而铸造厂只专注于制造。他们有两种类型的合同可以选择，包括双源约束和无双源约束，这两种合同均能够在很大程度上缓解企业的供给问题（Wu等，2013）。由于意外事件的随机行为，企业在短期内（例如一周）能够应对计划需求的产能对于厂内的某些运作站来说可能会过剩或不足。这种现象称为短期产能失衡问题，而建立了产能共享伙伴关系的两个半导体晶圆厂，在短期内厂内某些运作站产能不足的晶圆厂可以从已建立合作关系的晶圆厂处购买产能，以缓解短期产能失衡的问题（Wu，Chang，2007）。近年来，制造业的市场具有需求波动大、产品生命周期短、技术淘汰快、新产品引进快等特点。这些不可预测的市场变化迫使制造企业在两种策略中进行抉择：他们可以采取保守的产能扩张政策，但可能导致客户满意度下降，或者增加风险较高的产能投资。此外，工厂经常面临需求波动、机器故障、紧急订单和供应商延误等意外事件。由于这些事件的随机行为，工厂可以在短期内产能过剩或不足。在这种背景下，由地理上分散的不同工厂组成的生产网络也可以建立有效的合作范式，以提高对不可预测的市场变化的反应能力和主动性。这些网络使工厂能够对其运营的不同区域突发事件造成的产能失衡做出反应（Renna，Argoneto，2011，2010）。

制造商的订单分配作为供应链模型微观层面的重要组成部分，对提升整个供应链效率有着决定性作用，但需求层面的不确定因素加大了订单分配的难度。对于制造商来说，结合现有信息进行分散或集中决策。前者合理规划产能在各部分订单中的分配，而后者能够有效避免各参与方对彼此之间的边际影响（徐辉、侯建明，2016）。在制造业领域，制造企业可以利用物联网技术的智慧感知特点，实现企业对制造能力和制造资源的实时、动态感知，并通过虚拟接入技术接入云制造平台，再由云制造平台统一进行管理和服务，达到提高制造能力和优化制造资源的战略目标（赵道致、杜其光，2017）。通过硬软制造资源的共享，企业可以互补优势产能，结成具有虚拟组织特征的动态联盟，将云计算和物联网等高级信息技术应用在设计与生产活动当中，从而达成企业制造敏捷化和快速响应市场的目标（齐二石等，2017）。

2. 服务能力分享

提供服务的企业也会时常面临服务能力与需求不匹配的问题，例如，医院、机场、银行、电信系统。在面对需求与产能的不匹配的情况时，企业也会采用设定契约或签订合同的方式去合理规划产能的分配。在大多数情况下，企业面对排队系统问题时，每个公司的需求由一个独立的客户（或订单）流组成，这些客户（或订单）在一段时间内连续到达，到达间隔时间是随机的。公司决定提供相应的服务能力，最大限度地减少延迟成本和能力投资成本，从而提升客户的体验。公司也可以选择共同经营一个共享设施（Yu等，2015），例如，航空联盟的运作，其中独立的航空公司会管理不同的预定与信息系统，可以通过合作营销和运营代码共享来规划航线行程。各航空公司之间在面对顾客的激增时,可以相互转运客户,再通过协商固定的比例来分享这些航线所产生的收益,从而最大限度地保障航空公司运营的稳定(Hu等,2013)。

此外,企业的储存能力对其市场份额的影响不容小视。仓库容量约束一直是实现库存管理全渠道最优决策的障碍之一,延迟补货则被认为是单一买家情况下的一种解决方案(Yi,Sarker,2013)。而对于多买家情况,在买家的仓库之间转运可以作为提高供应链绩效的有效方法。转运的好处是双重的,一方面,在需求不确定的情况下,买家之间的转运可以提高客户服务水平;另一方面,在转运政策下,供应商可以通过将多个买家的产品暂时存放在另一个买家的仓库来提高仓储能力的利用率。通过这种方式,供应商可以在适当的时间点将这些产品转移到买方,供应商也可以从该种仓库容量共享策略当中获益(Feng等,2017a)。Renna和Argoneto(2011)研究了排队系统中独立的决策者通过相互间的容量转移来合作形成双赢的局面。对于这种形式的协作,区分出了两种排队系统:单服务器系统(M/M/1)和多服务器系统(M/M/s)。在单服务器系统中,容量传输转换为服务速率的传输;而在多服务器系统中,容量传输转换为离散数量的服务器的传输,通过这种针对性的协作,能够有效缓解容量不足带来的影响。另外,储能技术在多个电力市场提供多种服务方面发挥着至关重要的作用,在面对不同的风险规避能力,优化储电容量在市场中起到十分重要的作用。Yan等(2018)通过投资组合理论,量化风险规避能力,对不同市场环境下的储电能力进行优化管理,以实现储电技术所有者的利益最大化并降低运营风险。

(二)供需双方产能不对称

解决自身产能不足或者产能落后的一种常见做法是寻求产能充足或先进的一方进行产能共享,即拥有过剩产能的企业与自身产能无法满足其需求的企业合作。在产能不对称的结构下,产能落后一方会通过产能共享来弥补自身产能的不足,以应对激增的订单需求;产能先进的一方则会通过共享过剩产能,拓展盈利渠道以获得更多利润。当产能不对称的企业间共享部分产能时,每个企业的供需不匹配将在一定程度上得到重新平衡，参与共享的企业都能从中获得利润。在这种不对称的共享合作中，因为大企业拥有更强大的赋能能力，使得大企业能够位于共享合作中的突出优势位置，从而能够获取更多的收益（Fang，Wang，2020）。

在市场需求不确定和产能意外短缺的情况下，通过产能共享，企业能够及时交付给客户。在产能对称的情况下，约定过高的产能共享价格不一定会提高企业的收益。尽管产能共享能缓和价格竞争，但最优的产能转运价格和均衡利润可能受到产能需求方忠诚度的非单调影响。但是，当企业间的产能不对称时，产能共享可能会通过逆转企业在相对定价侵略中扮演的角色，进而加剧均衡竞争，损害企业盈利能力（Guo，Wu，2018）。Moghaddam 和 Nof（2014）研究了在不对称的情形下，寻找可匹配的最优产能共享方的 DCS 协议，在整个共享合作过程中签订协议的每一个参与决策者，其所扮演的角色都会随时间而变化。通过最佳匹配（BM）协议，企业根据用户需求和用户可用的共享产能，依靠用户之间的动态匹配而实现 DCS 成本的最小化。然而，产能共享双方往往会因为信息不对称等原因发生订单与实际交付不一致的情况。除了产能供需方，现实中也会存在第三方跟单服务商，在这种情形下，溢短交易和跟单服务都可以降低产能共享的加入门槛，使得更多企业加入到产能共享中（谢磊等，2022）。

在不对称产能共享中，供需双方最常见的共享形式为垂直产能共享，即供应链上制造商可以为其他厂商生产产品。在很多企业中，包括航空公司、测试和组装工厂，以及外包的维护和物流供应商，经常会通过协商产能的合作，以实现利润最大化和资源利用率最大化的目的。有时候，品牌商只从事研发、销售等环节，完全将生产过程外包给其他企业，国外最有代表性的例子有耐克、苹果（Wang 等，2013）等企业。而在国内，由于互联网技术的进步，这种形式的产能共享越来越受欢迎。中国的 1688 网站（tgc.1688.com）就是一个著名的垂直产能共享的例子。该网站是国内领先的闲置产能对接平台，汇聚了大量消费品行业的制造工厂，对于配对服务不进行收费，但对引入的制造企业有一定硬指标要求。平台通过帮助电商卖家解决找厂、测试小订单、备单、新产品开发等问题，以提升工厂生产效率。因此，探索供应链上下游企业之间的垂直产能共享具有重要的意义（Chen 等，2020）。类似地，在杭派女装共享产能平台案例中，用户偏好和平台匹配率会共同影响参与共享平台商户的定价策略，进而也会影响平台的经营运作（夏一丹，2021）。对于产能充足的一方，平台采用优先满足产能需求方需求的分配方式，这样不仅能够有效降低库存成本，还能够创造更高的共享产能价值，提高未来的产能合作意愿（廖诺等，2017）。对于这种产能不对称的垂直共享，上下游企业如何在产品生命周期短、资本投入密集和边际利润下降的情况下，有效实现资源和需求的协同整合，是一个很关键的问题。Chen 等（2008）就构建了一套由谈判双方为了实现客户任务的谈判模型，其中每个谈判方都有关于公司目标、成本和价格的私人信息，每个独立工厂都拥有各自的经济资源计划，同时要从同行工厂中购买额外的产能，并通过科学的遗传算法不断改进产能购进比例，从而有效增强了产能合作谈判的效率。

这种共享形式不仅可以帮助企业去库存，还可以有效帮助企业提升产品质量。像在液晶电视市场，三星和索尼企业之间存在竞争关系，却联合成立了一家合资公司，其中三星推出节能环保液晶分接屏，具有散发热量少的环保健康拼接墙，而索尼企业生产传统的液晶屏，这样就实现了传统产品与低碳产品的合作生产，这不仅实现规模效益，还提高了 LCD 面板的质量。而关于普通企业和低碳企业之间的共享合作，一般包括事前与事后合同，企业应当根据不同类型的消费者合理采用不同的合作合同（吴璐、郭强，2019）。这就引出了两种事前事后产能的共享形式：事前产能预留和事后产能转运。

1. 事前产能预留

当一个供应商服务于多个产能需求方时，产能需求方通常会提前保留供应商的产能，以确保供应满足自己的需求；而供应商总是诱使产能需求方保留大量的专有产能，这使得供应商可以从产能保留和生产中获得额外利润。而允许双边产能转移（例如，产能需求方交易其储备产能）不仅可以提高产能需求方的利润，也可以提高供应商的利润（Qi 等，2019）。在实践中，这种预留产能的例子有很多，例如，在航运系统中，经常会出现需求与运力不匹配的状况，此时货运代理可以向承运人订购预留运量，在设定销售价格并满足托运人的需求之前，从对方购买或保留运量，像这样的运力预留对承运人和货代方都有利，实现了双赢（Li 等，2015）。在"双十一""618"等购物节，网上零售商的大促销往往会导致包裹配送的需求激增，网络零售商通常采用产能共享的方式来应对需求激增（张翠华等，2020）。为了应对预期的需求激增，在线零售商可以通过与物流公司签订合同，在需求激增之前提供它预计需要的额外配送能力（Liu 等，2021）。在总剩余分配方面，能力储备契约总能使双方企业受益，而事后转移支付契约则可能使一方企业受益减少。因此，在这种双向联盟中，容量预留合同在实践中更有可能得到实施（Roels，Tang，2017）。

2. 事后产能转运

在面临突然激增的需求或生产中断的情况时，未做好充分产能准备的企业可以通过采取紧急措施来应对紧迫的订单交付任务。一般情况下，企业可以通过补偿延迟交货的客户和通过转运分享其他公司的冗余产能来减轻生产中断的影响（Shao，2018）。在销售季中，相互竞争的零售商会加入订购和销售相同产品的订单分配系统当中，当顾客的需求出现在一个缺货的零售商那里时，该零售商可以从另一个收取转运价格的零售商那里转运部分订单。如果该请求被拒绝，不满意的客户可能会转向另一个零售商，存在客户溢出的可能性。与没有参与共享的情况相比，零售商可以从最优转运策略中获得更大的收益（Çömez 等，2012）。零售商的总订货量超过供应商的最大产能时，供应商需要按照某种分配规则在零售商之间分配产能。如果没有来自零售商的虚增订单，供应商的利润在竞争分配下可能低于在一定限制条件下的统一分配。相比之下，竞争分配为零售商和供应链带来更高的平均利润，因此，它降低了分散供应链的低效率带来的负面影响（Cho，Tang，2014）。

结合上述研究内容不难看出，产能共享之所以可以实现快速增长，一方面是在企业驱动力推动下，不断探索实践的成果；另一方面是出于政策引导下制造业的深度合作。伴随着产能共享的飞速发展，产能共享究竟产生了怎样的影响？下一节将汇总产能共享所带来的深远影响。

三 产能共享的影响

制造产能共享融合了企业间资源优势，通过整合产能过剩资源，重构供需结构，进一步提升了资源利用效率，进而为产能不足企业赋能，形成叠加效应，推动供应链产业协调发展。近年来，制造业产能共享蓬勃发展，成为产业改革的主流趋势，从共享生产力发展到共享服务、技术、知识等，产能共享激发了创新创业活力，新生新经济动能，符合国家新发展理念，其带来的积极影响也成为企业争相进入共享领域的重要动力。本章节将从制造业产能共享对企业自身与对于社会带来的相关影响入手，深入剖析产能共享带来的发展红利。

（一）企业角度

本小节主要讨论产能共享对企业自身带来的相关影响。当供应链产能共享实施开展后，投入的资金、技术、人员等要素将会转化为可视化收益指标，这不仅是企业决策者所关注的问题，相关学者也在积极探索相关方面的发展趋势。从现有研究来看，问题主要集中于企业利润、产品/服务质量及企业无形资产等几个重要指标。

制造业产能共享大多从企业利润入手进行影响研究。从目前所获得的相关文献来看，相对来说企业关注较多的内容都集中在较为传统的财务指标上，正如对于现实中供应链的相关成员们来说，收入和净利润都是其最关注且最直观的指标。多数学者认为产能共享有助于缓解供需不匹配问题（Boysen 等，2022），盘活闲置资源并降低闲置成本，优化产能配置与企业利润（Wei, Zhang, 2021；Fang, Wang, 2020；Shao, 2021）。Qin 等（2020）提出通过引入收益共享合同推动产能共享，证明产能共享能够推动产能不足企业利润提高，且产能是否能满足总需求对于供需双方产品价格的影响也不同，价格的变化取决于竞争程度与收益共享率。除了处理闲置资源，设备与空间共享同样具有较大的成本削减潜力，有助于优化资源配置，降低诸如折旧费用、制造费用、回收成本等运营成本（Mishra，Singh，2022）。积极的库存共享能够降低企业的有效成本，并有利于提高企业的总销售额，进而提高企业利润（Li，2019）。技术共享同样可以提高成本使用效率与交付绩效（Hedenstierna等，2019）。综上，产能共享在一定程度上有助于提高资源利用率（Yan等，2020），提高企业边际效益，进而最大化企业利润。

除去利润方面的研究，还有部分研究关注产能共享对产品/服务质量的影响。积极的产能共享一定程度上能够提高产品质量、服务水平、组织或系统性能等。对发展制造业来说，产能共享能够推动企业调动生产积极性，主动迎合消费者需求，扩大中高端供给，通过合理的柔性生产网络分配能够灵活满足随机需求，提高响应速度与产品交付服务水平（Lyu等，2019）。换句话说，制造业产能共享能够推动制造业供给水平提高，满足需求碎片化、个性化趋势，从而进行小批量个性化生产（向坤、杨庆育，2020）。产能共享也可通过整合性能满足随机要求，如能源系统、污染防治系统、电力系统等系统为提高系统的可靠性，已将性能共享纳入实际应用当中（Di等，2019）。

产能共享也会影响企业软实力，如品牌效应、知识或技能提升、信誉度、创新能力、市场占有率等。较多研究发现共享有助于提高企业组织核心竞争能力（Tao等，2017b）。制造业产能共享能够使小微型企业通过共享获得高技术、高精专设备，并降低了创新门槛，使小微型企业制造能力得到了提升，打造企业的创新生态（向坤、杨庆育，2020）。另外，解决供需不匹配问题一般采用产能共享的方式，换句话说，也就是产能过剩的企业与其产能不足的竞争对手进行产能合作。产能共享不仅能够缓解双方竞争关系，还能够推动产能过剩企业的利润增加（Fang，Wang，2020）。类似的还有主动库存共享战略，其存在不会过多影响公司联合订购决策，但会迫使调整激励付款以维持合作（Li，2019）。

（二）社会角度

产能共享不仅具有巨大的产业价值，影响企业的决策制定与行动模式，还影响经济发展形态，影响社会发展秩序，具有极其深刻的社会意义。本节将围绕产能共享对环境、消费者剩余与市场竞争三方面的影响展开综述。

不同形态下的产能共享对于生态环境会产生不同程度的影响，无论何种形式的产能共享都符合环境友好型发展要求，对自然环境具有正外部性。资源的合理利用与分配符合集约型经济发展主题，能够推动传统制造业转型升级（田琛，2020），更符合绿色产能共享环保要求，是贯彻新发展理念的体现。随着人民环保意识逐渐增强，绿色发展势头强劲，且事实证明绿色产品与创新能够为企业增加竞争优势。李辉等（2018b）从同行业角度研究发现，碳交易市场的开启能够充分发挥物联网对制造业资源共享的促进作用，提高资源利用率。绿色内部集成和客户集成的信息处理能力可以有效促进提高环境所需的绿色流程创新，提高产品绿色清洁度，改善环境结果（Wong 等，2020）。

关于产能共享对消费者剩余的影响也存在相对性。有学者研究发现，相对于产能充足时进行共享，当存在产能限制时进行产能共享，消费者剩余会有所降低，也就是说在一定的条件下，产能共享可以提高社会福利（Chen 等，2020）。另外，Li（2019）也发现产能共享可以缓解价格竞争，增加企业盈利能力，产能共享并非一定能增加消费者剩余。

产能共享作为推动产能对称的常用方法，实践的出发点在于推动双方利益提高，但有时并非能够达到期望的效果，这取决于企业间产能共享的战略互动问题还未得到真正的解决。在常见的市场竞争中，定价过高或过低同样会导致市场供需异常，进而引发供需过剩现象。在实施产能共享后，即使在产能对称的情形下，过高的共享价格并不一定能够提高供需双方收益（Guo，Wu，2018）。很多企业采用契约方式推动产能共享合作达成，如收益共享契约，但是当企业存在产能限制时，较低的收益分享率会增加共享双方利润与社会福利，但不够完全抵消由于产能限制带来的社会福利降低部分（Chen 等，2022）。

四　未来研究展望

目前，已经有相当数量的制造产能共享应用研究文献，但是对于创造适应制造产能共享环境，搭建制造产能共享平台，衡量共享体系标准的一系列研究仍缺少理论支撑。

从方法角度出发，制造业产能共享问题大多应用定量分析方法，基于模型的定量方法的有效性取决于是否能在不同的环境和假设下对控制过程进行清晰的描述。这些过程包括不同的目标和策略（例如，预期收益最大化情况下的共享产能定价策略、市场不确定下的产能共享协调机制等）。目前在制造产能共享领域较多应用数学规划和博弈论方法，未来研究应从现实案例中了解当下制造产能共享的机制，针对切实问题建立数学模型进行深入研究。从宏观上看，社会资源利用效率可以看作制造产能共享的绩效指标（比如社会总产能利用率和资源配置效率）。从微观上看，产能供给方通过实施制造产能共享获得的收益是由过剩产能交易得到的利润，产能需求方通过实施制造产能共享获得的收益是从消费者处获得的，企业通常将利润总额、利润率和企业产能利用率作为绩效指标。但当前的实际需求往往与前文指标存在差距，因此，本章将制造业产能共享中的绩效测定作为一个未来可以研究的问题。此外，市场规模、服务质量、品牌效应、信誉度等因素对制造产能共享的影响值得探究。产能共享领域还缺少有关问题分类和方法框架的分类方法。这样的分类方法不仅能够有助于将产能共享与共享经济其他组成部分进行区分，并作为一个单独的领域进行研究和拓展，还能够帮助管理人员针对不同的供应链结构和问题提供指导方针。

从技术实践角度出发，制造产能共享可以受到区块链技术、大数据技术和产能共享平台等的支持，通过利用信息技术增强对资源的统筹整合能力。区块链技术在共享服务、共享产能方面能加强数据可追溯性，有助于制造产能共享供应链上下游之间的协作和管理。通过区块链的应用，制造产能共享能够进一步推动传统制造企业高质量发展，进一步以大数据技术为载体，将区块链技术融合其中，实现两种技术的优势互补。从前文综述可见，制造产能共享双方的供需信息匹配水平是影响产能共享效果的重要因素，对于产能共享平台的深入研究以从提高供需匹配精准度，提升资源利用率方面着手。对制造产能共享政策的进一步研究能够为管理人员提供决策依据。此类分析应该包括共享业务流程、制造产能共享企业利益分配、定量模型和用于收集数据的信息技术等。此外,可以考虑不同的控制目标,保证根据不同的目标和问题决定不同的策略,保护制造产能共享双方利益不受侵害,提高消费者和社会福利水平。

第四节 本书的结构

本书关注制造业产能共享这一业态,首先,分别从产能供求双方的角度,分析竞争企业参与产能共享合作的动机,以及形成产能共享合作关系后的共享产能定价和共享产能需求策略。其次,本书分析产能供求双方关于产能定价和产量需求的均衡策略,并分析彼此间权力结构和议价能力对产能共享策略的影响,再次,进一步讨论了企业通过第三方产能共享平台进行产能合作的模式。最后,分别从产能需求方、供给方以及产能共享平台的角度,分析了产能定价模式,产能共享渠道策略以及产能供求双方匹配机制的设计。本书的结构以及各个章节之间的逻辑关系如图1—1所示:

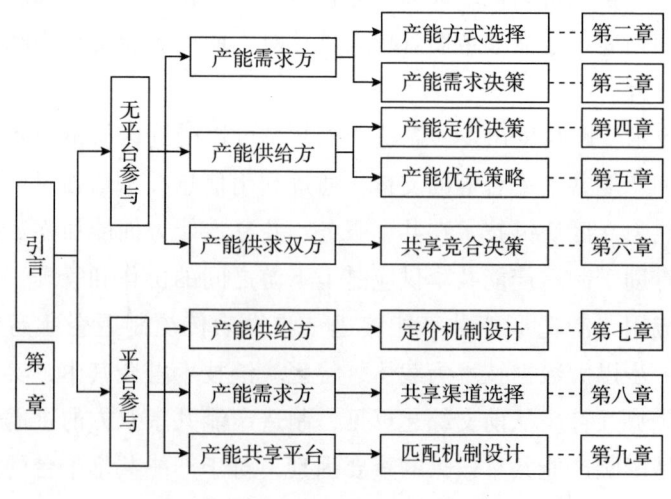

图1—1 本书各章节及其结构逻辑

本书各章节内容来自作者发表的期刊论文、工作论文以及博士论文：第二章和第五章分别为工作论文；第三章、第四章、第六章和第八章来自作者的博士论文《不确定需求下供应链制造商产能分享策略研究》（谢磊，2018）；第七章和第九章分别来自已发表的期刊论文（谢磊等，2022；Ma，Xie，2022）。

第二章

环境友好型制造的产能共享与产能投资策略选择

| 第二章 | 环境友好型制造的产能共享与产能投资策略选择

第一节　问题背景

消费者日益增长的环境意识和严格的环境法规给制造业带来了重大挑战。《改变我们的世界——2030年可持续发展议程》（2030年联合国议程）强调了有效利用资源和保护环境以确保负责任生产的重要性。中国政府于2017年发起了一场强有力的环境保护运动，例如，2018年2月，山东省提出了《新旧动能转换重大工程实施规划》，对企业管理者提出培育新动能、改造旧动能的要求。2018年6月，中国国务院印发《打赢蓝天保卫战三年行动计划》。大量"散乱污"制造企业被关停，许多制造商被要求淘汰落后和破坏环境的产能，并对其制造工艺进行整改升级，以实现环境友好生产。为了满足日益严格的环境法规要求，越来越多的制造商投资购置环保设备，推行技术改进，以提高资源利用率并减少排放。

许多企业在生产过程中造成严重的环境问题，迫使政府承担了巨大的治污成本。随着国家环保倡议在制造业的渗透，越来越多传统企业进行产业改造升级，但是在这个过程中会存在部分绿色产能闲置，这些企业将这部分闲置产能与产能不足的制造商共享。例如，中威集团利用产能扩张和升级的机会，引进环保生产线，进行生产设备的提档升级。考虑到一些绿色生产线在一定时期内可能被闲置，企业推行了"共享工厂"模式，以充分利用其产能，赚取更多利润。通过共享工厂，绿色产能制造商与生产过程中产生噪声和空气污染的企业共享环保设备和绿色生产线，为这类中小型制造商提供制造服务。

对于那些在生产过程中造成污染的中小企业，当订单量相对较小时，投资环保设备和生产线往往会出现严重的财务负担。因此，企业应审慎做出扩大产能的投资决策，同时考察环境友好型产能投资对企业决策的有效性至关重要。产能共享模式为制造商提供了一个利用绿色生产线的新的选择——利用产能共享优势，产能不足的制造商可以向拥有足够环保产能的制造商购买生产服务来安排生产计划。目前，已有企业开始尝试共享工厂新模式。例如，中国山东省德州市武城县虽然有1017家污染企业在环保督查下停产，但在政府的支持下建立了96家共享工厂来帮助小型制造商恢复生产。据报道，在加入中威共享工厂后，制造商的订单量平均上升了40%。利用环境改造和制造模式创新的优势，2017年武城县PM2.5、PM10、SO_2和NO_2的平均浓度相应地同比下降19.1%、17.1%、11.4%和10%。

然而，产能共享具有高度的灵活性，且对产能充足制造商闲置产能的可用性依赖度高。在什么情况下产能共享有利于产能供给方和产能需求方的共同利益值得探讨。因此，研究环境友好型产能的投资或共享如何影响制造商决策至关重要。为便于叙述，本章假设以中威集团为例的这类提供产能的"共享工厂"为产能供给方，中小型空调制造商为产能需求方。本章研究产能需求方在投资购买环保设备（产能投资）和参与中威共享工厂（产能共享）的两个选择中做出权衡，并研究每种策略对每个制造商的决策影响。中威集团与中小型制造商在生产空调通风设备中进行竞争。基于此，本章认为环境友好型产能的需求方和供给方是生产类似产品的竞争对手。因此，本章将研究每个制造商在他们之间存在竞争的情况下对产能投资和产能共享的偏好。具体而言，研究问题如下：

（1）产能需求方如何在产能投资和产能共享之间做出选择？

（2）产能投资和产能共享对每个制造商的决策有何影响？

（3）如何调整产能投资以保持决策系统的稳定？

产能需求方的选择主要包括：不采取策略、投资购买设备和参与中威共享工厂，即无产能投资或共享、产能投资和产能共享。为了解决上述问题，本章首先利用博弈论推导出三种不同情况下的均衡结果，然后分析产能投资和产能共享这两种策略的应用范围，最后，通过对利润进行比较进一步研究每个制造商对这两种策略的偏好。此外，鉴于环境友好型产能投资的高沉没成本，以及制造商对产能投资持谨慎态度，因此，本章利用混沌理论，考虑制造商的产能投资是逐步调整的，并引入分岔图、决策时间序列和混沌吸引子，研究其非线性特征，并且提出保持系统稳定的条件。

| 第二章 | 环境友好型制造的产能共享与产能投资策略选择

理论上，本章通过比较环保产能投资策略和环保产能共享策略的有效性，以及对两个相互竞争的制造商之间的合作博弈进行建模，丰富了制造业产能管理研究。此外，本章还探讨了在追求利润的同时保持系统稳定性的条件，为动态供应链管理提供了启示。在实践中，本章为产能有限的制造商提供了关于绿色制造方法的管理见解，并为实现产能充足制造商和有限产能制造商之间的双赢局面提供了决策支持。此外，本章还帮助有限产能制造商调整对环保产能的投资，以平衡盈利能力和系统稳定性。

第二节 问题分析

一 产能投资与产能共享情况

本章考虑两个相互竞争的制造商：一个是产能有限的中小型制造商（M1），另一个是以中威集团为代表的具有充足的环保产能的制造商（M2）。他们的产品生产周期较长，因此进行产量竞争。下标 $i=1,2$ 分别代表属于 M1 和 M2 的参数或变量。逆需求函数为 $p_i=a-q_i-bq_j$，其中 $j=3-i$。p_i 是产品 i 的销售价格。q_i 和 q_j 表示产品 i 及其竞争产品 j 的销售数量。a 是潜在的市场规模。为了便于分析，假设 $a=1$。b 满足 $0 \leq b \leq 1$，表示两个产品之间的替代关系。如果 $b=0$ 则不存在替代关系。如果 $b=1$，则两个产品可以完美地互相替代。本章考虑了两个制造商之间的激烈竞争。因此，假定 b 相对较大，甚至等于 1。为了解决产能限制，M1 可以选择产能投资或产能共享。因此，本章考虑三种情况：无产能投资或共享情况（参数和变量用上标 NN 索引）、产能投资情况（参数和变量用上标 IN 索引）和产能共享情况（参数和变量用上标 NS 索引）。

对于产能需求方和供给方，他们的成本模型由两部分组成，即可变成本和固定成本。固定成本是不受产量影响的，如设备安装成本、能源和劳动力成本；而像加工成本和原材料成本等可变成本，是与生产数量相关的。由于固定成本对均衡分析没有本质影响，本章将产能需求方和供给方的固定成本归一化为零。考虑到竞争的制造商生产相似的产品，为了简化并且不失一般性，假设他们具有相同的可变生产成本，记为 c。在产能共享的情况下，M2 对每单位产品收取 w 的制造服务费。对 M1 来说，共享成本包括固定成本（初始搜寻成本和讨价还价成本）、产能共享交易中的监督成本和可变成本，即单位制造服务费乘以产品数量的制造服务成本。同样，由于固定成本对均衡结果没有本质影响，本章将其归一化为零，并重点研究单位制造服务费的最优定价及其对共享决策的影响。

（一）无产能投资或共享情况

本节考虑了没有采用任何策略来解决产能限制的情况。M1 和 M2 的问题是：

$$max\ \pi_1 = (p_1-c)q_1,\ s.t.,\ q_1 \leq k \tag{2.1}$$

$$max\ \pi_2 = (p_2-c)q_2 \tag{2.2}$$

虽然 M1 的产能可能很大，但只有一部分是环保的、能够符合当地政府要求的。k 表示 M1 的环境友好型生产能力约束，条件 $q_1 \leq k$ 表示只允许环境友好的制造过程。首先考虑 M1 和 M2 都有足够的产能作为基准情况，并使用上标表示基准情况中的变量，有：

定理 2.2.1 （1）如果 M1 和 M2 都有足够的环境友好产能，那么最优数量 $q_i^{BM*} = \frac{1-c}{2+b}$，利润 $\pi_i^{BM*} = \frac{(c-1)^2}{(b+2)^2}$，（2）如果 M1 环境友好产能不足，不投资产能也不借用 M2 的产能，均衡结果是 $q_1^{NN*} = k$，$q_2^{NN*} = \frac{1}{2}(1-c-bk)$，并且最优利润为 $\pi_1^{NN*} = \frac{k}{2}(b^2k+b(c-1)-2(c+k-1))$，$\pi_2^{NN*} = \frac{1}{4}(bk+c-1)^2$。

如果两个制造商都有足够的环保产能，他们都不需要投资能力或互相借用能力。然后放松约束 $q_i \leq k$ 并给出利润函数 $\pi_i = (p_i-c)q_i$。最优数量 $q_i^{BM*} = \frac{1-c}{2+b}$ 应作为贯穿本章的基本条件，以确保非负均衡结果。因此，在下面的论文中，当考虑环境友好产能不足的情况时，M1 的

产能满足 $k<k'$，其中 $k'=\dfrac{1-c}{2+b}$。

因为 $k<k'$ 是下列条件的充分条件：$k<\dfrac{1-c}{b}$，$k<-\dfrac{(b-2)(c-1)}{b^2-2}$，$k<-\dfrac{(b-2)(c-1)}{2(b^2-2)}$，$\dfrac{\mathrm{d}\pi_1^{NN*}}{\mathrm{d}k}=b^2k+\dfrac{1}{2}b(c-1)-c-2k+1>0$ 且 $\dfrac{\mathrm{d}\pi_2^{NN*}}{\mathrm{d}k}=\dfrac{b}{2}(bk+c-1)<0$，于是能推断 $q_2^{NN*}>0$，$\pi_1^{NN*}>0$，π_1^{NN*} 随 k 增长并且 π_2^{NN*} 随 k 减小，这意味着一方产能的限制会损害其利润，但有利于其竞争对手的利润。

命题 2.2.1 （1）环境友好产能的限制损害了 M1 的利润，但有助于 M2 的利润，即 $\pi_1^{NN*}<\pi_1^{BM*}$，$\pi_2^{NN*}>\pi_2^{BM*}$。（2）M1 应该充分利用当前有限的环境友好产能以实现其利润的最大化。

这表明环境友好产能的限制不仅对环境有害，而且也会损害 M1 的利益。虽然在产能有限的情况下，M1 会提高零售价格，但生产数量的不足损害了其利润。这也意味着，如果 M1 可以从 M2 那里借用一些产能或者自己投资产能，那么它可以获得更多的利润。$\pi_1^{BM*}=\dfrac{(c-1)^2}{(b+2)^2}$ 是 M1 在生产能力远远大于最优生产能力时所能获得的最高利润。然而，当 $k<k'$ 时，利润将会低于 π_1^{BM*}。基于定理 2.2.1 可以推断，M1 的最佳选择是充分利用现有的环保产能。

（二）产能投资情况

这一节考虑有限产能制造商 M1 投资新的环保产能来满足客户的需求和政府对环保的要求。使用线性成本函数 $c_k=r\Delta k$ 描述产能投资的支出，这在现有文献中广泛使用（Boonman 等，2007）。在这样的成本函数中，产能的单位成本是 r（Xiao 等，2013），扩展产能为 Δk。通过充分利用现有的生产能力 k，M1 的销量为 $q_1=k+\Delta k$，价格为：

$$p_1=1-(k+\Delta k)-bq_2 \tag{2.3}$$

$$p_2=1-b(k+\Delta k)-q_2 \tag{2.4}$$

这两个制造商的利润函数如下所示：

$$\pi_1=(p_1-c)(k+\Delta k)-bq_2 \tag{2.5}$$

$$\pi_2 = (p_2 - c) q_2 \tag{2.6}$$

博弈顺序是：M1首先决定产能投资量Δk，然后M2决定产量q_2。用逆向归纳法，需要在第二阶段求出q_2的最佳反应函数（BRF）。基于命题2.2.1，q_1的BRF为$q_1 = k + \Delta k$。q_2的BRF可以通过一阶条件求解出来，在满足$\dfrac{d^2 \pi_2}{d q_2^2} = -2 < 0$后，可以得到$q_2 = \dfrac{1}{2}(-b(\Delta k + k) - c + 1)$。将最佳反应函数代入利润函数(2.6)，在满足$\dfrac{d^2 \pi_1}{d \Delta k^2} = -2 + b^2 < 0$后可以得到最优产能投资数量$\Delta k^{IN^*}$。

定理2.2.2 情境IN中的均衡解是$\Delta k^{IN^*} = \dfrac{-2b^2 k - bc + b + 2(c + 2k + r - 1)}{2(b^2 - 2)}$，

$q_1^{IN^*} = \dfrac{b(-c) + b + 2(c + r - 1)}{2(b^2 - 2)}$，$q_2^{IN^*} = \dfrac{b^2(c - 1) + 2b(c + r - 1) - 4c + 4}{4(2 - b^2)}$。

易知实际销量不能大于产能充足情况下的销量，即：$0 < \Delta k \leq q_1^{BM^*} - k$。如果$\Delta k > q_1^{BM^*} - k$，过度投资$\Delta k - (q_1^{BM^*} - k)$会减少M1的利润，因为当产量为$q_1^{BM^*}$时才会获得最高利润。产能投资应该正好弥补产能的不足，即，$\Delta k = (q_1^{BM^*} - k)$。

当$r > \dfrac{b^2(1-c)}{2(b+2)}$时，有$k + \Delta k < q_1^{BM^*}$。由此推断，当单位产能成本相对较低时，即，$r < \dfrac{b^2(1-c)}{2(b+2)}$，可以得到$\Delta k > q_1^{BM^*} - k$。如上所述，过度投资不利于M1的利润，那么最优的产能投资是$q_1^{BM^*} - k$且销售量是$q_1^{BM^*}$。

命题2.2.2 只有当环保产能非常有限时，即$k < k^{IN}$，M1才会投资环保产能，其中$k^{IN} = \dfrac{(b-2)(1-c) + 2r}{2(b^2 - 2)}$。

注意到当$k < k^{IN}$时，$\Delta k > 0$，可以推断，只有当初始环保产能k足够低时，M1才会投资产能。否则，产能的最优投资为零，因为最优投资随成本系数r和产能k的提升而减少。如果k足够大，最优投资将减少到零。命题2.2.2表明，当投资于环境友好型产能时，并非所有生产能力有限的制造商都能达到均衡。这并不意味着产能需求方将由于产能投资而损失利润。相反，它意味着产能供给方可能不接受需求方的决定或要求。因为 $0<c<\frac{-2+b+2r}{-2+b}$ 保证了 $k^{IN}>0$。如果 c 位于此范围之外，没有人会考虑投资产能。因此，本文假设单位制造成本足够低，即 $0<c<\frac{-2+b+2r}{-2+b}$，以避免无意义的情况发生。

至于单位成本为 r 的产能投资，注意 $\underline{r}=-\frac{b^2(c-1)}{2(b+2)}$，以及 $\overline{r}=b^2k+\frac{1}{2}b(c-1)-c-2k+1$，只有当单位成本 r 满足 $\underline{r}<r<\overline{r}$ 时，M1 才会投资产能。$\overline{r}-\underline{r}=\frac{(b^2-2)((b+2)k+c-1)}{b+2}$。当 $k<k'$，$\frac{(b^2-2)((b+2)k+c-1)}{b+2}>0$ 并且 r 存在范围 $\left(\frac{b^2(1-c)}{2(b+2)}, b^2k+\frac{1}{2}b(c-1)-c-2k+1\right)$。$\underline{r}<r$ 保证 $k+\Delta k<k'$，$r<\overline{r}$ 保证 $\Delta k>0$。如果 $r<\underline{r}$，最优投资 $\Delta k=q_1^{BM*}-k$。

因为 $\frac{\partial k^{IN}}{\partial c}=\frac{2-b}{2b^2-4}<0$，$\frac{\partial k^{IN}}{\partial r}=\frac{1}{b^2-2}<0$，可以推断，产能投资策略的适用范围会随着 c 和 r 的增加而减小。生产成本的增加，以及产能投资成本的增加，将阻止制造商投资环保产能。

命题 2.2.3 （1）产能投资可以有效减少环保产能不足带来的利润损失，但这种损失无法通过投资环境友好型产能实现完全弥补，即 $\pi_1^{BM*}>\pi_1^{IN*}>\pi_1^{NN*}$。（2）相反，M2 总能从对手的产能限制中获益。如果 M1 投资环保产能，M2 将获得较少的利润，即 $\pi_2^{BM*}<\pi_2^{IN*}<\pi_2^{NN*}$。

当中小型制造商有足够的环保产能，销量可以与 q_1^{BM*} 相当时，它可以最大化自身利润 π_1^{IN*}。当它的产能受到限制时，它可以通过投资产能来获得足够的产能以增加利润。然而，产能投资的成本决定了利润 π_1^{IN*} 永远无法到达 π_1^{BM*}。换句话说，产能投资只能减少产能不足带来的利润损失；但是，情况 IN 下的盈利能力无法达到基准情况下的盈利能力。即便如此，产能投资还是让有限产能制造商 M1 受益。

对于产能充足的 M2 来说，M1 的产能投资将损害 M2 的利润，因为 M1 可以提供更多产品在市场上与 M2 竞争。

（三）产能共享情况

如果有限产能制造商 M1 不愿意承担产能投资的风险，它可以加入"共享工厂"，向 M2 借用环保设备。本节考虑 M1 从 M2 "购买"产能，即使用 M2 的环保设备进行生产。在收到 M2 设定的单位制造服务费 w 后，它确定从 M2 购买的最佳数量以使利润最大化。此场景中决策顺序是，产能供给方 M2 对每单位共享产能收取制造服务费 w，然后 M1 决定从 M2 购买的产能 q_t，同时 M2 决定其产量 q_2。

这种情况下，零售价格为：

$$p_1 = 1-(q_t+k)-bq_2 \qquad (2.7)$$

$$p_2 = 1-b(q_t+k)-q_2 \qquad (2.8)$$

这种情况下的利润函数如下所示：

$$\pi_1 = (p_1-c)k-(p-w)q_t \qquad (2.9)$$

$$\pi_2 = (p_2-c)q_2+(w-c)q_t \qquad (2.10)$$

通过检查函数的凹凸性，即 $\dfrac{d^2 \pi_1}{dq_t^2}=-2<0$，$\dfrac{d^2 \pi_2}{dq_2^2}=-2<0$，可以得到最佳反应函数 $q_t = \dfrac{b^2(-k)-bc+b+4k+2w-2}{b^2-4}$，$q_2 = \dfrac{b(-w)+b+2c-2}{b^2-4}$。将这些最佳反应函数代入 π_2，就有 $\dfrac{d^2 \pi_2}{dw^2}=\dfrac{4}{b^2-4}<0$，并且可以获得唯一的最优解 w^{NS^*}。

定理 2.2.3 当 M1 从 M2 购买产能时，均衡结果是：$w^{NS^*}=\dfrac{b^4k+b^3(c-1)+2b^2(c-4k+2)-8(c-2k+1)}{6b^2-16}$，$q_t^{NS^*}=\dfrac{2(b^2(-k)-bc+b+c+2k-1)}{3b^2-8}$，$q_2^{NS^*}=\dfrac{(b-2)(b^2k+b(c+2k-1)+4(c-1))}{16-6b^2}$。

命题 2.2.4 只有当环保产能非常有限时，即 $k<k^{NS}$，M1 才会从 M2 处购买环保产能，其中 $k^{NS}=\dfrac{(b-1)(1-c)}{b^2-2}$。

为了确保 $q_t^{NS*}>0$，令 $0<k<k^{NS}$。不难证明 $0<k<k'$ 是 $q_t^{NS*}+k<q_1^{BM*}$ 的充分条件。因此，$0<k<k^{NS}$ 确保包括自身能力 k 和订单 q_t^{NS*} 在内的总数量不大于产能充足情况下的最佳产量，即，$k<k+q_t^{NS*}<q_1^{BM*}$。

由于 $\frac{\partial k^{NS}}{\partial b}=\frac{(b^2-2b+2)(c-1)}{(b^2-2)^2}<0$，$\frac{\partial k^{NS}}{\partial c}=\frac{1-b}{b^2-2}<0$，可以推断，产能共享策略的适用范围会随着 b 和 c 的增加而减小，虽然这两种策略都会受到产品成本 c 增加的影响，但其对产能共享系统的影响将比产能投资大得多，因为 $\frac{\partial k^{NS}}{\partial c}-\frac{\partial k^{IN}}{\partial c}=\frac{b}{4-2b^2}>0$。

命题 2.2.5 （1）对 M1 来说，共享环保产能可以减少产能限制带来的损失，但不能弥补全部损失，即 $\pi_1^{NN*}<\pi_1^{NS*}<\pi_1^{BM*}$。（2）M2 还将受益于向 M1 出售环保产能，即 $\pi_2^{BM*}<\pi_2^{NN*}<\pi_2^{NS*}$。（3）面对环保产能的限制，产能共享策略对产能供需双方都有利。

这个结论类似于命题 2.2.3。不同之处在于，M2 可以从 M1 的产能共享决策中受益，因为它可以从向 M1 出售产能中获利。换句话说，共享环保产能带来了双赢的局面。双方都可以从产能的重新分配中受益，因此 M2 愿意与 M1 共享其环保产能，以促进环保产能的利用。

尽管如此，并不是所有的制造商都可以选择产能共享或者投资，尤其是那些产能 k 相对较大的制造商。因此，有必要进一步探讨环保产能有限的制造商更倾向于哪种策略。

二 产能投资与产能共享比较

（一）适用范围

首先比较这两种策略的适用范围。命题 2.2.2 和命题 2.2.4 提出了采用产能投资和共享策略的适用条件。如果只有一种策略是可行的，那么选择就较为容易。与阈值 k^{NS} 和 k^{IN} 相比，有 $k^{NS}-k^{IN}=\frac{b(1-c)-2r}{2(b^2-2)}$。如果 $r>\frac{b(1-c)}{2}$，有 $k^{NS}>k^{IN}$，产能共享策略比产能投资有更大的适用范围。当 $k\in(k^{IN},k^{NS})$，只有产能共享是可行的。相反，

如果 $\frac{b^2(1-c)}{2(b+2)}<r<\frac{b(1-c)}{2}$，则产能投资具有更大的适用范围。当 $k \in (k^{NS}, k^{IN})$，只有产能投资是可行的。

需要进一步讨论 $k^{NS}<k<k'$ 的特殊情况。在这种情况下，产能共享策略是不可行的。如果 $k^{NS}<k<k'$，可知 $\frac{1}{2}b(1-c)>\bar{r}$，并且当产能投资可行时，$r$ 将一定小于 $\frac{b(1-c)}{2}$。然后有 $k^{NS}>k^{IN}$ 并且 $k>k^{NS}$ 使得这两种策略都不能被 M1 采用。

命题 2.2.6 给定 $\underline{r}<r<\bar{r}$，

（1）如果 $k^{IN}<k<k^{NS}$ 且 $r>\frac{b(1-c)}{2}$，则只有环保产能共享策略是可行的；

（2）如果 $k^{NS}<k<k^{IN}$ 且 $r<\frac{b(1-c)}{2}$，则只有环保产能投资策略是可行的；

（3）如果 $k<min\{k^{IN}, k^{NS}\}$，则两种策略都是可行的。

虽然阈值 k^{IN} 和 k^{NS} 之间的关系是由其他参数决定的，但命题 2.2.6 清楚地表明了可以使用这两种策略的条件。给定 b 和 c 的值，图 2—1 可以显示这两种策略相对于 k 和 r 的可行区域。

图 2—1 展示决定两种策略适用范围的主要因素产能 k 和成本系数 r。具体来说，当 $k<k^{NS}$ 时，产能共享策略是可行的。当 $k<k^{IN}$ 且 $r>\underline{r}$ 时，产能投资策略是可行的。由于 $r<\bar{r}$ 等价于 $k<k^{IN}$，可以将这两种策略的可行域表示为 $r \in (\underline{r}, \bar{r})$。图 2—1 的可行证明了命题 2.2.6 中的结论。

k 和 r 值的调整改变了两种策略的可行域，如图 2—1（a）—（c）。从图 2—1（a）、（b）可以看出，两种策略的可行域都随着成本 c 的增加而减小。比较可行区域的大小，意味着生产成本较高的制造商更可能选择产能共享，因为投资产能会导致更多的生产成本。从图 2—1（a）—（c），发现两种策略的可行域都随着替代系数 b 的减小而增加。这意味着如果竞争产品之间的替代相对较强，则两种策略很可能无法

(a) $b=\frac{4}{5}$, $c=\frac{1}{5}$

(b) $b=\frac{4}{5}$, $c=\frac{4}{5}$

(c) $b=\frac{1}{5}$, $c=\frac{1}{5}$

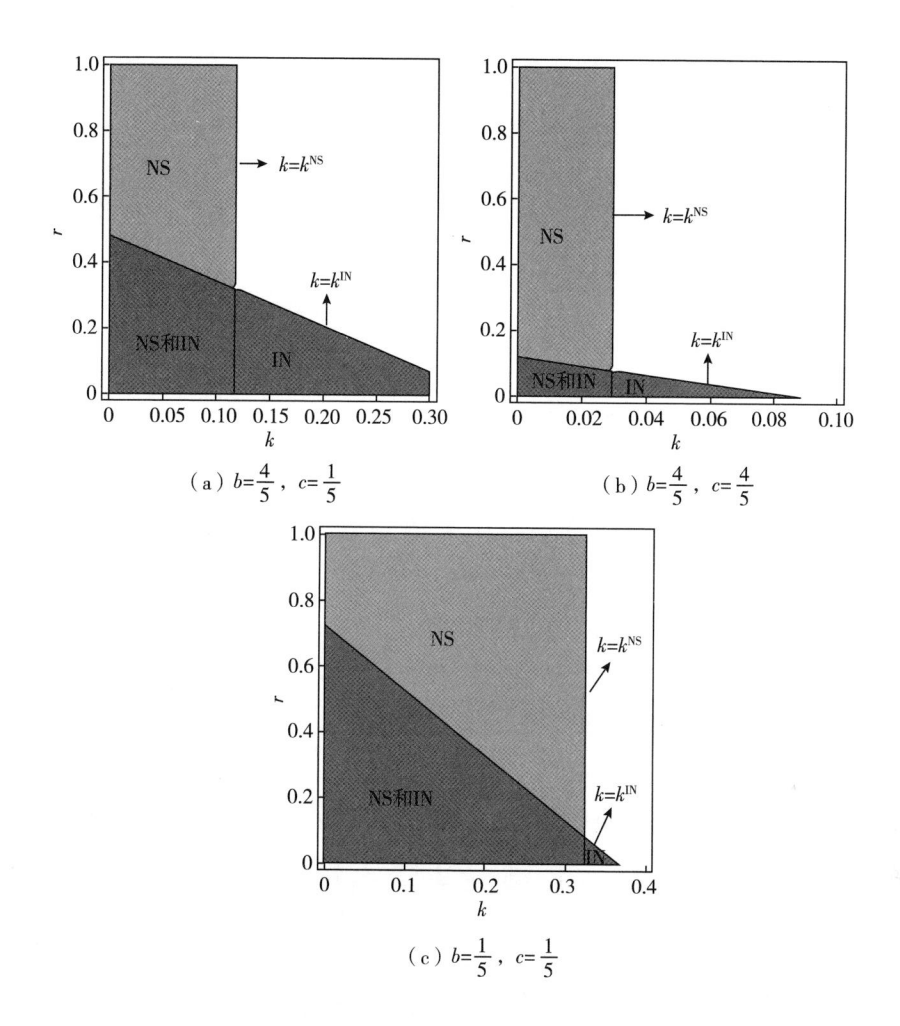

图 2—1 可行区域

同时解决产能限制问题。原因是产品替代性的增加导致竞争激烈,削弱了彼此的合作意愿。

(二)盈利能力分析

本节定义这样一个集合 S 来表示产能共享和投资都可行的情况。$S=\{r, k \mid \underline{r}<r<\bar{r}, k<k^{NS}\}$ 或 $\{r, k \mid 0<k<\min\{k^{IN}, k^{NS}\}, r>\underline{r}\}$。

对于有限产能制造商来说,当 $r, k \notin S$ 时,最多可以使用一种策略来提高利润,即只能选择可行的一种。当 $r, k \in S$ 时,有两种策略

37

是可行的，其会选择能带来更高利润的策略。本节比较了产能共享和投资的盈利能力表现，考虑到 $k, r \in S$，如图 2—1（a）中阴影区域所示。

命题 2.2.7 在 $k, r \in S$ 时，将 IN 和 NS 情景下获得的利润进行比较，可以得到：

（1）在 NS 情景下，当环保产能的单位投资成本较高时，M1 将获得更大的收益；否则，它将在 IN 情景下获得更多利润，即：

$$\begin{cases} 当 \underline{r} < r < r_1 \text{ 时}, & \pi_1^{IN*} > \pi_1^{NS*} \\ 当 r_1 \leqslant r < \bar{r} \text{ 时}, & \pi_1^{IN*} \leqslant \pi_1^{NS*} \end{cases};$$

（2）M2 在 NS 情景下总会比在 IN 情景下获得更高的利润，即，$\pi_2^{IN*} < \pi_2^{NS*}$；

（3）当 $r_1 \leqslant r < \bar{r}$ 时，双赢局面存在。

如果 M1 有两种选择，当环保产能的单位投资成本相对较低时，它会选择产能投资；否则，它会选择产能共享。对于 M2 来说，它更倾向于产能共享战略，因为产能共享业务可以获得更高的利润。当然，战略的选择是由 M1 做出的，M2 将永远接受（与 M1 共享产能）。

根据图 2—1 的集合 $b = \dfrac{1}{5}$，$c = \dfrac{1}{5}$，可以绘制图 2—2 来说明命题 2.2.7。

从图 2—2（a）中可以看到一条清晰的线将可行区域分成两部分。这条线是 $r = r_1$。如果 $r < r_1$，则是线以下的区域，有 $\pi_1^{IN*} > \pi_1^{NS*}$。线以上的另一个区域代表 $r > r_1$ 并且 $\pi_1^{IN*} < \pi_1^{NS*}$。图 2—2 表明，M2 总是偏好产能共享战略，而不是 M1 的产能投资战略。因此，线 $r = r_1$ 以上的区域代表双赢，二者都可以在产能共享策略中获得更多利润，如图 2—2（c）。

三 产能投资策略的稳定性分析

许多地方政府为企业的可持续发展、资源利用和能源效率提供补贴（Chen 等，2019），例如，政府可以提供补贴来促进低碳供应链的

（a）M1

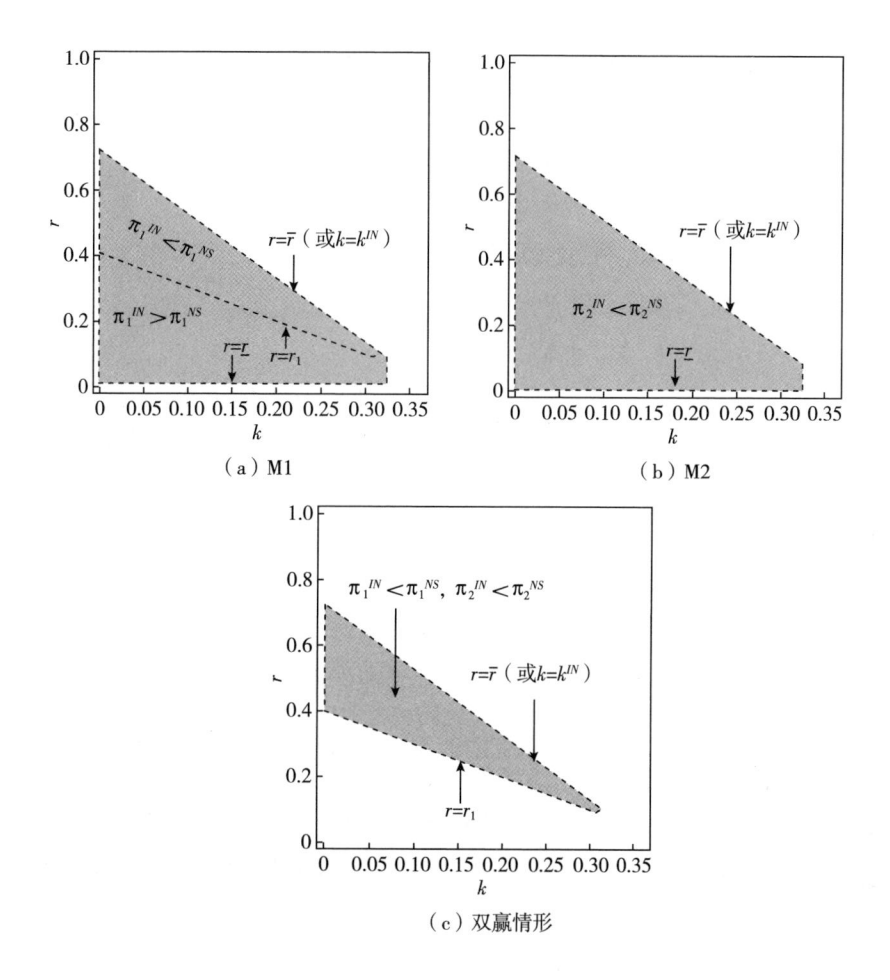

（b）M2

（c）双赢情形

图 2—2　盈利能力比较

发展（Shi 等，2020；Su 等，2020）。为逐步替代燃油汽车，混合动力汽车也有相应的补贴（Chakraborty 等，2021，Bao 等，2020；Zheng 等，2020）。由于环保设备或产能投资成本可能过高，目光短浅的制造商可能会采用高污染生产的方式。为避免这种情况，政府可以补贴制造商，鼓励其升级设备，以满足环保生产的要求。此外，补贴也有多种形式。企业从补贴中受益的三种主要方式包括单位产量补贴（Shi et al.，2020）、创新努力补贴（Chen 等，2019）和产能投资补贴（Lekavicius 等，2020；Kok 等，2020）。

根据命题 2.2.2 的分析，产能的单位成本可能阻止一些制造商投资产能。因此，考虑政府提供产能补贴来弥补部分单位成本，并保证越来越多的制造商以 $k > \frac{(b-2)(1-c)+2r}{2(b^2-2)}$ 来投资产能。如果补贴足够高，所有产能有限的制造商都会愿意投资产能。

给定单位产能投资的补贴 ρ，利润函数变为：

$$\pi_1 = (p_1-c)(k+\Delta k)-r\Delta k+\rho\Delta k \tag{2.11}$$

根据命题 2.2.2，产能投资的条件变为 $k < \min\left\{k', \frac{b-bc+2(-1+c+r-\rho)}{2(-2+b^2)}\right\}$。

如果 $k^{IN'} \geq k'$ 所有的制造商将投资产能 $\left(\diamondsuit\, k^{IN'} = \frac{b(-c)+b+2(c-\rho+r-1)}{2(b^2-2)}\right)$。

由于过度补贴不仅会浪费政府资金，还会导致产能过度投资，因此最优补贴应该使 $k^{IN'} = k'$。那么有如下命题。

命题 2.2.8 由于环保设备的高成本，政府应该提供补贴 $\rho^* = \frac{-b^2(1-c)+4r+2br}{2(2+b)}$ 以确保产能受限的制造商投资产能。

研究发现补贴不受产能 k 的影响。这意味着政府可以通过为单位产能投资提供补贴 ρ^*，成功地激励制造商投资环保产能，无论制造商的初始产能是多少。

由于环保产能投资的沉没成本较高，产能受限的制造商在做出产能投资决策时会非常谨慎。本节认为 M1 是有限理性的，并调整各个时期的环保产能投资，直到达到均衡。现实中，由于决策过程中的不完全信息，大多数企业会进行演化博弈。因此，它将尝试使用更复杂的预期，如有限理性（Bischi 等，1999；Agizaand, Elsadany, 2003）。为了获得 $t+1$ 期间的决策，如果 t 期间的边际利润为正（负），每方都将增加（减少）t 期间的决策。作为第一个行动者，产能有限的 M1 在不完全信息下做出决策。因此，本章认为产能投资调整过程遵循：

$$\Delta k(t+1) = \Delta k(t)+\alpha \cdot \Delta k(t) \cdot \frac{\partial \pi_1(t)}{\partial \Delta k(t)} \tag{2.12}$$

如果$\frac{\partial \pi_1}{\partial \Delta k}<0$，则为了获得更高的利润应减少$\Delta k$；如果$\frac{\partial \pi_1}{\partial \Delta k}>0$，则应增加$\Delta k$。$\alpha$表示调整速度。更高的$\alpha$使系统更快地达到均衡。当环保产能的投资调整到使$\frac{\partial \pi_1}{\partial \Delta k}=0$，调整结束，然后有$\Delta k(t+1)=\Delta k(t)$。

为解决这个问题，令$\Delta k(t+1)=\Delta k(t)$，然后得到两个均衡结果$\Delta k_1^*=0$和$\Delta k_2^*=-\frac{-1+c+(2+b)k}{2+b}$。只有$\Delta k_2^*$是有意义的。基于Jury准则，当$|J|<1$时系统可以是稳定的，其中，$J=\frac{\partial \Delta k(t+1)}{\partial \Delta k(t)}$。于是，

$$J=\frac{2+b^3\alpha(k+2\Delta k)-(b^2-2\alpha)\alpha(1-c-2k-4\Delta k)+b(1-2k\alpha-4\alpha\Delta k)}{2+b}$$

(2.13)

将有意义的均衡结果Δk_2^*代入等式（2.13），有$J=1+\frac{(2-b^2)(-1+c+2k+bk)\alpha}{2+b}$。检查$|J|<1$，可以得到系统稳定的条件。

命题2.2.9 调整速度应满足$0<\alpha<\frac{2(2+b)}{(-2+b^2)(-1+c+(2+b)k)}$以保证决策系统的均衡是演化稳定的，这样环保型制造系统才能稳定和可持续。

不难证明α的上界大于零。也就是说，如果受限产能厂商选择投资环保产能，只要足够耐心并且将调整速度控制在较低水平，就能保持系统稳定。从命题3.2.2还可以推出关于b、c和k的稳定性条件，并找出它们的阈值。

设$b=0.8$，为保证基本条件$\bar{c}>0$成立，求解不等式$\frac{b^2-4r-2br}{b^2}>0$，得到$r<0.1143$。然后设$r=0.05$，得到基本条件$\bar{c}=0.5625$。接着设$c=0.1$，可以得到$k<\frac{1-c}{b+2}=0.3214$。因此设$k=0.2$，便可得到上界$\alpha=\frac{2(2+b)}{(-2+b^2)(-1+c+(2+b)k)}=12.1107$。因此，若$\alpha<12.1107$，系统可

以稳定。否则系统将通过倍周期分岔进入混沌状态，如图2—3（a）所示。为 α 赋默认值10，可以画出关于 b、c 和 k 的分岔图。

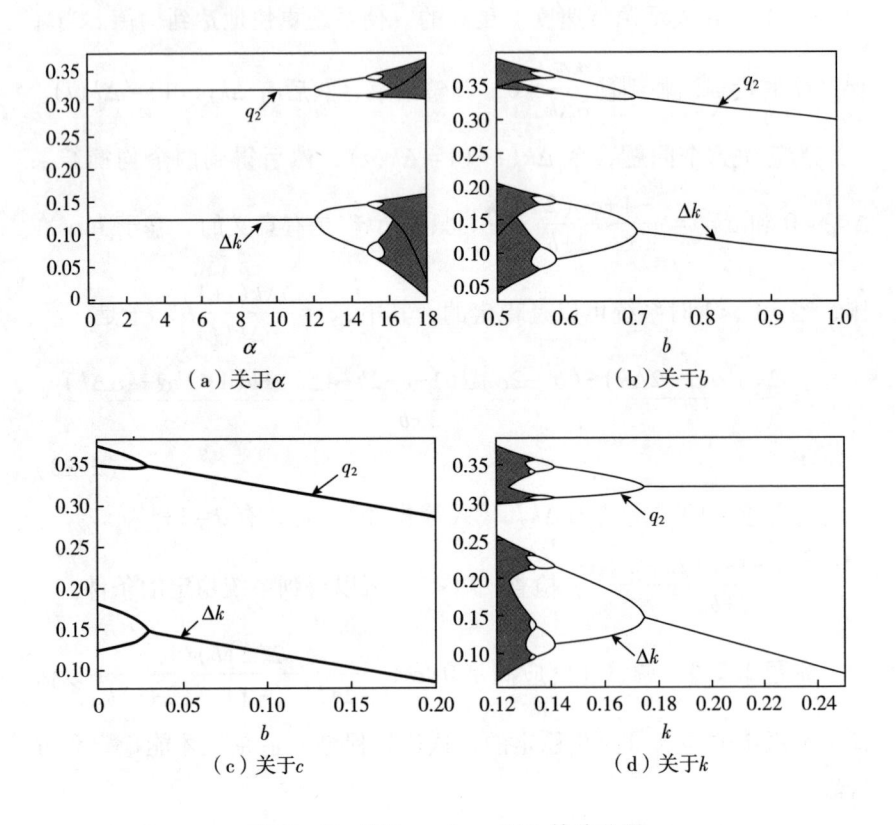

（a）关于 α

（b）关于 b

（c）关于 c

（d）关于 k

图2—3　关于 α、b、c 和 k 的分岔图

为了突出稳定和不稳定系统之间的差异，为参数分配不同的值来模拟系统的不同状态。由于图2—3（a）显示了系统状态关于 α 的变化，所以本章可以得到系统在 α 的某个范围内的状态。例如，当 $\alpha<12.1$ 时，系统是稳定的，当 $\alpha>16.3$ 时，系统是混沌状态。因此，本章设置 $\alpha=5$、$\alpha=14$ 和 $\alpha=18$ 分别模拟稳定、倍周期分岔和混沌系统。图2—4显示了稳定、倍周期分岔和混沌系统下决策变量 Δk 和 q_2 的时间序列。可以看到，只有在一个稳定的系统中，制造商才能有唯一的最优决策。

(a) Δk

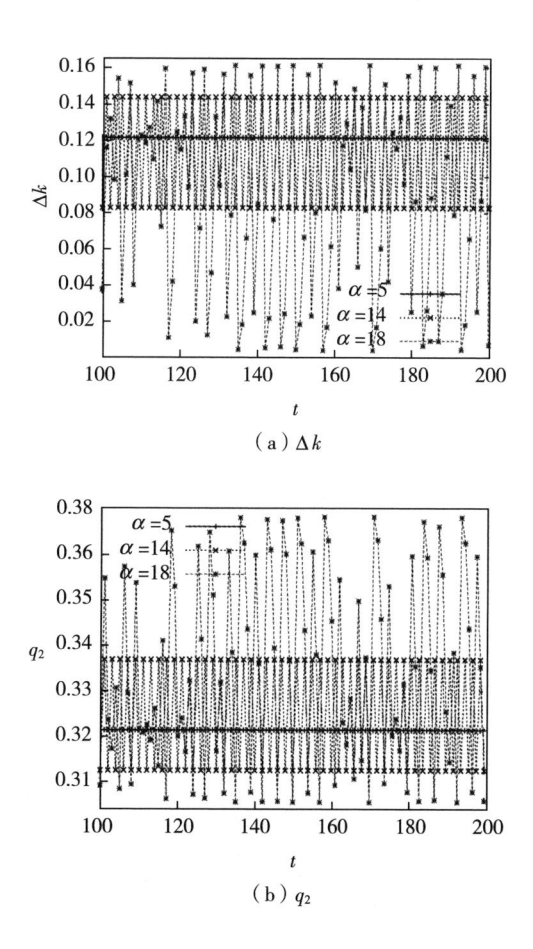

(b) q_2

图 2—4　不同系统状态下的决策时间序列

图 2—5 清楚地显示了一个稳定系统如何从倍周期分岔路径进入混沌状态。即使在一个不稳定的系统中，决策变量的迭代轨迹也会随着其他参数的变化而有很大的不同。从宏观角度来看，迭代轨迹似乎是有规律的。然而，如果放大图片，可以找到形成迭代轨迹的混沌点。这种不规则的秩序是混沌系统最本质的特征之一。为了保持系统稳定，调整速度应低于其阈值，而 b、c 和 k 应大于其阈值。

产能共享：竞合博弈与决策优化

(a) $\alpha=8.00$
(b) $\alpha=13.00$
(c) $\alpha=15.00$
(d) $\alpha=15.52$
(e) $\alpha=15.60$
(f) $\alpha=16.00$
(g) $\alpha=16.16$
(h) $\alpha=18.00$

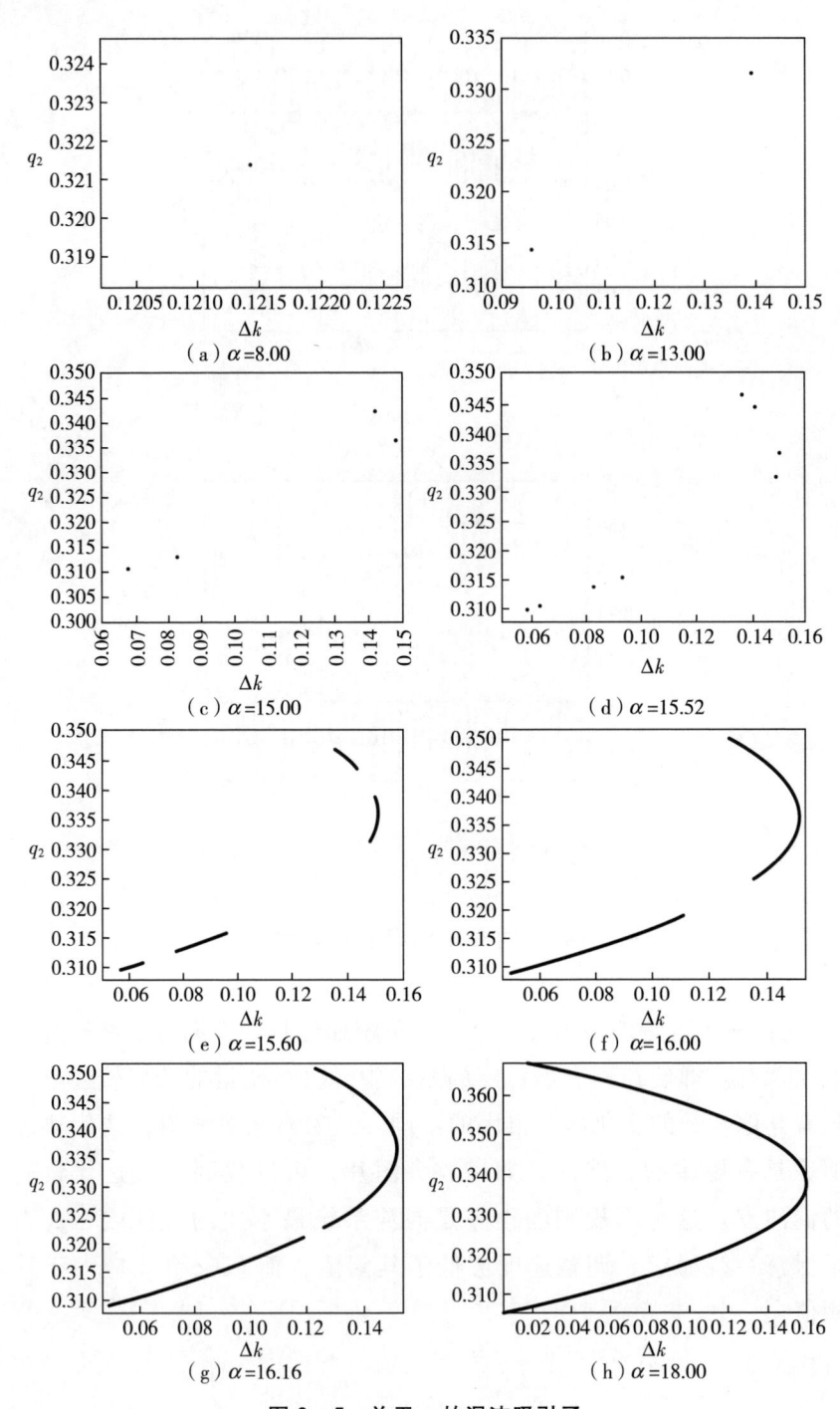

图 2—5 关于 α 的混沌吸引子

第三节　结论

一　管理启示

在众多国家采取日益严格的环境法规下,环保生产已成为制造商的战略要务。大量制造商,特别是小微型制造商,仍然采用过时的生产和加工技术,造成严重的污染问题,威胁当地居民的健康。分析结果表明,环境友好产能的限制将对制造商发展造成不利影响。除了充分利用符合环保标准的产能外,更新制造产能或向绿色生产模式转型对它们的生存至关重要,因为事实证明这两种策略都可以减少产能限制带来的损失。

如果产能投资成本相对较低,制造商应该选择产能投资策略。由于前一节已经表明,政府可以使用补贴来成功地激励制造商投资于环保产能而不管他们的初始产能,政府在引导制造业的环境可持续性发展方面起着至关重要的作用。对于有意投资环保产能的制造商来说,不妨抓住获得政府补贴的机会。如果制造商在绿色制造方面有长期投资计划,他应该以相对较低的速度调整产能投资量,以保持供应链系统的稳定。当他们建立足够的环保产能时,他们也可以采取与中威集团相同的策略,搭建资源共享平台,与其他制造商分享这些产能,以弥补他们的投资并获得更多的利润。

与产能投资策略相比,产能共享策略既能使产能有限的制造商受益,也能使产能充足的制造商受益。当产能投资成本满足一定条件时,可实现双赢局面。由于制造商在投资方面面临较大的经济负担,因此明智的做法是采取产能共享的模式,寻求加入一个有现有产能、技术和劳动力的共享工厂。产能共享将带来巨大的经济效益和环境改善。比如,本章在引言中提到的中威共享工厂,以前的"散乱污"小微制造商在自身无法实现转型升级时,可以加入一个共享工厂里使用标准化的车间,实现全流程的清洁生产,提高订单营收。例如,武城县空调行业采用产能共享模式,空调生产企业税收增加了 35.05%。

共享环保产能激励制造商形成互利联盟的事实已经在制造业得到了大量的实践证实。例如，在铸造生产中，华新公司创新"短流程"铸造工艺，实现节能减排。对于20万吨铸件，"短流程"铸造工艺每年可节约4.8万吨标准煤，减少5.2万吨二氧化碳。考虑到大量闲置的电熔炼炉和灵活的生产设备对于需要它们的中小型制造商来说是负担不起的，该公司提出了一个共享熔炼中心来租赁设备并按加工产品的数量收费。可以增加参与者的利润的3%—5%。在纺织制造业，伴侣集团通过使用自动染色技术和设备实现绿色生产，并建立共享工厂以共享印刷设备和技术。与传统印染加工模式相比，新模式可提高生产效率28%，减少污水排放量68%，降低整体能耗的45%。

二 结论和未来研究展望

本章在中威共享工厂项目背景下，讨论了环保产能有限的制造商实现绿色制造可以选择的两种策略，即环保产能投资和与有足够产能的制造商进行产能共享。考虑到两个制造商之间存在竞争，本章建立了无产能投资或共享、有产能投资和有产能共享情况下的供应链博弈模型。基于每种情况下的均衡结果，本章给出了每种策略的适用范围，并给出了两种策略都可行的条件。通过对制造商盈利能力的综合比较，本章得到了每个制造商对这两种策略的偏好，此外，利用混沌理论分析了系统的非线性特性，提出了保持系统稳定的条件。

结果表明，产能限制和产能过度投资对产能有限的制造商不利。但是适当的产能投资和产能共享都可以有效地减少产能不足给制造商带来的利润损失。然而，有限产能制造商的产能投资对产能充足的制造商不利，而产能共享对其有利。这两种策略的适用范围取决于初始环保产能和环保产能的单位投资成本。当单位产能投资成本在特定范围内时，两种策略都是可行的。当投资成本相对较低时，产能投资是实现绿色制造的有效途径。此外，政府的补贴可以鼓励制造商投资环保产能。企业在进行产能投入时，调整速度要在一个合适的范围内。当成本系数相对较高时，产能共享对产能有限的制造商来说是一种更可取的方式，对双方来说都是一个双赢的局面。由于本章考虑了产能需求方和供给方之间的竞争,这也表明了竞争者可以在共享环保产能方面相互合作。通过考察竞合博弈模型,研究竞争方和合作方之间的资源分配。研究结果可为制造商在环保产能投资或共享的策略选择上提供管理见解,并为决策者提供一种平衡盈利性绩效和稳定性绩效的方法。

本章未考虑两个制造商在制造过程中的差异。由于生产过程可能导致不同的成本,未来将进一步扩展分析考虑产能供需双方生产成本差异,研究其对产能共享和产能投资选择的影响。

第三章
损失敏感型制造商的产能需求策略

第三章 损失敏感型制造商的产能需求策略

第一节 问题背景

很多制造企业由于制造产能的限制而无法满足变化的市场需求，它们会采取多种措施应对产能不足的情况，例如手机品牌制造商，由于产能的限制，其产品有相当一部分需要由其他企业代工生产。一些新型的手机厂商由于产能不足，无法及时供应。虽然部分厂商采取类似"饥饿营销"的方式开通抢购的渠道，但产能不足造成的用户服务满意度下降的问题越来越严重，有些企业甚至由于产能问题而倒闭。此外，一些空调企业由于绿色产能不足，被要求整改或强制关闭，但它们通过产能共享的形式解决了产能不足的困境，例如，武城县的一家规模较小的中央空调通风设备企业，没有能力自置环保生产线，被政府责令整顿或者关停。与此同时，中威集团通过共享工厂把自己的标准化车间提供出来，按照清洁车间的标准进行规划建设，可实现委托生产和产能转移。在当地政府的主导下，多家与该企业类似的"散乱污"企业迁移到共享通风工厂，并通过支付一定的费用将自身产能转移至"共享工厂"生产，加入共享工厂后，小微企业的业务量较之前有了大幅提高。虽然产量有了明显提升，但代工产品的数量并不是越多越好，也不能过低于市场需求。作为产能的需求方，小微企业需要慎重决策使用共享工厂代工产品的数量。

产能不足的企业（即产能需求方）决定由产能充足的企业（即产能供给方）为自己生产的产品数量，这是一个需要考虑多因素影响的复杂决策过程。对于手机、空调这类产品，产品生产过程需要经历一个生产周期，企业无法在获取确切的市场需求后再进行产量决策，因此，在确定具体产量时需要有一定的预见性，不论是自己生产的产品还是由其他企业代工生产的产品，都很难做到刚好满足市场需求而不发生任何的缺货或者存货。特别是在市场需求不确定的条件下，转移至共享工厂生产的产品数量过多或者过少都会对企业造成利润损失，具体而言，当代工生产的产品过多时，无法销售的产品会造成库存积压；对于耐用产品，通过储存可以在下一个周期内卖出，只产生存货成本。对于无法在下一个周期卖出的易逝品，为了在当期及时卖出，企业不得不通过折价的方式销售，其价格往往较低甚至低于生产成本。一方面，为了在当期及时卖出，企业不得不通过折价的方式销售，其价格往往较低甚至低于生产成本。然而，如果代工的产品数量过少，不能满足市场需求，则会造成老客户的流失和企业品牌形象的损失。另一方面，如果代工的产品数量过少，不能满足市场需求，则会造成老客户的流失和企业品牌形象的损失。西方学者在研究和实践中总结出来，开发一个新客户的成本是留住一个老客户的成本的数倍，而一个老客户贡献的利润要远高于新客户带来的收益，因此，由于产品不能及时满足需求而造成老客户的损失对企业来说是难以承受的。

基于前景理论（Tversky，Kahneman，1992），人们对同等量的损失和收益的感受是不同的。很多学者的研究表明，人们对损失的敏感性要高于对相同数量的收益的敏感性（Imas 等，2016；Grolleau 等，2016；Anderson 等，2014；Coates 等，2014；tereyağolu 等，2017；冯艳刚等，2017b）。不同的企业，或是一家企业在发展的不同阶段，对损失的敏感程度是不一样的，而且这种敏感程度的变化也会对企业代工产品数量的决策产生影响。因此，本章考虑一个对损失敏感的产能不足制造商，考虑市场需求不确定条件以及决策者对损失的敏感程度对其均衡决策的影响，并分析外界市场条件和企业自身的因素对其均衡决策稳定性的影响。

第二节　问题分析

产能有限的制造商决策产能需求量的问题可以看作产能需求方向产能供给方发出的订购量决策。分析不确定需求对厂商决策的影响，可以采用报童模型进行建模。本章进一步考虑产能需求方对损失的敏感性对决策的影响，所采用的模型引用自 Agrawal 和 Seshadri（2000）以及 Tomlin（2003），关于损失敏感性对决策者的影响建模，引用自 Wang 和 Webster（2009）以及 Wang（2010）。

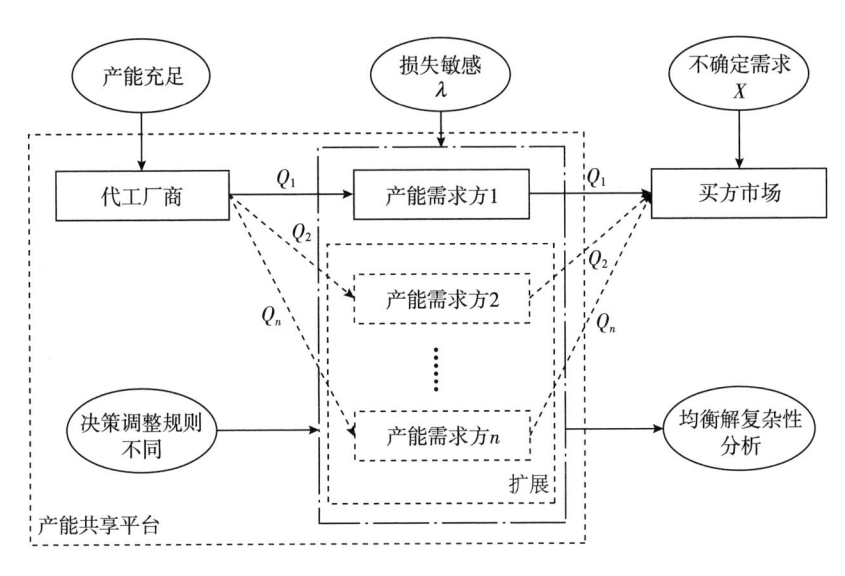

本章所研究问题的供应链结构如图3—1所示：

图3—1 本章供应链结构

本章以经典报童模型刻画产能需求方面对不确定市场需求时的产能决策行为。假设：

（1）产能需求方不知道每期市场需求量，只知道需求量服从的概率分布；

（2）产品生产周期较长，当期产能订购量低于市场需求时，缺货部分无法及时补货，会发生缺货损失；

（3）产品具有一定的时效性，当期无法售出的部分只能通过折价的形式售出，或者销毁而产生损失；

（4）厂商对损失敏感，即厂商对损失的敏感程度大于同等量的收益。

参与产能共享的小微企业是产能的需求方，中威集团这类提供共享工厂的企业是产能的供给方。本章分析产能需求方（为了描述简便，称为厂商1）决策向产能供给方（为了描述简便，称为厂商2）要求使用共享绿色生产线生产的数量，因此可以用经典的报童模型进行建模。面对不确定需求，厂商1每个周期期初决定订单数量Q。厂商1使用厂商2的共享工厂需支付一定的金额，为便于表示抽象为厂商2对每件代工产品的要价 w。本章假设 w 和厂商1销售这些代工产品的售价 p 为固定不变的。厂商1知晓实际需求 X 是一个非负的随机变量,并且在区间 $[a, b]$ 内变化,其概率密度函数和累计分布函数分别为 $f(X)$ 和 $F(X)$。如前文所述,如果实际需求 X 大于订购数量 Q,则厂商1会面临缺货损失,统一记为每件损失 s;相反,如果实际需求 X 小于订购数量 Q,那么多余的产品会产生的损失统一为每件 v。不失一般性,假设 $p>w>v$ 以保证厂商不会恶意无限制增加订单数量。于是,厂商1的利润模型可以表示为:

$$\begin{cases} \pi_+(X, Q) = (p-w)Q - s(X-Q) = (p-w+s)Q - sX, & X \geqslant Q \\ \pi_-(X, Q) = pX - wQ + v(Q-X) = (p-v)X - (w-v)Q, & X < Q \end{cases} \quad (3.1)$$

一 单一产能需求制造商的最优策略分析

(一) 制造商的效用模型

这部分模型与 Wang 和 Webster (2009) 的模型接近。考虑厂商1是损失敏感的,为了保证利润大于1,于是有:

$$\begin{cases} \pi_+(X, Q) \geqslant 0, & X \geqslant Q_1 = \dfrac{w-v}{p-v}Q \\ \pi_-(X, Q) \geqslant 0, & X \leqslant Q_2 = \dfrac{p-w+s}{s}Q \end{cases} \quad (3.2)$$

显然有 $Q_1 \leqslant Q \leqslant Q_2$。现有的文献已经给出一个损失规避型决策者的效用曲线,本章采用一个分段线性效用模型 (3.3) 来描述厂商的效用随着利润的变化情况 (Tversky A, 1991),该模型在现有的研究中被广泛应用 (Schweitzer, Cachon, 2000; Long, Nasiry, 2014)。

$$U(u) = \begin{cases} u - u_0, & u \geqslant u_0 \\ \lambda(u - u_0), & u < u_0 \end{cases} \quad (3.3)$$

在式 (3.3) 中,u_0 表示厂商1的效用参考点,即大于此效用时厂商觉得盈利,而小于此效用时厂商觉得亏损。u 表示厂商1实际得到的利润。当 $u \geqslant u_0$ 时,厂商心理得到正的效用,当 $u < u_0$ 时厂商心理遭受损失。如图3—2所示,表示参考效用 $u_0 = 1$,损失敏感参数 $\lambda = 3$ 的效用函数。

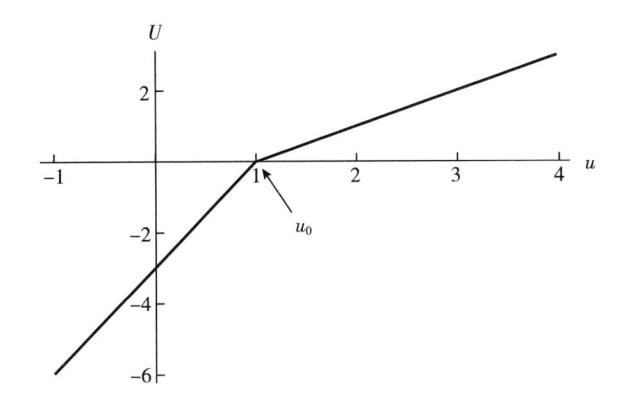

图3—2 参考效用 $u_0=1$，损失敏感参数 $\lambda=3$ 的效用函数

为了计算方便，本章假设此参考效用为 0，即 $u_0=0$。该假设被广泛应用到现有的文献中。$\lambda \in [1, +\infty)$ 是损失规避系数，表示厂商对损失的敏感程度。$\lambda>1$ 和 $\lambda=1$ 分别表示厂商是损失规避的或者损失中性的。因此，厂商的期望收益可以表示为：

$$E[U(\pi_r(Q))] = \int_a^Q \pi_- f(x) dx + \int_Q^b \pi_+ f(x) dx$$
$$+ (\lambda - 1)\left(\int_a^{Q_1} \pi_- f(x)dx + \int_{Q_2}^b \pi_+ f(x)dx\right) \quad (3.4)$$

将式（3.2）中的 π_+ 和 π_- 表达式分别带入到期望利润模型（3.4）中，可以得到期望利润模型为：

$$E[U(\pi_r)] = \lambda[(p-w+s)Q - sb] - (p-v)$$
$$\left[(\lambda-1)\int_a^{Q_1} F(X)dX + \int_a^Q F(X)dX\right]$$
$$+ s\left[(\lambda-1)\int_{Q_2}^b F(X)dX + \int_Q^b F(X)dX\right] \quad (3.5)$$

（二）均衡策略分析

为了分析简便，令 $W=w-v$，$P=p-w+s$，于是有 $P+W=p-v+s$，$P-W=p-v+s-2w$。注意到：

$$\frac{\mathrm{d}^2 E(U(\pi_r(Q)))}{\mathrm{d}Q^2} = \left(-(P+W)-(\lambda-1)\left(\frac{P^2}{s}+\frac{W^2}{p-v}\right)\right) \cdot f(Q) \quad (3.6)$$

由于 $\lambda \geq 1$ 并且 $f(X) > 0$，条件 $\frac{\mathrm{d}^2 E(U(\pi_r(Q)))}{\mathrm{d}Q^2} < 0$ 一定成立。因此最优订购数量可以通过一阶条件来求解。

$$\frac{\mathrm{d}E[U(\pi_r)]}{\mathrm{d}Q} = P\lambda - (P+W)F(Q) - (\lambda-1)(WF(Q_1) + PF(Q_2)) = 0 \quad (3.7)$$

于是得到命题3.2.1：

命题3.2.1 期望效用 $E(U(\pi_r(Q)))$ 对于所有在 $[a,b]$ 区间上的 Q 是上凸函数（concave），并且存在唯一的最优订购量 Q^* 满足：

$$P\lambda - (P+W)F(Q^*) - (\lambda-1)(WF(Q_1(Q^*)) + PF(Q_2(Q^*))) = 0 \quad (3.8)$$

命题3.2.1. 表明对于损失规避和损失中性的决策厂商1而言，存在唯一的最优解 Q^*。厂商1若充分了解市场信息并且完全理性的话，可以求得这样的一个最优解 Q^*。然而，若厂商1是有限理性的，或者无法知晓所有市场信息，特别是在生产滞后性的基础上，厂商在决策时无法知道当期的市场信息。因此，本章考虑厂商1是有限理性的，在无法得知当前市场具体的全部的信息时，无法决策出最优的订购量 Q^*，而只能不断根据某种规则来调整 Q 最终达到最优的 Q^*。比如，当厂商1发现当期订购量的边际利润是正的，那么下一期他将增加订购量；相反，如果边际收益是负的，那么下一期他将减少订购量。直到边际利润为零时，调整结束，厂商获得最优决策。基于Bischi等（1999）的研究，本章采取的这一调整规则被称为有限理性预期（bounded rationality expection，BRE），如式（3.9）所示：

$$Q_{t+1} = Q_t + g \cdot Q_t \cdot \frac{\mathrm{d}E(U(\pi_{r,t}(Q_t)))}{\mathrm{d}Q_t} \quad (3.9)$$

该方法在现有的研究混沌理论在供应链运营策略上的应用的文献中被广泛采用。根据Bischi等（1999）的研究，厂商在每个离散的周期内调整产量决策。该调整方法是基于决策者对市场信息并不完全知

晓的假设。因此，厂商无法在短时间内直接达到纳什均衡状态，相反，其只能通过不断观察边际收益的有限理性调整过程来获得均衡解。当厂商完全理性并且知晓所有的市场信息时，其可以通过一阶条件求得最优策略，这也是现有文献广泛采用的求解均衡解的方法。有限理性预期实际刻画了一阶条件求解方法的逐渐调整过程——当厂商为有限理性时，其无法获取完全市场信息的限制导致其无法直接通过一阶条件求得最优解，而只能通过不断地调整策略，最终获得最优策略。除了 Bischi 等（1999），这一调整规则在现有的文献中被广泛应用到经济系统和供应链系统的建模之中（Yuan, Hwarng, 2016; Askar, 2014; Cavalli 等, 2015）带下标 t 的变量表示 t 时期的变量。根据判据（Jury, 1982），这类一维系统在均衡点 Q^* 处渐进稳定的条件为 $|J(Q^*)|<1$，其中，

$$J(Q)=\frac{\partial Q_{t+1}}{\partial Q_t}=1+g\cdot\left(\frac{\mathrm{d}E(U(\pi_{r,t}(Q_t)))}{\mathrm{d}Q_t}+Q_t\cdot\frac{\mathrm{d}^2E(U(\pi_{r,t}(Q_t)))}{\mathrm{d}Q_t^2}\right)$$

(3.10)

式（3.10）中括号内的部分由两部分组成，分别为期望效用对 Q 的一阶导数和二阶导数，其表达式已经分别在式（3.7）和式（3.6）中给出。因此，此决策系统在均衡点处渐进稳定的条件如命题 3.2.2 所示：

命题 3.2.2 在市场需求服从以 $F(X)$ 为累积分布函数，$f(X)$ 为概率密度函数的分布下，系统保持渐进稳定的条件为：

$$-\frac{2}{g}<P\lambda-(P+W)F(Q^*)-(\lambda-1)[WF(Q_1)+PF(Q_2)]$$
$$-Q^*f(Q^*)[(P+W)+(\lambda-1)(PQ_2'+WQ_1')]<0 \quad (3.11)$$

式（3.11）中 Q_1' 和 Q_2' 分别表示表达式 Q_1 和 Q_2 对 Q 的一阶导数。命题 3.2.2 说明系统稳定性受到 g、λ 以及变量 p、w、s、v 的共同影响。本章重点研究厂商 1 的损失敏感系数 λ 和决策调整参数 g 对系统稳定性的影响。

在上文的命题 3.2.2 中给出的系统稳定性条件并不限制随机变量 X 服从某一种分布。但是为了通过数值模拟展现不稳定系统的某些性

质,下文定义随机 X 变量服从均匀分布。现有的研究报童模型的文献中假设随机需求服从均匀分布的有很多,如 Kabak,Schiff(1978);Khouja(1999);Weng(2004);Wang,Webster(2009);Giri,Sharma(2016)。

假设 X 服从均值为 μ、方差为 σ 的均匀分布。参数 Δ 表示随机参数变化的范围,即上下限之间的差值。于是随机变量 X 变化的上限和下限分别为 $\mu+\frac{\Delta}{2}$ 和 $\mu-\frac{\Delta}{2}$,方差为 $\sigma=\frac{\Delta^2}{12}$,概率密度函数为 $f(X)=\frac{1}{\Delta}$,累积分布函数为 $F(X)=\frac{X-\mu+\frac{\Delta}{2}}{\Delta}$。为了保证 $\mu-\frac{\Delta}{2}>0$,参数 Δ 需要满足 $0<\Delta<2\mu$。将这些表达式代入到模型(3.8)中,于是可以得到在随机变量 X 满足上述条件下的最优订购量。

命题 3.2.3 当需求随机变量服从 $\left[\mu-\frac{\Delta}{2},\ \mu+\frac{\Delta}{2}\right]$ 之间的均匀分布时,最优订购量随着 μ 和 Δ 的上升而提升,随着 λ 的上升而下降。具体地,最优订购量为:

$$Q^* = \frac{s(p-v)\lambda((P-W)\Delta+2(P+W)\mu)}{2(P+W)(\lambda-1)(p-w)^2+(p-v)s\lambda} \tag{3.12}$$

命题 3.2.3 给出了在随机需求满足均匀分布时,一个损失敏感的厂商的最佳产能订购量。注意到,由于 $p>v$,若最佳订购量 $Q^*>0$ 需要保证 $(P-W)\Delta+2(P+W)\mu>0$。由于 $W=w-v$, $P=p-w+s$, $P-W=p+s+v-2w$。显然,条件 $(P-W)\Delta+2(P+W)\mu>0$ 很容易实现。具体而言, $s+v>w$ 是满足 $Q^*>0$ 的充分不必要条件。令 $p'=\frac{-\Delta s-2\mu s-\Delta v+2\mu v+2\Delta w}{\Delta+2\mu}$,只有当极端情况 $p<p'$ 出现时,才会发生没有订购量的情况。由于单价是厂商可以控制的参数,因此本章只考虑 $p>p'$ 的情况,即 $(P-W)\Delta+2(P+W)\mu>0$。可以看出,该最佳订购量受到参数 λ, Δ 等的影响,具体而言:

推论 3.2.1 厂商 1 的最佳产能订购量随着自身对损失敏感性的提升而下降。

推论 3.2.1 表明，一个损失敏感的厂商 1 会比损失中性的厂商 1 订购更少的代工产品。直观地，一个谨慎的厂商会因为担心产品卖不出去而订购较少的产品，特别是当缺货损失较少，甚至接近于 0 时。如果缺货损失较大，则缺货给厂商带来的损失促使对损失敏感的厂商尽量减少缺货的可能，因而其订购量可能会上升。

推论 3.2.2 厂商 1 的最佳产能订购量随着期望需求的提升而上升。

显然，需求的期望值的提升会促使厂商采购更多的产能，以满足市场需求。尽管市场需求存在一定的波动，需求期望值可以从整体上衡量市场上需求量的变化。厂商通过调整产能需求量以应对市场上这种需求的变化。

推论 3.2.3 厂商 1 的最佳产能订购量随着 Δ 的变化取决于价格 p 的相对大小。具体而言，当 $p>2w-s-v$ 时，订购量随着 Δ 的提升而上升；当 $p<2w-s-v$ 时，订购量随着 Δ 的提升而下降。

参数 Δ 衡量的是随机需求的分布范围。当参数 Δ 提升时，单期的需求可能提高到一个很高的水平也可能降低到很低的水平。因此，无法直接判断订购量随着参数 Δ 如何变化。基于现有参数的取值范围可知，需求分布范围对产能订购量的影响受 P 和 W 大小关系的影响。具体而言，当 $P>W$ 时，最优产能订购量随着需求分布范围的提高而上升；相反，当 $P<W$ 时，最优产能订购量随着需求分布范围的提高而下降。推论 3.2.3 说明，相比于产能的定价，当产品的销售价格处于一个较高的状态时，面对不确定的市场需求，产能不足制造商愿意冒更大的风险从产能充足的制造商处采购更多的产能，生产更多的产品投入到市场中。相反，如果产品的销售价格较低，则产能不足的制造商会更加谨慎地采购其他制造商的剩余产能。换言之，其宁愿承担缺货损失的风险而采购较少的产能。相反，也可以推出，当产能充足的制造商为产能定价较高时，即 w 较高，面对不确定市场需求，产能不足的制造商愿意订购的产能会相应地下降，不利于产能共享模式的推广。

下文通过数值模拟，展现系统从稳定到不稳定状态的变化过程，以及不稳定系统的性质,以更好地体现稳定系统对决策者制定最优决策的重要性。

(三) 均衡策略的稳定性分析

根据有限理性预期规则(3.9),厂商在第 $t+1$ 期的决策等于第 t 期的决策时,厂商会停止决策的调整过程。通过令式(3.9)中 $Q_{t+1}=Q_t$,可以得到两个均衡解:0 和 Q^*。

根据系统在均衡点处渐进稳定的条件,可以得到:

命题3.2.4 一维决策系统(3.9)在均衡解 $Q=0$ 处不稳定。

命题3.2.5 一维决策系统(3.9)在均衡解 Q^* 处渐进稳定的条件为:

$$0<g\lambda((P-W)\Delta+2\mu(P+W))<2\Delta \tag{3.13}$$

上文已经分析了式子 $(P-W)\Delta+2\mu(P+W)>0$ 成立的条件,即产量为正数时此条件恒成立。在此基础上,满足系统稳定的充分必要条件为:$g\lambda((P-W)\Delta+2\mu(P+W))<2\Delta$。可见,系统稳定性受到 Δ、λ、g 等参数的共同影响。基于引理3.2.5中的这一条件,可以研究系统的稳定性在不同参数变化下的变化情况。

命题3.2.6 对于已知损失敏感性的一个特定的厂商1,保持系统稳定的条件为其控制决策调整速度 g 使之满足:

$$0<g<\frac{4\Delta}{(P-W)\Delta\lambda+2(P+W)\lambda\mu} \tag{3.14}$$

由于此条件是通过引理3.2.5中的条件转化而来,因此证明从略。

决策调整速度 g 并不影响最优解 Q^*,但会影响达到均衡解的时间。显然,较大的 g 能更快使得厂商获得最优的决策,从而获得更多的累计利润。然而,当 g 过大时,系统会进入不稳定状态。根据命题3.2.6,这个临界值为 $\bar{g}=\dfrac{4\Delta}{(P-W)\Delta\lambda+2(P+W)\lambda\mu}$。一旦 g 超过这个临界值,厂商不但不能更快达到均衡状态,还会造成系统失去稳定状态。因此,最好的决策是使得这个调整速度无限接近但不超过 $\bar{g}$。而且,厂商如果对损失更敏感的话,其会更加谨慎的调整决策。这是因

为临界值 $\bar{g}$ 随着损失敏感系数 λ 的提高而降低。

命题 3.2.7 当厂商以满足 $0<g<\lambda\bar{g}$ 的一个固定的速度 g 对决策进行调整时，能够使得系统在 Q^* 处渐进稳定的条件为其损失敏感系数满足 $1<\lambda<\dfrac{\bar{g}}{g}$。

命题 3.2.7 表明，一旦厂商的损失敏感系数超过一个临界值 $\bar{\lambda}=\dfrac{\bar{g}}{g}$ 时，系统会失去稳定。对损失过于敏感的厂商，其对损失过分担忧的情绪会通过决策调整过程导致系统失去稳定。在实际中，决策者对损失的恐慌情绪会影响企业对最优决策的判断。面对不确定的市场，这种"谨慎"的决策方式并不是最优的。相反，这种恐慌情绪会通过决策结果对其他厂商的影响的方式不断传递，从而造成系统稳定性的不断下降。

通过数值模拟，以更加直观地体现不同参数的变化对系统稳定性的影响，以及不稳定系统的特点和危害。由于厂商可以控制调整速度 g，于是限制 g 在区间 $(0, \bar{\lambda})$ 内变化以保证满足系统稳定最基本的条件，并进一步分析其他参数对系统稳定性的影响。本章的一个重点内容就是厂商对损失的敏感性，于是根据条件 $0<v<w<p$，令 $p=0.8$，$w=0.5$，$v=0.2$ 并且令 $\Delta=0.3$，$\mu=0.3$，$s=0.2$，$g=0.65$，观察损失敏感系数 λ 对系统稳定性的影响，得到图 3—3。

图 3—3 显示，随着厂商对损失的敏感程度逐渐增加，系统从稳定状态进入 Flip 分岔状态，直到进入混沌状态。四个导致系统分岔的点可以计算出分别为 3.36，4.17，4.34，4.38。图 3—3 进一步印证了命题 3.2.7 的结论。

实际上，造成系统不稳定是多个参数共同作用的结果。当参数 λ 和 g 都相对较大时，系统会失去稳定。图 3—4 显示在参数 λ 和 g 共同变化时系统的稳定域。可见，当某一个参数比较大，而另一个参数较小时，系统仍可以保持稳定。只有当两个参数都取较大值时，系统才会失去稳定。在现实中，如果厂商对损失风险敏感但是其调整决策是稳健的，或者其调整决策激进但是本身对损失风险不敏感，抑或其

产能共享：竞合博弈与决策优化

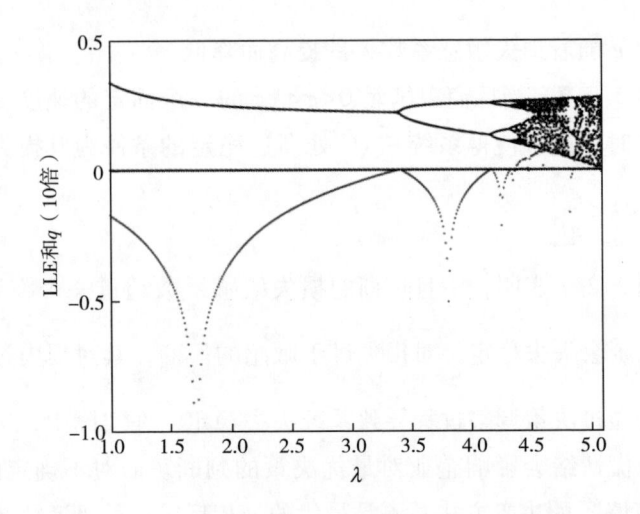

图3—3　随着 λ 变化的分岔图和最大 Lyapunov 指数图

对损失风险不敏感调整决策也稳健，这些都不会导致系统失去稳定。只有那些既对风险敏感又激进地调整决策的厂商才会使得系统失去稳定。阴影区域和空白区域的分割线附近将发生 Flip 分岔。

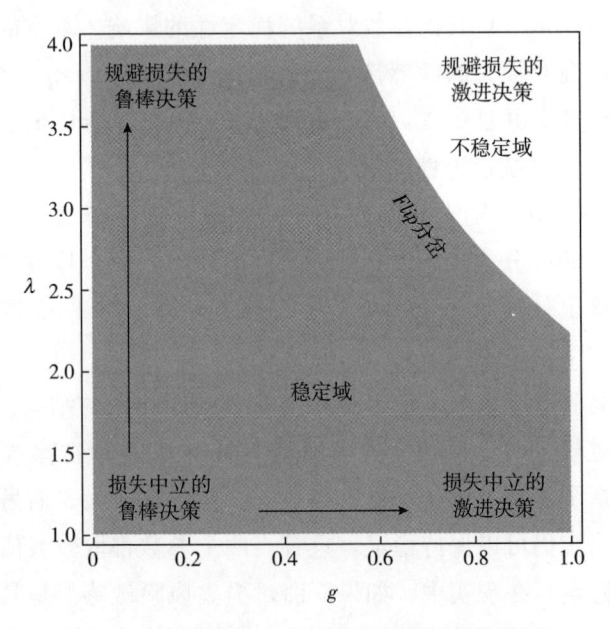

图3—4　随着参数 λ 和 g 变化的系统的稳定域

图3—4显示了系统的稳定区域和不稳定区域以及其间的边界，但是没有能体现系统从稳定到混沌的变化过程。图3—5则体现了这一过程，随着 λ 和 g 的提升，系统从稳定区域，进入到二倍周期区域，然后进入到四倍周期区域，最终系统进入混沌状态。随着 λ 和 g 的继续提升，系统进入发散区域。

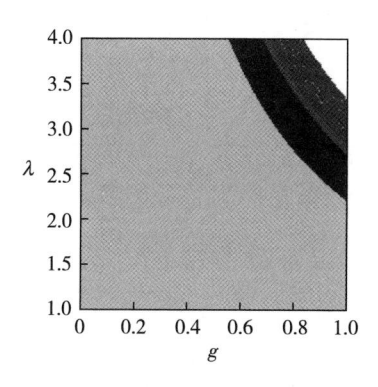

图3—5　随着参数 λ 和 g 变化的系统的二维分岔图

通过初次迭代（first iterate）图可以直观比较不同系统状态下厂商调整决策的过程和结果。考虑三个对损失的敏感程度不同的厂商，敏感系数分别为 $\lambda = 3$，4.2，5。由上文分析可知，三个厂商所在的决策系统分别处于稳定状态、倍周期分岔状态和混沌状态，其对应的初次迭代图分别对应图3—6（a）、图3—6（b）和图3—6（c）。从图3—6（a）不难看出，在稳定系统中，厂商的决策经过若干次迭代，最后落到了曲线上的一个点，此时系统达到稳定的均衡状态。图3—6（b）显示，在Flip分岔系统中，厂商的决策在不断调整后，最终在曲线上的两个点之间不断徘徊。图3—6（c）显示在一个混沌系统中，厂商的决策经过若干次调整，不能最终落到曲线上的一个点上，而是最终无序地落在了无数个点上，这表明厂商在混沌系统中无法最终得到一个稳定的确定的最优解。在不稳定或者混沌系统中，没有厂商可以获得最优决策或者最大利润。由于混沌的发生既有外界环境因素，又有企业自身的因素，因此，当外界环境的变化不利于系统保持稳定时，厂商应该适当调整策略以维护系统的稳定。比如，厂商可以更加稳健地调整决策，这有利于系统保持稳定状态。

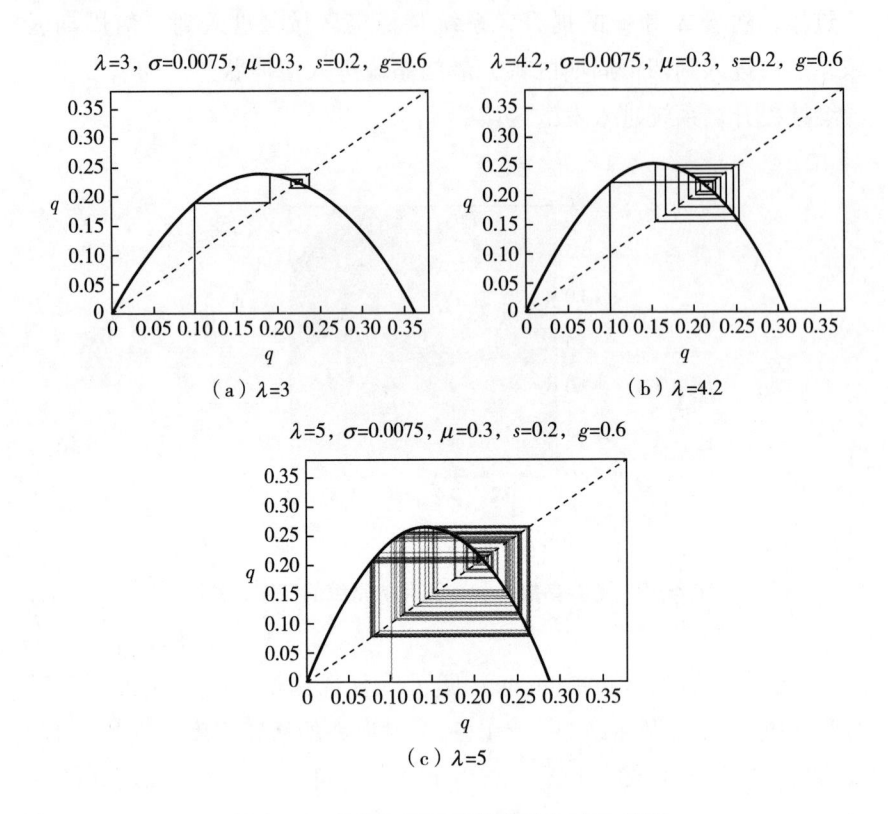

图3—6 稳定和混沌系统下的初次迭代图

在不稳定或者混沌系统中，没有厂商可以获得最优决策或者最大利润。由于混沌的发生既有外界环境因素，又有企业自身的因素，因此，当外界环境的变化不利于系统保持稳定时，厂商应该适当调整策略以维护系统的稳定。比如，厂商可以更加稳健地调整决策，这有利于系统保持稳定状态。

图3—7表示系统处于稳定状态，周期分岔状态和混沌状态下，订购量Q的时间序列。首先观察稳定系统中订购量的时间序列。不难看出，经过一段时间的调整，订购量呈现稳定的状态，说明对损失敏感程度为$\lambda=3$的厂商可以最终得到一个稳定的最优解。然后观察周

期分岔状态下订购量的时间序列。经过一段时间的调整，最优决策最终在 0.15 和 0.25 两个值之间徘徊。说明对损失敏感程度为 $\lambda = 4.2$ 的厂商最终的策略会每期调整一次，而调整的值在两个确定的值之间徘徊。最后观察混沌状态下订购量的时间序列。可以看出，此时订购量并没有任何规律可循，厂商每一期的决策看起来都是随机的。说明对损失敏感程度为 $\lambda = 5$ 的厂商无法得到确定的最优值。

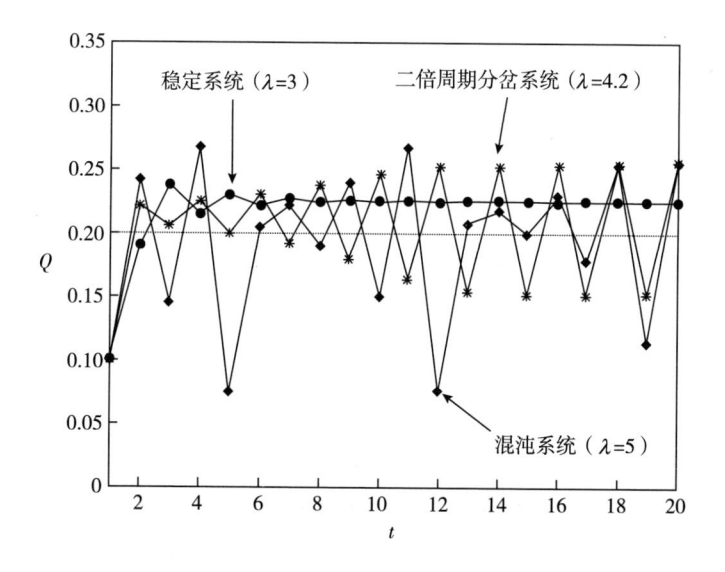

图 3—7　稳定和混沌系统中 Q 的时间序列

上文提到，厂商决策调整速度 g 不会影响最优决策 Q^*，但会通过影响到达稳定时间而最终影响累计利润。图 3—8 展示了累计利润随着各个参数的变化，在不同系统状态下的情况。

不难看出，稳定系统下累计利润稳步提升。这是由于每期都决策出最优策略，因此利润可以得到保障。二倍周期分岔状态下的厂商的累计利润，虽然经过短暂上升，最终达到一种较为平稳的状态。这是由于每期决策的订购量在最优值上下徘徊，始终不是最优策略，因此累计利润逐渐显现出增长乏力的状态。在混沌状态下厂商的累计利润，不但不提升反而下降。这是由于决策的订购量距离最优值太远，

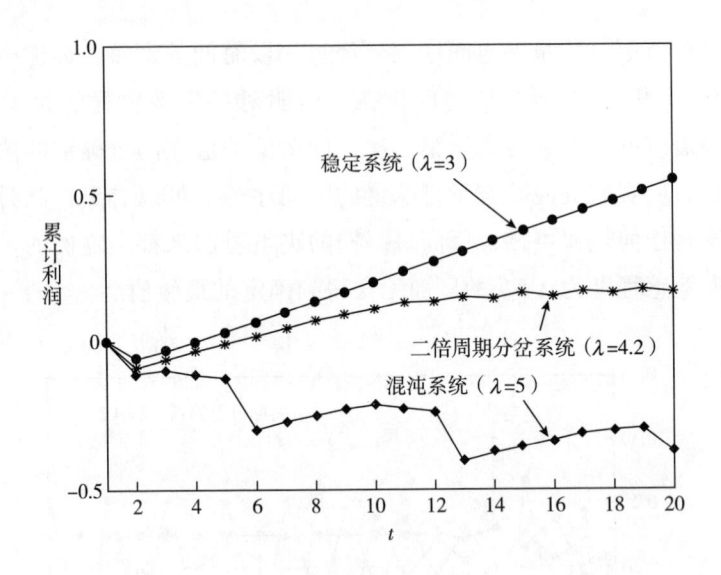

图3—8 稳定和混沌系统中的累计利润时间序列

使得厂商获得了负的利润,也就是说在混沌系统中厂商蒙受了损失。

从以上的理论分析和数值实验分析不难看出,厂商保持决策系统稳定是非常重要的。一旦系统失去稳定性,厂商不但无法决策出最优的订购量,还会在不断调整策略的同时蒙受损失。根据本章的分析,那些对损失风险较为敏感的厂商更容易造成决策系统失去稳定性。对于这类厂商,必须通过降低决策调整速度,损失一定的累计利润为代价,来维持系统的稳定性,最终获得长久的稳定收益。

二 n个产能需求制造商的最优均衡策略分析

本节通过对一个厂商的模型进行扩展分析,进一步考虑了市场上同时存在多个厂商时,各方的决策和系统稳定性问题。各个厂商的市场份额 ρ_i,损失敏感性 λ_i 和决策调整速度 g_i 彼此不同。假设消费者的搜索成本很高,因此其是距离自己最近的厂商的忠实客户。厂商的潜在需求不受自身的订购量的影响。这一假设很好理解,如果厂商可以通过扩大订购量而增大潜在需求,则其有动机不断增大订购量,以扩大市场中的潜在需求而忽视产品无法销售造成的损失。基于报童模型理论，厂商的订购量过多会造成存货和滞销。因此，多厂商模型中，厂商 i 的需求可以表示为 $X_i=\rho_i X$，则此种情境下，每个制造商需求的概率密度函数可以表示为 $g(X_i)=\frac{1}{p_i}f\left(\frac{X_i}{p_i}\right)$（Wang，2010）。

采用章节三中式（3.2）的方法，对于损失敏感的厂商而言，厂商利润是否是正数，对效用模型的构建十分重要。注意到式（3.15）：

$$\begin{cases}\pi_{i,-}(X_i,Q_i)\geq 0, & X_i\geq q_{1,i}\\ \pi_{i,+}(X_i,Q_i)\geq 0, & X_i\leq q_{2,i}\end{cases} \quad (3.15)$$

可以得到厂商 i 的订购量的几个关键点，可以表示为：

$$q_{1,i}=\frac{Q_i(-v+w)}{(p-v)\rho_i},\quad q_{2,i}=\frac{Q_i(p+s-w)}{s\rho_i} \quad (3.16)$$

于是，厂商 i 的期望利润可以表示为：

$$E[U(\pi_{r,i})]=\lambda_i((p-w+s)Q_i-sb\rho_i)-\rho_i(p-v)$$

$$\int_a^{\frac{Q_i}{\rho_i}}F(X)\mathrm{d}X+s\rho_i\int_{\frac{Q_i}{\rho_i}}^b F(X)\mathrm{d}X+(\lambda_i-1)$$

$$\left(s\rho_i\int_{q_{2,i}}^b F(X)\mathrm{d}X-\rho_i(p-v)\int_a^{q_{1,i}}F(X)\mathrm{d}X\right) \quad (3.17)$$

对于厂商，其最优订购量可以表示为：

命题 3.2.8 对于多厂商供应链，厂商的期望效用函数是关于订购量的上凸函数，存在唯一最优值：

$$Q_i^*=\frac{s(p-v)\lambda_i((p+s+v)(\Delta-2\mu)-2w\Delta)\rho_i}{2(p-w+s)((\lambda_i-1)(p-w)^2+(-v+p)s\lambda_i)} \quad (3.18)$$

并且最优订购量随着损失敏感参数的上升而下降。

与上文相比，尽管厂商分享了市场需求，但是厂商订购量的总和并不等于章节三中垄断厂商的订购量，除非所有厂商对损失的敏感程度相同并且与上文中垄断厂商对损失的敏感程度相同。下文分析了同质和异质厂商的决策行为及其对系统稳定性的影响。

（一）同质产能需求制造商的情形

本节假设厂商按照规则（3.9）来调整决策，于是动态系统可以表示为：

$$\begin{cases} Q_{1,t+1} = Q_{1,t} + g_1 Q_{1,t} \dfrac{\mathrm{d}E[U(\pi_{1,t}(q_{1,t}))]}{\mathrm{d}Q_{1,t}} \\ Q_{2,t+1} = Q_{2,t} + g_2 Q_{2,t} \dfrac{\mathrm{d}E[U(\pi_{2,t}(q_{2,t}))]}{\mathrm{d}Q_{2,t}} \\ \cdots \\ Q_{n,t+1} = Q_{n,t} + g_n Q_{n,t} \dfrac{\mathrm{d}E[U(\pi_{n,t}(q_{n,t}))]}{\mathrm{d}Q_{n,t}} \end{cases} \quad (3.19)$$

在均衡点 Q^* 处，雅克比矩阵为：

$$J(Q^*) = \begin{bmatrix} \dfrac{\partial Q_{1,t+1}}{\partial Q_{1,t}}, & \dfrac{\partial Q_{1,t+1}}{\partial Q_{2,t}}, & \cdots, & \dfrac{\partial Q_{1,t+1}}{\partial Q_{n,t}} \\ \dfrac{\partial Q_{2,t+1}}{\partial Q_{1,t}}, & \dfrac{\partial Q_{2,t+1}}{\partial Q_{2,t}}, & \cdots, & \dfrac{\partial Q_{2,t+1}}{\partial Q_{n,t}} \\ & & \cdots, & \\ \dfrac{\partial Q_{n,t+1}}{\partial Q_{1,t}}, & \dfrac{\partial Q_{n,t+1}}{\partial Q_{2,t}}, & \cdots, & \dfrac{\partial Q_{n,t+1}}{\partial Q_{n,t}} \end{bmatrix} = \begin{bmatrix} j_{11}, & 0, & \cdots, & 0 \\ 0, & j_{22}, & \cdots, & 0 \\ & & \cdots, & \\ 0, & 0, & \cdots, & j_{nn} \end{bmatrix}$$

$$(3.20)$$

其中，

$$J_{nn} = -\dfrac{\Delta(-2 + g_n \lambda_n (p+s+v-2w)) + 2 g_n \lambda_n (p+s-v)\mu}{2\Delta}$$

Jury 判据说明系统稳定的充分必要条件是，雅克比矩阵特征方程的特征根的绝对值小于 1。基于 Jury 判据，此同质厂商组成的系统的稳定性条件如命题 3.2.9。

命题 3.2.9 市场份额 ρ 并不影响系统稳定性。参数 g_i 和 λ_i 共同影响系统的稳定性。特别地，当 $g_i \lambda_i$ 满足 $g_i \leq g_i \lambda_i \leq \dfrac{4\Delta}{(P+W)(\Delta+2\mu)-2W\Delta}$ 时，系统保持稳定。

由于市场份额参数 ρ_i 未出现在 j_{nn} 中，因此不难推断参数 $\rho_i i$ 并不影响系统的稳定性。由于参数 g_i 和 λ_i 以 $g_i \lambda_i$ 的形式出现，可以推断出厂商的损失敏感性参数 g_i 和 λ_i 共同影响系统的稳定性，而且两个参数对系统稳定性的影响是一致的。不仅如此,如果 $g_i\lambda_i$ 使得系统保持稳定,在 $g_i\lambda_i$ 的值保持不变的条件下,其中一个参数的提升允许另一个参数下降以继续维持系统稳定。因此,如果厂商对损失的敏感性更强,他可以通过更加稳健的决策调整速度以继续维持系统稳定。在现实中,对于损失比较敏感的用户在决策时也更加谨慎。可以计算出,维持系统稳定的 $g_i\lambda_i$ 的上界为 $g_i\lambda_{imax} = \dfrac{4\Delta}{(P+W)(\Delta+2\mu)-2W\Delta}$。

(二)异质产能需求制造商的最优策略

这一章节考虑厂商以不同的决策调整方法不断调整决策直到达到最优策略,研究不同调整规则对系统稳定性的影响。一些厂商基于上文提到的有限理性预期规则(3.9)来调整策略,其他厂商通过自适应预期(adaptive expectation)(Sterman,1989)的方法来调整决策,具体调整规则为:

$$Q_{i,t+1} = \delta_i Q_{i,t} + (1-\delta_i) Q_{i,t}^* \tag{3.21}$$

其中,参数 δ_i 满足 $0 \leq \delta_i \leq 1$,代指厂商 i 的自适应参数。$Q_{i,t}^*$ 表示厂商 i 在第 t 个决策周期的最优策略,可以通过一阶条件求得。然而,每一期的最优策略只能在下一期计算出来。因为计算最优策略的参数在每期决策时是无法观测或者还未发生的。这并不意味着厂商每个周期的最优策略没有意义。事实上,在自适应预期决策方法(3.21)中,每一期的最优策略在下一个周期决策时,是重要的参考指标。更具体地,自适应预期决策方法(3.21)是上一期决策值和实际值的加权平均数,自适应参数 δ_i 是实际值的权重。因此,第 $t+1$ 期的策略 Q_{t+1} 可以表示为上一期决策的实际值 Q_t 和最优值 Q_t^* 的加权平均数。如果厂商在决策时,只考虑上一期的最优值 Q_t^* 而不考虑实际值 Q_t,即 $\delta_i = 0$,该方法会退化成天真预期法,该方法是另一种决策调整方法,在第六章有所提及。

不失一般性,假设共有 m 个厂商采取有限理性预期方法调整策略,其他 $n-m$ 个厂商采取自适应预期方法。于是,异质厂商组成的决策系统。

根据 Jury 判据,系统稳定性的条件为其特征方程的所有特征根的绝对值小于1。据此，可以得到该系统稳定的条件为：

命题3.2.10 对于一个由异质厂商组成的系统，其稳定性的条件为 $g_i < g_i \lambda_i < \dfrac{4\Delta}{(P-W)\Delta + 2\mu(P+W)}$。指数平滑系数方法的采用对系统的稳定性无影响。

命题3.2.10说明系统的稳定性仍然受到有限理性预期厂商的损失敏感参数 λ_i 和决策调整速度 g_i 的共同影响。当其满足命题3.2.10中的条件时，系统可以保持稳定。对于采取自适应预期方法的厂商而言，其损失敏感参数 λ_i 和自适应参数 δ_i 对系统的稳定性没有影响。

通过数值仿真方法，可以更加直观地展现关键参数对系统稳定性的影响，以及稳定系统和不稳定系统性质的差异。为了更加方便直观地展现，这部分考虑有限个厂商的决策。考虑市场上存在两个竞争厂商，其中一个采取有限理性预期，另一个厂商可以采取有限理性预期和自适应预期方法这两种决策方法中的任何一个。

设置参数 $p = 0.8$，$w = 0.5$，$s = 0.2$，$v = 0.2$，$\mu = 0.3$，$\Delta = 0.3$，于是参数 g_i，λ_i 和 δ_i 组成的稳定域可以表示为：

图3—9展示了系统的稳定域。发现异质厂商的情形下系统稳定性更强。这是由于采用自适应预期的厂商的参数 δ 对系统的稳定性没

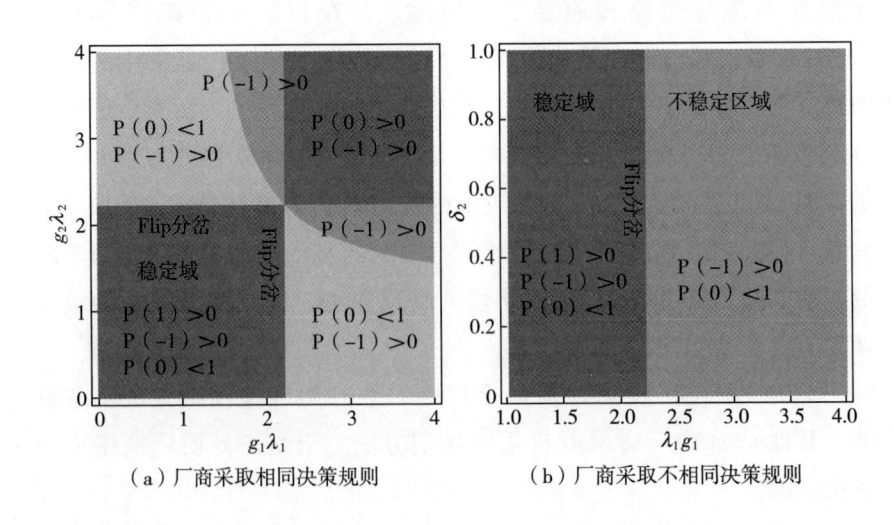

(a) 厂商采取相同决策规则　　(b) 厂商采取不相同决策规则

图3—9　$g_i \lambda_i$ 组成的同质厂商系统的稳定域

有影响。类似地，通过二维分岔图可以展示系统处于稳定状态、Flip 分岔状态以及混沌状态，如图 3—10（a）和图 3—10（b）所示：

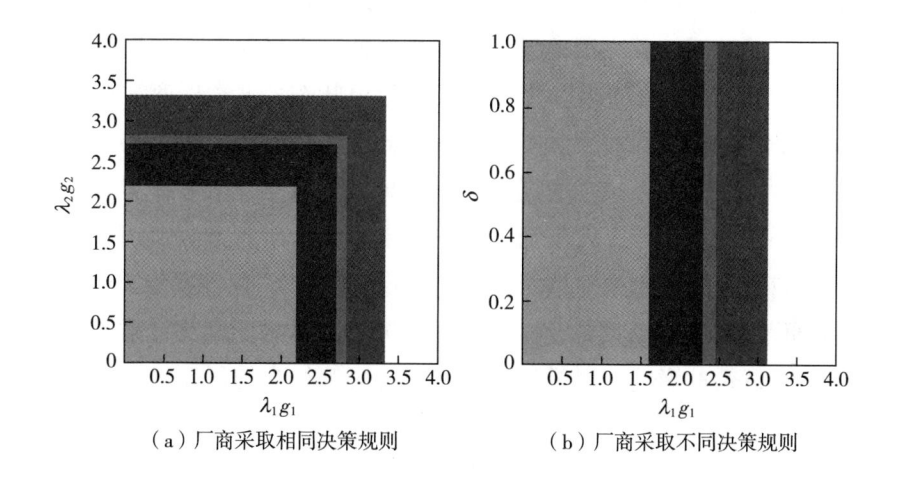

(a) 厂商采取相同决策规则

(b) 厂商采取不同决策规则

图 3—10　二维分岔图

图 3—10（a）和图 3—10（b）展示了稳定和混沌系统的二维分岔图，由内到外表示稳定区域，二倍周期分岔，四倍周期分岔，白色区域表示发散区域。二维分岔图的形状与稳定域的形状一致，但比稳定域有更加丰富表现能力。可以看出，随着参数 g_i，λ_i 的提升，系统逐渐从稳定状态进入 Flip 分岔状态，最终进入混沌状态。但是，参数 δ_i 对系统的稳定性没有影响。

第三节　结论

对损失敏感是人的正常心理反应。对于企业决策者而言，其决策必然会受到这种心理的影响。本章研究了一个产能不足且对损失敏感的制造商决定参与共享工厂向产能充足的制造商订购代工产品数量的问题。基于前景理论和经典报童模型，本章探讨一个对损失风险敏感的厂商如何权衡收益和损失并且决策出最优的订购数量。考虑厂商是有限理性的，其只能通过不断调整自身决策最终实现最佳的决策，因此，本章分析了厂商的行为可能造成的系统不稳定的情况，以及厂商对损失的敏感程度如何影响最优决策和系统的稳定性。研究发现，厂商对损失越敏感，其决策的最优订购量越低。不仅如此，对损失较敏感的制造商，其决策更容易造成系统不稳定状态，这类厂商需要在调整决策的过程中更加谨慎。本章进一步分析了多厂商同时存在时的系统稳定性和可持续性。考虑同质厂商和异质厂商两种情形，本章比较了两种系统的稳定性，发现当厂商采取自适应预期的方法来调整策略时，其自适应调整参数对系统的稳定性没有影响。本章研究了对损失敏感的程度对产能不足企业做产能订购决策的影响，以及对系统稳定性和可持续性的影响，对损失敏感厂商的决策行为的研究具有理论和现实意义。

| 第四章 |

季节性产品制造商的产能定价博弈研究

| 第四章 | 季节性产品制造商的产能定价博弈研究

第一节 问题背景

前文第三章从产能不足的制造商的角度，分析了其最优产能需求量的决策机制及其受到不确定需求等因素的影响原理。本章从产能充足的制造商的角度，研究了其为自身剩余产能定价的机制。同时，本章研究了最优均衡价格受不确定需求的影响原理，以及均衡价格的稳定性。现阶段，产能供给过程中主要还是以价格竞争为主。例如，中威集团推行的"共享工厂"管理与架构模式，与"散乱污"小微企业共享其绿色生产设备、高标准的厂房等。但共享并不意味着免费，产能有限的小微企业共享品牌、绿色生产线等，中威集团需负责它的产品质量把关和环保达标，作为"合伙人"的小微企业为此要交一部分费用。在共享工厂项目的潮流下，越来越多的企业将会共享自己的闲置产能。当存在多个绿色产能共享工厂时，对于这些产能不足的零散小微企业来说，共享产能的价格是影响其选择共享项目的重要因素，提供产能的企业便会在价格上竞争。再如淘工厂平台，很多厂商为贴牌代工产品报出价格，从而形成了产能的价格竞争市场。而产能需求方则在考虑价格等因素后决定由谁为自己生产。面对不确定市场需求，厂商需要不断调整自身的策略。市场需求的不断变化按照变化规律可以分为无规律变化和有规律变化两种情况。本章第三节探讨了市场需求发生无规律的变化时厂商的决策行为。由于很多制造产品的需求呈现周期性的变化，如空调、羽绒服等市场可分为明显的销售旺季和销售淡季。如图4—1所示，这种周期性需求变化在季节性产品市场中十分常见。产能充足的制造商会根据季节不同，设定不同的产能共享价格。当存在竞争时，企业对于剩余产能的定价，不仅要考虑季节性产品的因素，还需考虑竞争效用。研究对于季节性需求类产品，制造商如何在竞争中对其共享的产能定价是很有必要的。因此，本章考虑市场需求呈现周期性变化的情况，并分析此种周期性需求对剩余产能定价行为的影响。

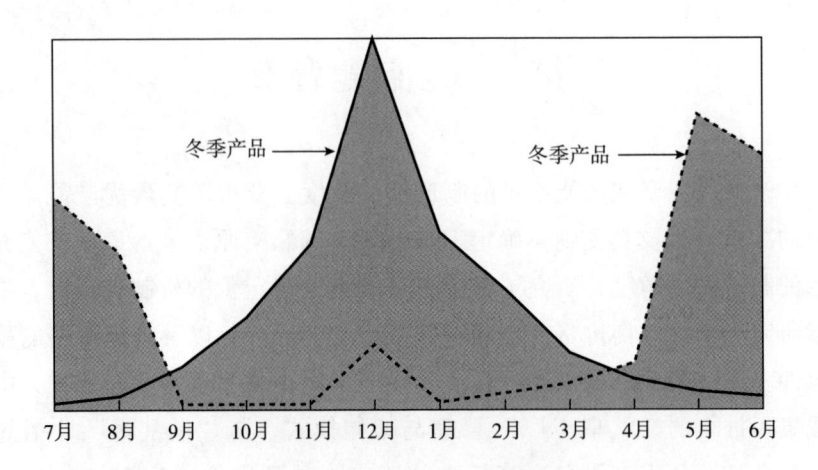

图4—1 季节性产品销量走势

第二节 问题分析

现有的多余产能制造商通过价格竞争市场。基于Sudhir（2001）所描述的双寡头制造商的价格竞争模型，以及Li和Zhang（2015）的竞争代理商的能力分享价格竞争模型，本章研究有多余产能的双寡头制造商通过价格竞争过剩产能市场的过程。本章所研究问题的供应链结构如图4—2所示：

对于产能不足的企业，在产能共享服务平台上搜索并确定产能提供商的过程中，各个产能提供商的报价是其重要参考因素之一。特别是在其他条件相差无几时，价格竞争是产能提供商的一个主要的竞争方式。为了分析产能提供商的这种价格竞争行为，本节构建了一个双寡头价格竞争模型。这部分采用经典的伯川德模型Huang和Swaminathan（2009），构建厂商及其竞争对手产品的价格对需求的影响，以进一步分析厂商的定价策略。

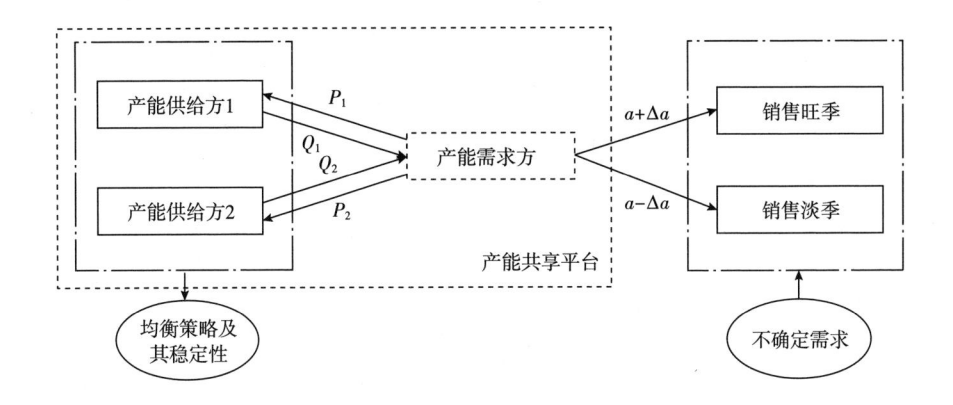

第四章 季节性产品制造商的产能定价博弈研究

图4—2 本章模型结构

本章节中的模型用到的符号和假设为：a_i 表示产能提供商 i 的市场潜在需求，即价格为0时，市场对产能的需求量；Δa_i 表示潜在需求的扰动量，即每个周期的随机需求部分；b_i 是需求价格的敏感系数，即自身产品单位价格的变化带来的边际需求；相应地，k_i 为价格对需求的交叉影响系数，即竞争品价格的变化为厂商带来的边际需求；q_i 表示厂商 i 获得的订单量，即产品或服务的需求量；$c_{m,i}$ 表示有过剩产能的制造商 i 每单位产能的成本，包括提供代工服务时单位产品的生产成本，以及平台向产能提供商的单位产能供给收取的服务费用；p_i 表示厂商 i 为单位产品或服务提出的报价，为决策变量。

这部分考虑两个有限理性的产能提供商通过价格竞争订单量。面对不确定需求的市场，厂商在每个博弈周期内，根据价格带来的边际收益不断地调整自身产品或服务的报价，最终实现一种均衡状态。

如前文所述，本章采用伯川德模型，构建一个受产能提供商产品价格影响的订单数量模型：

$$q_i = a_i + \Delta a_i - b_i p_i + k_i p_j, \ i=1, \ 2; \ j=3-i \tag{4.1}$$

有些"共享工厂"已经发展成熟，品牌知名度较高，很多参与共享的小微企业切实体会到了与其合作的好处，对共享工厂平台产生依赖，成为该厂商的"忠诚"客户，同样，每个类似的"共享平台"都有一些"忠诚"客户，这些客户更倾向于选择该厂商的产品。在模型中，用 a_i 表示这一部分潜在需求的期望值，即当产品或者服务免费供应时企业可以得到的订单数量。当然，会有一部分客户因为承受不了厂商的报价而退出。在这个模型中，每个厂商的订单数量受到自身以及竞争对手的报价的影响。具体而言，当自身报价提高时，获得的订单数量下降；当竞争对手的报价提高时，自身的订单数量提高。其中参数 b_i 和 k_i 分别表示任一厂商自身产品价格和对方产品价格对其订单数量的影响。参数 k_i 也可反映出两个厂商提供产品或者服务的差异性，该参数越大，表明此差异性越小。由于对方的价格在这部分"忠实"客户决策是否购买他所忠实的产品时，只是起到参考的作用，因而在很多文献中都有 $0<k_i<b_i$ 的假设，以保证某个厂商的忠实客户更加容易被该厂商提出的价格所影响。

Xiao 和 Yang（2008）的研究中考虑一个存在扰动的潜在需求（stochastic market base），参考这一设定，本小节加入了一个需求扰动参数 Δa_i 来表示每一期产品需求存在上下波动的现象。这里，$\Delta a_i>0$ 和 $\Delta a_i<0$ 分别表示实际需求量比预期高和低两种情况。显然，实际的潜在需求 $a_i+\Delta a_i>0$，即扰动的幅度应该满足 $\Delta a_i>a_i$。

产能提供商每个周期的收益即为产品或服务的单位利润与订单数量的乘积，具体为：

$$\pi_i=(p_i-c_{m,i})\cdot q_i,\ i=1,\ 2,\ j=3-i \tag{4.2}$$

由于 $c_{m,i}$ 并不会从本质上影响最优策略，为了简化模型，本章设置 $c_{m,1}=c_{m,2}=c_m$。

接下来讨论在需求存在扰动的前提下，厂商实际获得的利润。由于厂商在每个周期的开始阶段就需要对产量进行规划，此时，需求扰动量在决策发生时是一个未知数。因此，厂商在决策产量的时候，只能根据潜在需求的期望值进行生产。此时，厂商通过一阶条件决策出最优价格，并进一步推导出生产数量。由于利润函数对决策变量 p_i 的二阶导函数满足 $\dfrac{\partial^2 \pi_i}{\partial p_i^2}=-2b_i<0$，由此可知，存在唯一的最优价格 p_i 使得厂商的利润达到最大。具体而言，厂商根据潜在需求的期望值 a_i 以

及一阶条件 $\frac{\partial \pi_i}{\partial p_i} = a_i - b_i p_i + k_i p_j - b_i(p_i - c_m) = 0$ 来决定最优价格。以 * 为上标表示每一期厂商实际制定的价格和生产量，则有：

命题 4.2.1 基于潜在需求的期望值，厂商每期决策的产能共享服务价格和产能数量的实际值分别为：

$$p_i^* = \frac{2b_j(a_i + b_i c_m) + k_i(a_j + b_j c_m)}{4 b_i b_j - k_i k_j}$$

$$q_i^* = \frac{b_i(b_j(2a_i - 2b_i c_m + k_i c_m) + k_i(a_j + k_j c_m))}{4 b_i b_j - k_i k_j}$$

由于需求扰动 Δa_i 客观存在，每期实际最优价格和需求量与期望值都存在一定的偏差。如果以 $\tilde{p}_i$ 和 $\tilde{q}_i$ 分别表示实际的最优价格和需求量，则：

命题 4.2.2 考虑潜在需求的扰动客观存在，厂商每期决策的产能共享服务价格和产能数量的理论最优值应为：

$$\tilde{p}_i = \frac{2b_j(a_i + \Delta a_i + b_i c_m) + k_i(a_j + \Delta a_j + b_j c_m)}{4 b_i b_j - k_i k_j}$$

$$\tilde{q}_i = \frac{b_i(b_j(2a_i + 2\Delta a_i - 2b_i c_m + k_i c_m) + k_i(a_j + \Delta a_j + k_j c_m))}{4 b_i b_j - k_i k_j}$$

实际产量和实际需求量之间的不匹配，会给产能提供商造成损失。具体而言，当实际产量 q_i^* 多于实际需求 $\tilde{q}_i$ 时，无法销售出去的产品会造成库存积压成本。库存积压成本包含资金占用的机会成本，产品可能变质甚至丢失造成的损失等。本章节将这个成本之和定为 c_s。另一方面，如果实际产量 q_i^* 小于实际需求 $\tilde{q}_i$，会产生缺货成本。缺货成本包括失去客户造成的损失，或者为了弥补这部分缺货而从产生的补货成本等。本章节将这个成本之和定为 c_u。

于是，考虑需求不确定条件给产能提供商造成的损失，厂商的利润模型可以表示为：

$$\pi_i = (p_i - c_m)\tilde{q}_i - c_u[\tilde{q}_i - q_i^*]^+ - c_s[q_i^* - \tilde{q}_i]^+ \tag{4.3}$$

式（4.3）中，符号 $[f(x)]^+ = \max[f(x), 0]$。通过比较实际需求和实际产量的值，可以得到需求扰动参数 Δa_i 的一个阈值 $\frac{-k_i \Delta a_j}{2 b_j}$，

满足当 $\Delta a_i > \dfrac{-k_i \Delta a_j}{2b_j}$ 时，$\tilde{q}_i > q_i^*$；当 $\Delta a_i \leq \dfrac{-k_i \Delta a_j}{2b_j}$ 时，$\tilde{q}_i \leq q_i^*$。于是，根据需求每期扰动量的不同值，厂商的实际利润函数为：

$$\begin{cases} \pi_i = (p_i - c_m)\tilde{q}_i - c_u(\tilde{q}_i - q_i^*), & \Delta a_i > \dfrac{-k_i \Delta a_j}{2b_j} \\[2mm] \pi_i = (p_i - c_m)\tilde{q}_i - c_s(q_i^* - \tilde{q}_i), & -a_i < \Delta a_i \leq \dfrac{-k_i \Delta a_j}{2b_j} \end{cases} \quad (4.4)$$

本章节研究有限理性产能提供商的决策行为。决策者的有限理性体现在其对市场信息的获取能力不足，因此企业在每一个销售周期的期初进行决策时，无法获知完全的市场信息。例如，对于当前第 t 期产品的潜在需求，决策者无法在决策之时便知晓这一信息，他只知道当前的潜在需求应该近似等于上一个周期的潜在需求。如果把决策周期定义为 T，符号 $\hat{a}_i$ 表示 a_i 的预测值，那么每一期的潜在需求的预测值和实际值的关系可以表示为：

$$\hat{a}_i(t) = \hat{a}_i(t-T) + \Delta a_i(t-T) \quad (4.5)$$

即每期潜在需求的预测值应该等于上一期的预测值加实际需求的扰动值。更一般地，第 n 个周期潜在需求的预测值可以表示为：

$$\hat{a}_i(n) = \hat{a}_i(1) + \sum_{t=1}^{n} \Delta a_i(t) \quad (4.6)$$

于是，在每一个决策周期，产能提供商的实际产量模型为：

$$q_i^*(t) = \hat{a}_i(t-T) + \Delta a_i(t-T) - b_i p_i(t-T) + k_i p_j(t-T) \quad (4.7)$$

而实际的需求应该为：

$$\tilde{q}_i(t) = \hat{a}_i(t-T) + \Delta a_i(t-T) + \Delta a_i(t) - b_i p_i(t-T) + k_i p_j(t-T) \quad (4.8)$$

将实际产量（4.7）和实际需求函数（4.8）带入到利润函数（4.3）中，可以得到厂商实际的利润函数。

考虑到存货成本和缺货成本都与产品的价格存在一定的关系，这部分令 $c_{ui}(t) = r_{ui} p_i(t)$，$c_{si}(t) = r_{si} p_i(t)$ 表示成本与价格之间的线性关系。其中，参数 r_{ui} 和 r_{si} 表示成本占价格的百分比，显然 $r_{ui}, r_{si} \in (0, 1)$。

对于有限理性决策者而言，对市场信息把握能力不足使得其只能根据以往的经验不断调整决策。其中，一个很重要的指标是价格对利润的边际贡献。本节采用下面的被学者广泛使用的决策调整模型：

$$p_i(t+T) = p_i(t) + g_i \cdot p_i(t) \cdot \frac{\partial \pi_i(t)}{\partial p_i(t)} \tag{4.9}$$

对于每个决策周期的厂商而言，当上一期价格的边际利润是一个正数时，厂商当期会提高价格以获取更多的边际收益；相反，如果上一期价格的边际收益为负数时，厂商在当前周期会适当地降低报价，以吸引更多的客户。式（4.9）中的参数 g_i 表示单期价格调整的幅度，也可以理解为价格调整速度。g_i 的值越大，厂商每期对价格调整的幅度就越大。

观察利润函数，定义一个表示从第 $t-T$ 期到第 t 期价格的变化量的参数 $\Delta p_i(t) = p_i(t) - p_i(t-T)$，于是有：

$$\begin{cases} \tilde{q}_i(t) > q_i^*(t), & \Delta a_i(t) > b_i \Delta p_i(t) - k_i \Delta p_j(t) \\ \tilde{q}_i(t) \leq q_i^*(t), & \Delta a_i(t) \leq b_i \Delta p_i(t) - k_i \Delta p_j(t) \end{cases} \tag{4.10}$$

下文根据 $\Delta a_i(t)$ 的取值情况分别讨论厂商的决策行为及其稳定性。

一 销售旺季制造商的均衡策略及其稳定性分析

首先，考虑一个销售旺季市场，每期的潜在需求都有较大幅度的提升，即 $\Delta a_i(t) > b_i \Delta p_i(t) - k_i \Delta p_j(t)$。在此类市场中，厂商的产量总是低于实际的需求量，即 $\tilde{q}_i(t) > q_i^*(t)$。此时，厂商的利润函数为：

$$\begin{aligned}\pi_i(t) = & (p_i(t) - c_m)(\hat{a}_i(t) + \Delta a_i(t) - b_i p_i(t) + k_i p_j(t)) \\ & - r_{ui} p_i(t)(\Delta a_i(t) - b_i \Delta p_i(t) + k_i \Delta p_j(t))\end{aligned} \tag{4.11}$$

利润函数对价格的一阶导函数并将利润的一阶导函数带入到价格调整模型（4.9），可得产能提供商的报价调整模型。引入参数 $x_1(t) = p_1(t-T)$ 和 $x_2(t) = p_2(t-T)$，报价调整系统可以表示为一个四阶动力系统。

双寡头产能提供商不断调整报价，经过 t_s 期，价格的边际利润率为零。此时系统达到了均衡状态，即 $p_i(t_s+T) = p_i(t_s)$，$x_i(t_s+T) = p_i(t_s)$。满足这个条件下，可以得到系统（4.18）的 4 组均衡解

$R[p_1, p_2, x_1, x_2]$。为了表示方便，4 组均衡解 R_1、R_2、R_3、R_4 以及后文令 $a_i = \hat{a}_i(t_s)$。

根据复杂系统理论可知，动态系统的均衡解并不一定是稳定的。实际上，系统的某些参数的变化会导致均衡解在稳定与不稳定之间变化。而保持供应链系统的稳定性，是企业获得长久利益的保障。因此，求得该平台服务供应链系统的稳定性条件十分重要。

为了分析每个均衡点的局部稳定性，将各均衡点带入到雅克比矩阵中，检查其特征根的特点。如果所有特征根的模都小于 1，那么该均衡点就是局部稳定的。否则，就是非稳定的。

例如，在检查均衡点 R_1 的局部稳定性时，将 R_1 代入到雅克比矩阵中，得到：

$$J(R_1) = \begin{pmatrix} 1+g_1(a_1+b_1c_m+\Delta a_1(1-r_{u1})), & 0, & 0, & 0 \\ 0, & 1+g_2(a_2+b_2c_m+\Delta a_2(1-r_{u2})), & 0, & 0 \\ 1, & 0, & 0, & 0 \\ 0, & 1, & 0, & 0 \end{pmatrix}$$

该雅克比矩阵存在两个特征根，分别为：
$\lambda_1^{R_1} = 1+g_1(a_1+b_1c_m+\Delta a_1(1-r_{u1}))$
$\lambda_2^{R_1} = 1+g_2(a_2+b_2c_m+\Delta a_2(1-r_{u2}))$

显然，对于任意的 $r_{u1}, r_{u2} \in (0, 1)$，都有 $a_i + \Delta a_i > 0$，由此可以得到两个特征根 $\lambda_1^{R_1} > 1$，$\lambda_2^{R_2} > 1$。因此，特征根 R_1 并不稳定。

用同样的方法，检查均衡点 R_2 的局部稳定性。将 R_2 代入到雅克比矩阵中，得到特征根 $\lambda_1^{R_2}$ 很显然，$\lambda_1^{R_2} > 1$。这是均衡解 R_2 不稳定的充分条件。因此，均衡解 R_2 也是不稳定的。由于均衡解 R_3 与 R_2 有对称的关系，显然，R_3 也是不稳定的。就不再对均衡解 R_3 的稳定性作赘述。

由实际情况可知，企业的实际报价应该为一个正数。故 R_1、R_2、R_3 三个解不符合常理。实际上，它们都是动态系统的均衡解，并不是厂商博弈得到的纳什均衡解。只有 R_4 是厂商经过不断的调整报价，从而得到的最优的报价。讨论均衡解 R_4 的局部稳定性具有更多的现实意义。

由于代入该均衡解的特征方程十分复杂，可以借助 Jury 判据来判断均衡解的稳定性。

这部分采取数值模拟的方式来体现均衡解的局部稳定性。令 $a_1 = 4$，$a_2 = 2$，$b_1 = b_2 = 2$，$k_1 = k_2 = 1.5$，$c_m = 1$，$r_{u1} = 0.15$，$r_{u2} = 0.2$，$r_{s1} = 0.15$，$r_{s2} = 0.2$ 并且赋予初始值 $p_1 = 0.25$，$p_2 = 0.2$，$x_1 = 0.2$，$x_2 = 0.15$。价格调整系数默认为 $g_1 = 0.1$，$g_2 = 0.2$。

（一）确定性需求下厂商的均衡策略及其稳定性

为了对比随机扰动对系统稳定性的影响，首先，令随机扰动项 $\Delta a_i = 0$，观察无扰动情况下，系统均衡点的稳定性情况，如图4—3和图4—4所示。

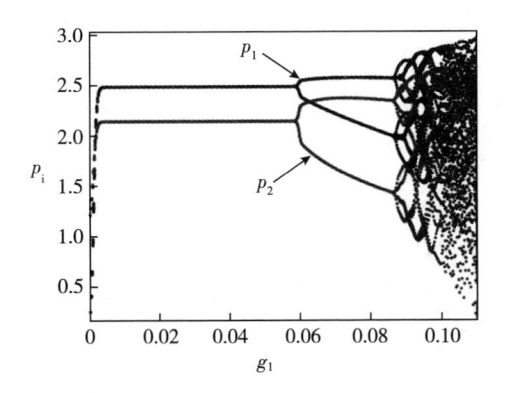

图4—3 无随机扰动下 g_1 对应的分岔图

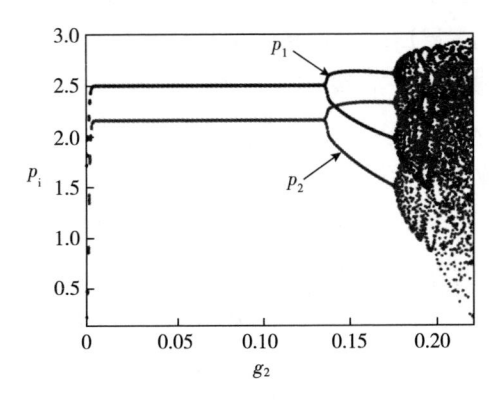

图4—4 无随机扰动下 g_2 对应的分岔图

参数 g_1 和 g_2 分别表示两个产能提供商对报价的调整幅度。假设厂商 2 的决策调整幅度 $g_2=0.2$ 固定，以观察 g_1 的变化对系统稳定性的影响，如图 4—3。可以看出，当厂商对服务报价调整速度低于一个临界值（$g_1=0.058$）时，报价能够维持在一个稳定的水平，而且这个稳定的报价就是两个厂商的纳什均衡解。一旦双方有任何一方的报价调整幅度大于某个临界值，该厂商的报价就会出现不稳定的状态。当 $0.058<g_1<0.086$ 时，系统进入二倍周期。当 $g_1>0.086$ 时，系统进入混沌状态。由于厂商的决策是相互影响的，另一方的报价也和该厂商的状态一致，会同时从稳定状态过渡到 Flip 分岔状态，进而进入到混沌状态。同样，当固定 $g_1=0.1$ 时，观察到 g_2 的提升也会导致系统的不稳定状态的发生。具体而言，当 $g_2<0.14$ 时，系统处于稳定状态。当 $0.14<g_2<0.18$ 时，系统进入二倍周期分岔状态。当 $g_2>0.18$ 时，系统进入了混沌状态。

与分岔图具有类似功能，系统的最大 Lyapunov 指数（LLE）也是反映系统从稳定进入到 Flip 分岔进而形成混沌状态的过程。前文已经介绍，Lyapunov 指数反映的是迭代的运动轨迹之间的距离。若 Lyaponov 指数小于 0，则随着迭代次数的提高，轨迹呈现收缩的趋势。相反，如果 Lyaponov 指数大于 0，则轨迹分散。此时，系统对初始值的选取是非常敏感的。即不同的初始值带来轨道的变化是十分剧烈的。因此可知，稳定状态下系统的最大 Lyapunov 指数大于 0。最大 Lyapunov 指数为 0 时对应的参数取值，就是系统的状态就会发生改变的临界值。一旦最大 Lyapunov 指数增长到首次大于 0，则系统将进入混沌状态。在无扰动系统中，g_1 和 g_2 的变化造成的系统最大 Lyaponov 指数的变化如图 4—5 和图 4—6 所示。

图 4—5 中的最大 Lyaponov 指数与分岔图 4—3 相对应，当 $g_1=0.058$ 时，$LLE=0$，系统从稳定状态变为二倍周期分岔；当 $g_1>0.086$ 时，$LLE>0$，系统进入混沌状态。同样，图 4—6 中的最大 Lyapunov 指数与分岔图 4—4 相对应。当 $g_2=0.14$ 时，最大 Lyaponov 指数首次趋向于 0，因此，当 $g_2<0.14$ 时，系统处于稳定状态。当 $g_2=0.18$ 时，最大 Lyaponov 指数第二次趋向于 0，并随着 g_2 的继续增大，最大

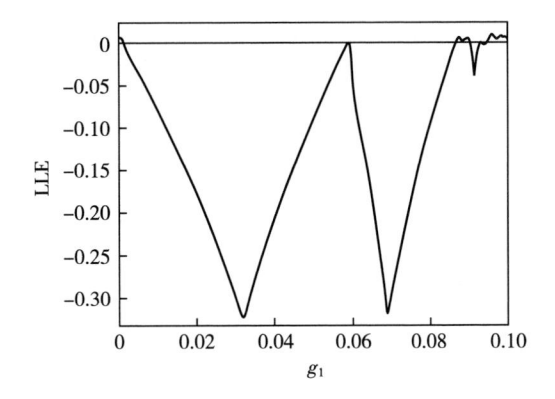

图 4—5　无随机扰动下 g_1 对应的最大 Lyapunov 指数

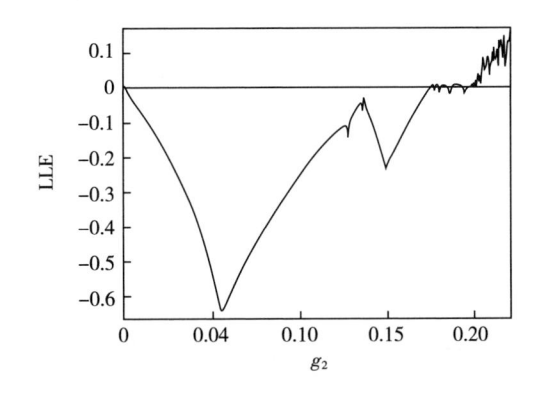

图 4—6　无随机扰动下 g_2 对应的最大 Lyapunov 指数

Lyaponov 指数大于 0。因此，当 $0.14<g_2<0.18$ 时，系统进入二倍周期分岔状态。当 $g_2>0.18$ 时，系统进入了混沌状态。

前文介绍了在参数不同取值下，系统可能处于稳定、Flip 分岔和混沌状态。图 4—7 和图 4—8 分别描述了厂商 1 和厂商 2 的报价 p_1，p_2 在不同的系统状态下的时间序列，即价格在每个周期的调整和变化情况。以图 4—7 中的价格 p_1 为例，当 $g_1=0.01$ 时，系统处于稳定状态。此时价格在一个较长时间的调整后形成一条直线，即价格呈现稳定状态。当 $g_1=0.08$ 时，系统处于 Flip 分岔状态。此时价格在一个较短时间的调整后形成一条有波峰波谷的有规律波动的曲线，即价格在波峰波谷表示的两个价格水平之间来回摆动。当 $g_1=0.1$ 时，系统处于混沌状态。此时价格在一个更短时间的调整后形成一条高低参差不齐的曲线，即价格呈现无序变化状态。从这三条价格轨迹的对比可以看出，虽然 g_1 的增大可以使得厂商以更短的时间达到一种均衡状态，但是 g_1 增大到一定程度并且超过一个临界值时，系统就会失去原来的稳定状态，厂商因此无法给出一个稳定的报价。报价 p_2 在不同状态下的系统中的调整方式与 p_1 类似，如图 4—8 所示。

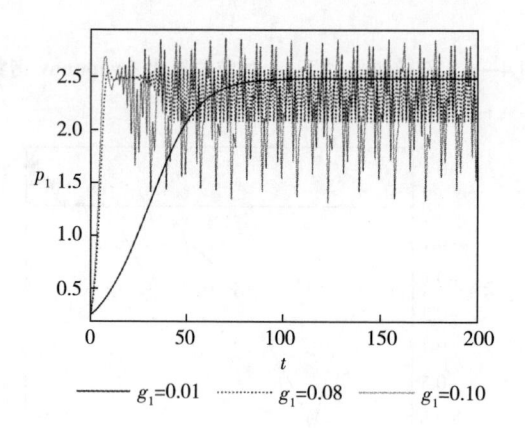

图 4—7　不存在需求扰动下，混沌和稳定的市场报价 p_1 的时间序列

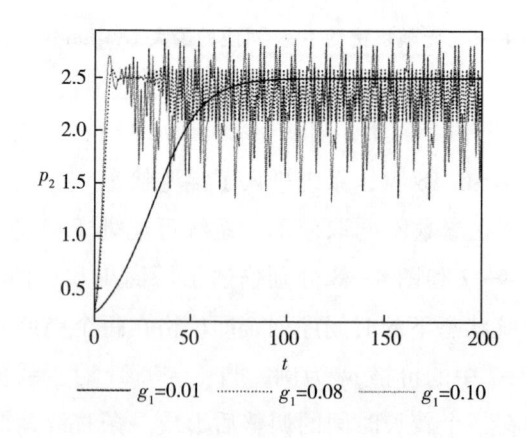

图 4—8　不存在需求扰动下，混沌和稳定的市场报价 p_2 的时间序列

（二）不确定性需求下厂商的均衡策略及其稳定性

当考虑需求的随机扰动项时，令扰动项在（0，0.1）之间取任意随机数，具体操作方法为在编程中令 $\Delta a_i = Rand * rand()$，其中函数 $rand()$ 的作用是取（0，1）之间的随机数。参数 Rand 可以控制随机数的取值范围。此时，令 $rand = 0.1$ 即可控制扰动项在（0，0.1）之间取任意随机数。

随着 g_1 和 g_2 的变化，分岔图如图 4—9 和图 4—10 所示。

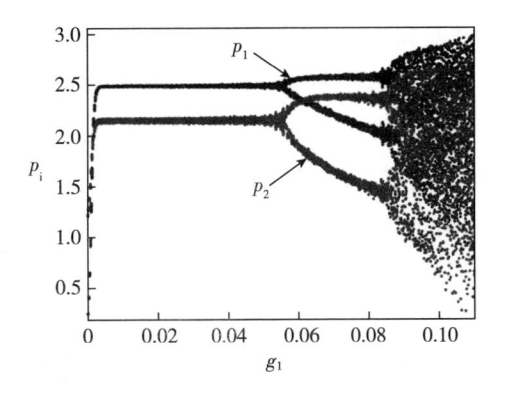

图 4—9　$\Delta a_i \in (0, 0.1)$ 时 g_1 对应的分岔图

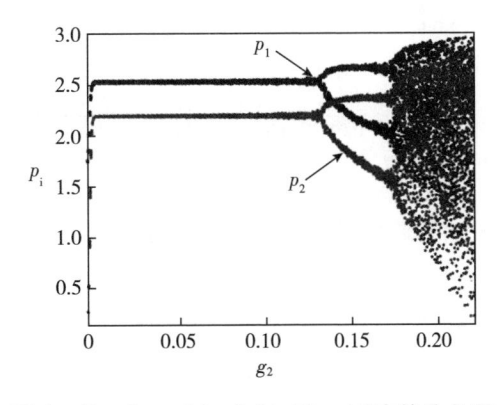

图 4—10　$\Delta a_i \in (0, 0.1)$ 时 g_2 对应的分岔图

（三）系统稳定性比较

通过对存在随机扰动项的系统的稳定性与不存在随机扰动项系统

的稳定性进行对比,可以观察随机扰动项对系统的稳定性的影响。观察分岔图,整体上,报价调整幅度 g_1 和 g_2 对系统稳定性的影响与上图4—3和图4—4所示情况一致,升高的调整幅度会带来系统稳定性的下降。观察细节之处可以看出,当随机扰动项存在时,产能提供商的报价虽然无法形成一个固定的价格,而必须随着扰动的变化而改变报价。以 g_1 影响的分岔图为例,从图4—9上可以找到分岔点约出现在 $g_1=0.054$ 处,这说明存在需求随机扰动时,系统稳定性条件变得更加苛刻。厂商不得不采取一个更加稳健的报价调整方案,而由此带来的损失是厂商需要调整更多的周期才能获得一个最优的报价。如果将存在需求随机扰动的系统的分岔图与不存在随机扰动的分岔图画在一张图上,如图4—11所示,可以看出这一差别。将此图中的关键部分放大,如图4—12,可以看出存在需求随机扰动时,保持系统稳定的临界值 g_1 变小了。

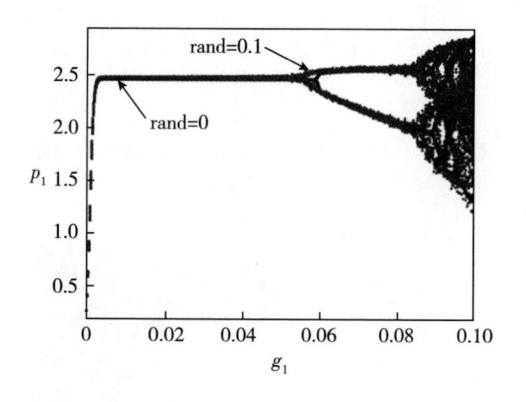

图4—11　是否存在随机扰动下 g_1 对应的分岔图对比

上文图4—7和图4—8给出了不存在随机需求的市场报价的时间序列。当存在扰动的情况下,稳定系统和混沌系统中,厂商在各个周期的决策可以组成一组时间序列。将同样系统状态(稳定、Flip分岔和混沌)下存在随机扰动与否的时间序列图分别进行对比,如图4—13所示。

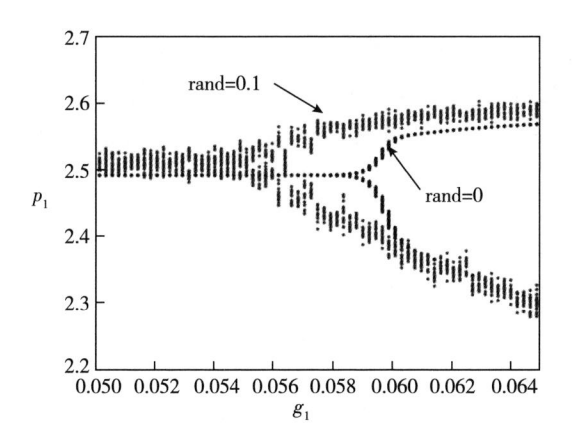

图 4—12 分岔图对比的部分细节（$0.05<g_1<0.065$）

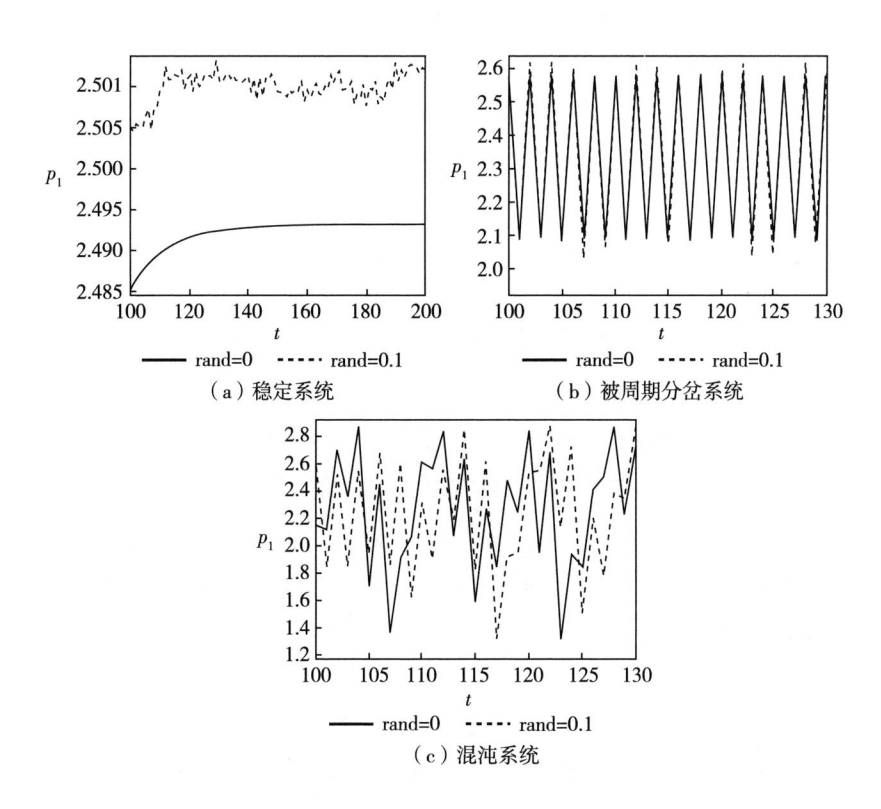

图 4—13 不同系统状态下 p_1 时间序列的对比

当系统处于稳定状态时，随机扰动项会使得报价在一个小范围内波动,如图4—13(a)中虚线所示。相比于图4—13(a)中实线表示的无随机扰动项的 p_1 的时间序列,这个变化的范围非常小,基本可以认定系统仍然是稳定的,只是每期的报价随着潜在需求的波动而动态调整。在Flip分岔状态下,如图4—13(b)所示,虽然都呈现明显的周期性运动,但是存在随机扰动的Flip分岔系统的波峰和波谷都是参差不齐的,这明显区别于无扰动的Flip分岔系统十分规律的波峰和波谷。当系统处于混沌状态,有无随机扰动对系统的状态影响并不明显,因为混沌本身就是一种无规则的状态,因而在这样的系统中,随机扰动对系统的影响并不明显,图4—13(c)所示。

二 销售淡季制造商的均衡策略及其稳定性分析

(一)不确定性需求下厂商的决策调整模型

考虑一个销售淡季的市场,每期需求扰动量满足 $\Delta a_i(t) < b_i \Delta p_i(t) - k_i \Delta p_j(t)$。产能提供商的利润函数为:

$$\pi_i(t) = (p_i(t) - c_m)(\hat{a}_i(t) + \Delta a_i(t) - b_i p_i(t) + k_i p_j(t))$$
$$- r_{si} p_i(t)(-\Delta a_i(t) + b_i \Delta p_i(t) - k_i \Delta p_j(t)) \quad (4.12)$$

其对价格 $p_i(t)$ 的一阶导数为 $\dfrac{\partial \pi_i(t)}{\partial p_i(t)}$。

考虑到厂商决策时的延迟,令 $x_1(t) = p_1(t-T)$,$x_2(t) = p_2(t-T)$,于是,厂商报价的动态调整行为可以建模成一个四阶动力系统。

(二)均衡解和局部稳定性分析

与上一小节的情况类似,系统的均衡点可以通过令 $p_1(t_s+T) = p_1(t)$ 和 $p_2(t_s+T) = p_2(t)$ 求得,并用 $a_i = \hat{a}_i(t_s)$,四个均衡解分别为:

$R_1[0, 0, 0, 0]$

$R_2\left[0, \dfrac{a_2 + b_2 c_m + \Delta a_2 + r_{s2} \Delta a_2}{2b_2 + b_2 r_{s2}}, 0, \dfrac{a_2 + b_2 c_m + \Delta a_2 + r_{s2} \Delta a_2}{2b_2 + b_2 r_{s2}}\right]$

$R_3\left[\dfrac{a_1 + b_1 c_m + \Delta a_1 + r_{s1} \Delta a_1}{2b_1 + b_1 r_{s1}}, 0, \dfrac{a_1 + b_1 c_m + \Delta a_1 + r_{s1} \Delta a_1}{2b_1 + b_1 r_{s1}}, 0\right]$

$R_4[p'_1, p'_2, x'_1, x'_2]$

其中,

$$p'_1 = x'_1 = \frac{(2b_2+b_2 r_{s2})(a_1+b_1 c_m+\Delta a_1+r_{s1}\Delta a_1)+k_1(a_2+b_2 c_m+\Delta a_2+r_{s2}\Delta a_2)}{(-k_1 k_2+b_1 b_2(2+r_{s1})(2+r_{s2}))}$$

$$p'_2 = x'_2 = \frac{(2b_1+b_1 r_{s1})(a_2+b_2 c_m+\Delta a_2+r_{s2}\Delta a_2)+k_2(a_1+b_1 c_m+\Delta a_1+r_{s1}\Delta a_1)}{(-k_1 k_2+b_1 b_2(2+r_{s1})(2+r_{s2}))}$$

对均衡解局部稳定性的分析方法与上一小节所介绍的相同，在此不做赘述。首先考虑不存在需求扰动的情况，对参数赋予与上一小节相同的数值，得到分岔图 4—14 和图 4—15。

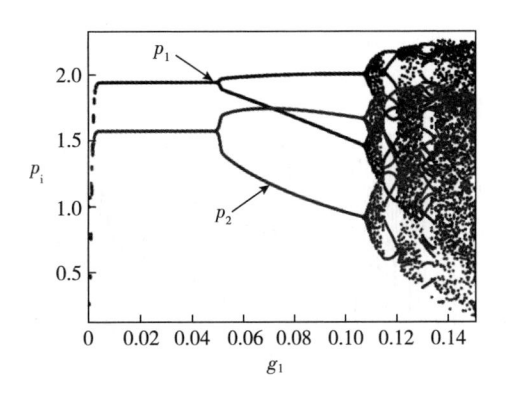

图 4—14　无随机扰动下 g_1 对应的分岔图

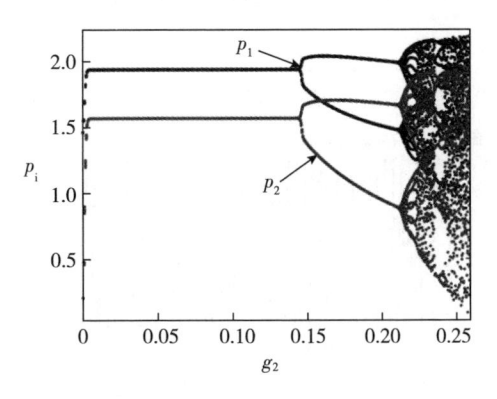

图 4—15　无随机扰动下 g_2 对应的分岔图

可以看出，产能提供商的报价调整幅度对系统稳定性的影响与上一个小节类似，但仍有两个方面的区别。首先，当系统呈现混沌状态时，出现了周期窗口，即出现混沌—Flip分岔—混沌交替出现的状态。另外，系统从稳定到分岔的 g_i 的临界值不同。具体而言，在本系统中，g_1 的临界值变小，g_2 的临界值变大。这种情况对厂商1不利，但对厂商2有利。正如之前所讨论，一个更大的临界值 g_i 可以令厂商更快获得最佳的决策和最佳的收益。

存在扰动的情况下，稳定系统和混沌系统中，厂商在各个周期的决策可以组成一组时间序列，如图4—16和图4—17所示。

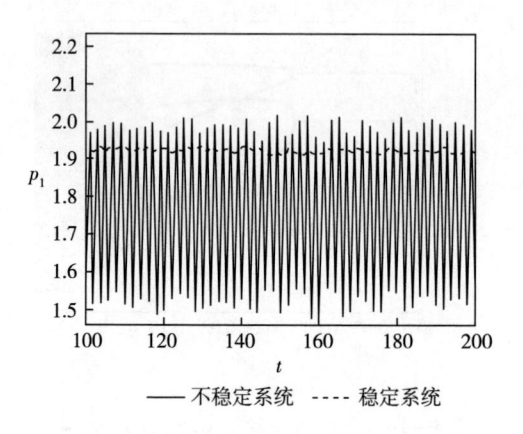

图4—16 混沌和稳定的销售淡季市场报价的时间序列

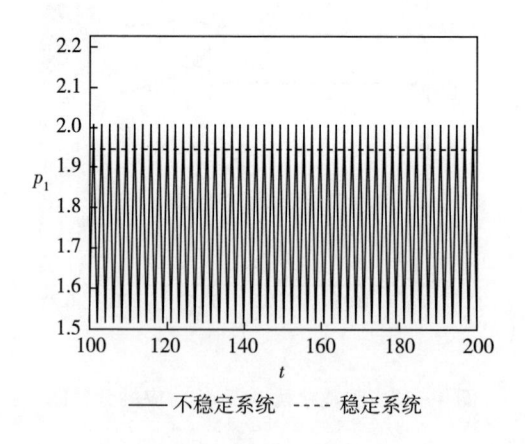

图4—17 混沌和稳定的销售淡季市场报价的时间序列

图 4—16 显示当市场存在需求扰动时，稳定系统和不稳定系统的价格时间序列。与图 4—17 所示的不存在需求扰动下的时间序列相比，不论是稳定的还是不稳定的系统下，实际决策都因为扰动的存在而出现波动。

令 $\Delta a_i \in (-0.1, 0)$ 以模拟一个销售淡季市场的随机扰动。当这个扰动存在时，对应的分岔图如图 4—18 和图 4—19 所示。

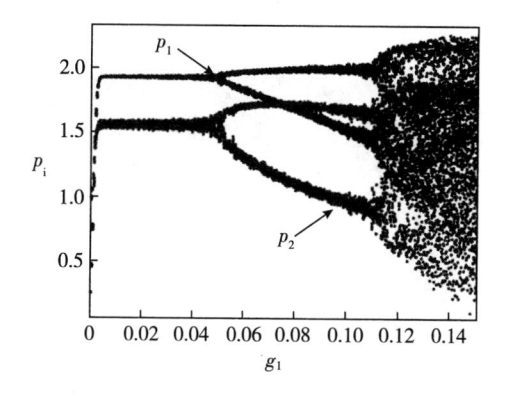

图 4—18 $\Delta a_i \in (-0.1, 0)$ 时 g_1 对应的分岔图

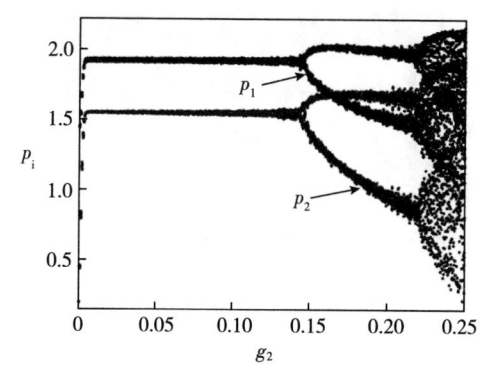

图 4—19 $\Delta a_i \in (-0.1, 0)$ 时 g_2 对应的分岔图

可见，整体上，厂商的决策 p_i 仍可以根据决策调整幅度 g_i 的水平分出稳定、Flip 分岔以及混沌三个不同的区域。不过由于扰动的存在，从微观视角，决策的稳定状态也并不意味着厂商可以决策出一个

确定的、稳定的值,而是在一个相当有限的范围内。与真正的混沌状态相比,在这个范围内,企业的决策也可以认为是相对稳定的。当然,仍然要求企业的决策调整幅度要足够小,避免使得决策进入混沌无序的状态。

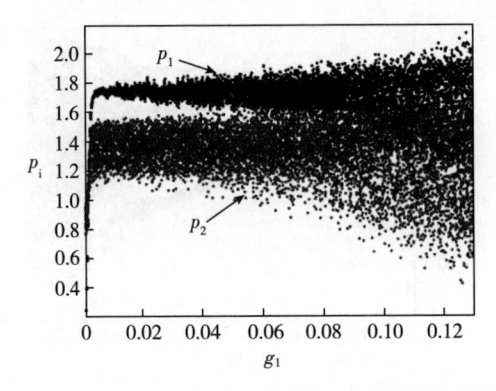

令 Δa_i 在（-1，0）之间取随机值,以模拟较大的随机扰动,得到的分岔图 4—20 和图 4—21。

图 4—20　$\Delta a_i \in (-0.1, 0)$ 时 g_1 对应的分岔图

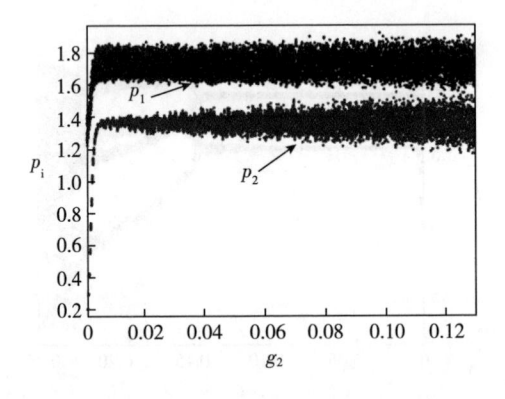

图 4—21　$\Delta a_i \in (-0.1, 0)$ 时 g_2 对应的分岔图

从图 4—20 图 4—21 上不难看出,当随机扰动较大时,产能提供商很难通过不断调整获得稳定的最优报价。在销售淡季市场,系统的稳定性也会受到较大随机扰动影响。

三 产能共享策略的不稳定性及其控制方法

以上几个小节讨论了销售旺季市场和销售淡季市场的复杂特性，表明决策者不恰当的决策行为可能导致供应链系统出现混沌的状态。在混沌状态下，市场变得更加难以预测，各个决策方无法得到一个稳定的最优决策，进而无法得到一个长期稳定的收益。防微杜渐，厂商努力使系统避免进入混沌状态十分重要。但是，其他的市场因素的变化同样可能使得系统进入混沌状态。对于企业而言，如何决策以改变这种不良的状态，如何对混沌系统进行控制，是一个十分重要的问题。这一小节研究的内容是对混沌状态的控制方法。

根据现代控制理论，状态变量常被选取作为反馈控制律，即状态反馈。状态反馈是控制系统设计中主要的反馈策略之一。如果设原系统（4.9）为：

$$p_i(t+T) = f_i(p_i(t), p_j(t), x_i(t), x_j(t)), i=1, 2, j=3-i \tag{4.13}$$

对其加入反馈控制参数后，系统转化为：

$$p_i(t+m) = (1-\mu)f_i^m(p_i(t), p_j(t), x_i(t), x_j(t)) + \mu p_i(t), 0<\mu<1 \tag{4.14}$$

式子（4.14）为控制后的系统，其中 μ 为调节参数，取值范围在 0 到 1 之间。当 $\mu=0$，系统退化成原系统，此时受控系统的轨道与原系统重合。参数 m 表示受控的周期数，即经过 m 次迭代后加入一次控制。比如，当 $m=1$ 时，控制的对象为不动点。同理，当 m 取 2、4、8 时，控制的对象分别为二周期轨道、四周期轨道和八周期轨道。本节考虑 $m=T$ 时的稳定性控制条件。于是得到受控系统为：

$$p_i(t+T) = (1-\mu)\left[p_i(t) + g_i \cdot p_i(t) \cdot \frac{\partial \pi_i(t)}{\partial p_i(t)}\right] + \mu p_i(t) \tag{4.15}$$

根据 Jury 判据可以求得系统稳定性的条件。对参数赋予与上一章节的参数相同的数值，可以得到该控制方法对混沌系统控制的效果。随着控制调节参数的变化，混沌系统的控制情况如图 4—22 和图 4—23 所示。

产能共享：竞合博弈与决策优化

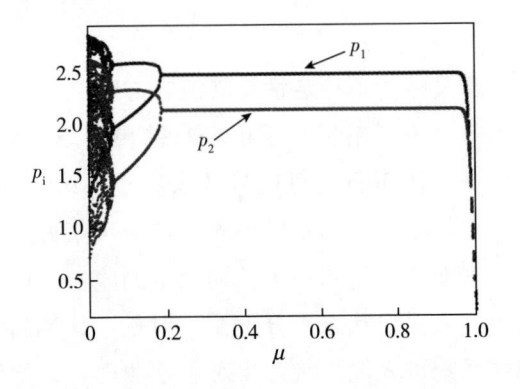

图4—22　销售旺季市场混沌控制分岔图

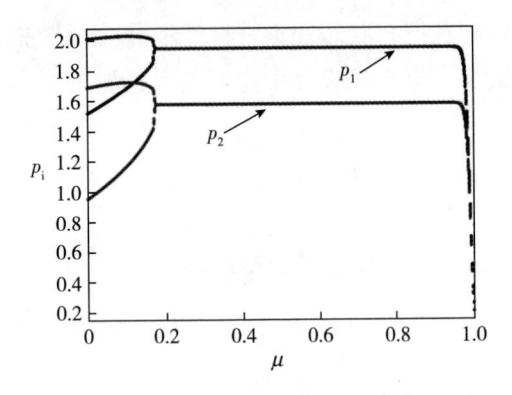

图4—23　销售淡季市场混沌控制分岔图

从图4—22和图4—23可知，不论是销售旺季市场还是销售淡季市场，随着参数μ的提升，混沌系统可以重新被控制成稳定系统。这说明只要μ选取适当值，系统的稳定性可以提升，可以确保延迟不动点发生分岔的g_i的值，系统可以在一个更大的g_i的范围内保持稳定。如令$\mu=0.1$，观察控制后的系统的分岔点，并与控制前的分岔点相比较，如图4—24和图4—25所示。

图4—24和图4—25体现$\mu=0$和$\mu=0.1$时，系统中报价p_1随着调整参数g_1变化的分岔图。观察每幅图中分岔点的位置，不难看出，不论是销售旺季市场还是销售淡季市场，一个大于0的控制参数μ有效地延迟了分岔的发生，即系统的不动点可以在一个更大范

围的 g_1 内保持稳定。

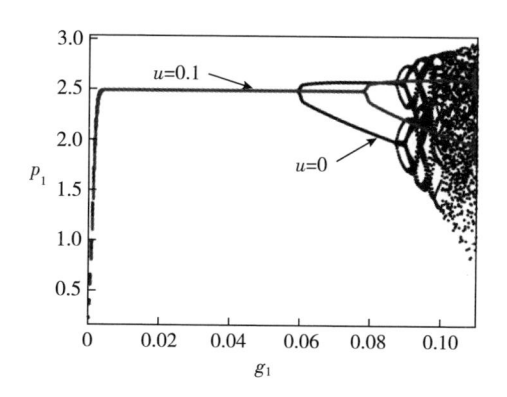

图4—24 销售旺季市场混沌控制效果分岔图

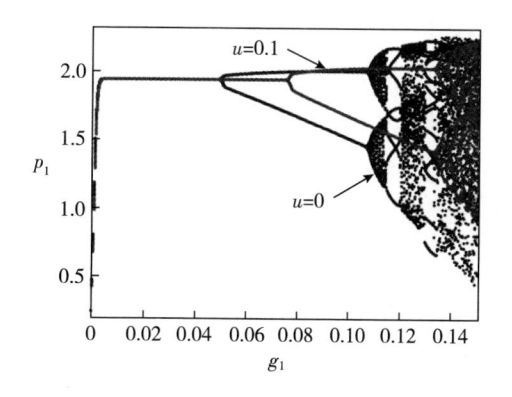

图4—25 销售淡季市场混沌控制效果分岔图

决策系统更好的稳定性对于产能提供商而言是十分重要的。本章节重点研究报价调整参数对系统稳定性的影响。如果厂商可以采取一个更大的调整参数并保持系统稳定，他就能够以更快的速度，用更少的时间达到均衡状态，给出最优的报价并获得更高的收益。系统稳定保证了厂商能够获得一份更加长久的收益。这对产能提供商，以及整个系统都具有十分深远的意义。

第三节 结论

本章研究了一个需求不确定的双寡头产能市场中，两个有限理性产能提供商的动态定价决策及其稳定性问题。作为产能过剩的厂商，在市场中提供同质的产能共享服务，通过服务价格竞争，以获取更多的订单。服务提供商在每个周期的开始阶段进行价格决策，由于有限理性的制约，厂商无法获取包括竞争对手、市场环境、市场实际需求等信息。他们只能通过不断调整往期的决策直到获得最大的收益。

引入复杂系统理论，本章分别考虑了销售旺季市场和销售淡季市场中，厂商的动态调整决策行为对系统稳定性的影响。本章通过借助 Jury 判据，采用数值模拟的方式，构建了分岔图、最大 Lyaponov 指数图，通过观察这些图像发现，厂商调整决策的速度过快，会导致系统失去稳定，并进入混沌状态。通过比较稳定状态下，Flip 分岔状态下以及混沌状态下的决策时间序列图，阐明了不稳定系统中决策的不确定性，并指出这对厂商利润的获取危害极大。同时，需求的随机扰动更加剧了这种混沌状态的复杂程度，使得企业更加难以获得一个稳定的决策和稳定的收益。

为了控制这类混沌系统，本章给出了反馈控制方法。通过对比施加反馈控制前后的系统分岔图，可以看出，反馈控制有效地抑制和延缓了混沌发生的时间，使得企业可以以一个更大的决策调整速度对决策进行不断调整，从而更快地获得最高的收益。这种混沌控制方法有效地使企业获得稳定和长久的收益。

第五章
有限产能的自产和共享优先策略分析

第一节　问题背景

在政府严格的环境规制下，很多产能落后的企业由于无力购置低排放的先进生产设备，面临被强制关停的困境。在此背景下，拥有先进绿色产能的企业与绿色产能匮乏的企业进行产能共享的模式为"散乱污"企业带来了生机。虽然前文都认为产能提供方的绿色产能是充足的，但需要注意的是，制造环节的产能共享并不等于传统的经营制造，能够共享的产能通常都是"闲置的"，同时，产能会受到多种条件限制，共享工厂的产能有时也是有限的。以中威集团为例，其创新"共享工厂"的绿色产能共享模式，为中小企业共享绿色产能，聚集企业合力，节约了生产资源，形成了优质的产业链条。对于中威公司而言，通过绿色产能共享，缓解了生产销售压力，加大了研发力度，扩大了收入来源，降低了市场不确定性风险。对于参与共享的中小企业而言，共享工厂不但为其赋能生产自己品牌的产品，还因为中威公司对其产品进行背书，共同承担风险，提升了品牌形象。类似地，山东翔跃体育器材有限公司也选择了对竞争企业开放共享绿色产能。

在绿色产能共享模式下，产能供应方也要进行产品的生产，并与加入共享工厂的企业从传统的竞争关系变为竞合关系，那么当其共享工厂中的高端生产设备、工艺技术等使用受限，不足以完全满足自己生产和产能需求企业生产时，拥有绿色产能的企业将会面临产能优先选择的情况，对于共享工厂有限的产能，其应该优先满足自身生产还是对方，是否愿意将绿色产能共享给竞争对手，或者在何种情况下愿意进行产能共享。应该如何合理配置有限的绿色产能资源是值得探讨的关键问题。进一步地，绿色产能匮乏的一方，十分需要依靠绿色产能企业的共享厂房、设备和技术等，一旦无法从共享工厂中获取产能，其产品便会回到共享前的模式，即以低端客户为主，利润薄，环保不达标。于是，产能落后的中小企业需要采取相关措施来激励产能供给方提供绿色产能的共享服务，其面临着如何有效激励绿色产能企业实施产能共享行为的契约设计问题。因此，本章关注具有产品竞争关系的绿色产能制造商和落后产能制造商之间的绿色产能共享策略，将探讨有限绿色产能共享的动机及最佳配置策略，并设计绿色产能共享的激励契约。

第二节 问题分析

本章将分析具有产品竞争的制造企业间绿色产能共享运营策略问题。为了描述这一问题，本章考虑由参与共享工厂的落后产能制造商（下文称"制造商B"）与提供共享工厂的绿色产能制造商（下文称"制造商S"）组成的二级供应链，制造商B在严格的环境规制下无合格的产能，只能通过从制造商S处共享产能才能生产销售自己的产品。制造商S的产能能够满足自身制造需求，还存在剩余产能共享给制造商B。由于制造商S能决定是否共享产能给制造商B，因此本章考虑制造商处于主导地位，制造商B处于跟随地位，二者间信息对称。双方进行Stackelberg博弈，以自身收益最大化为目标进行决策。决策顺序为制造商S首先确定产品绿色度$e_{s,i}$，单位产能共享价格w_i，然后分两种情况：（1）当产能充足时，制造商B决策从制造商S处共享产能的$q_{bs,i}$，同时，制造商S决定自行生产的数量$q_{s,i}$；（2）当产能不足时，由制造商S决定产能的配置规则，即双方的产能$q_{bs,i}$和$q_{s,i}$。另外，Q表示制造商S具有的绿色产能。

考虑绿色产品价格受绿色产品产量与绿色度共同影响，制造商S和制造商B的产品出清价格分别为：

$$p_{s,i} = \alpha a - q_{s,i} - bq_{bs,i} + fe_{s,i} \tag{5.1}$$

$$p_{bs,i} = (1-\alpha)a - q_{bs,i} - bq_{s,i} + fe_{s,i} \tag{5.2}$$

其中，f表示产品价格对于产品绿色度的敏感系数，b表示产品价格对于竞争对手产品数量的敏感系数。保留价格a可以反映市场的潜在需求。为了充分体现两个制造商产品之间的竞争关系，以反映制造商S在给竞争对手制造商B分配剩余产能时的复杂决策过程，本章用

参数 α 表示制造商 S 产品的潜在需求比例。于是，制造商 B 的潜在需求比例为 $1-\alpha$。产品的绿色度与需要付出的绿色研发成本之间的关系为 $C(e)=\frac{1}{2}ke_{s,i}^2$，其中 $k(k>0)$ 为绿色努力成本系数，k 越大表示绿色研发的难度越大。同时假定投入只在期初一次性完成，并最终能够达到产品绿色度目标。制造商 S 以 $p_{s,i}$ 的价格将单位制造成本为 c 的产品出售，以 w_i 的单位价格共享绿色产能给制造商 B。随后，制造商 B 以价格 $p_{bs,i}$ 出售其产品。下标 s、bs 分别表示隶属于制造商 S 与制造商 B 的参数和变量。下标 $i=0,1,2$ 分别表示绿色产能充足时的产能共享情形，绿色产能不足时优先满足制造商 S 自己需求的情形，以及绿色产能不足时优先满足制造商 B 需求的情形。上标 $*$ 表示各情形下的均衡决策。后文将分析制造商 B 向制造商 S 提供成本分担和收益共享契约以实现双方收益的帕累托改进。其中，γ 为落后产能一方为制造商 S 成本分担比例，β 为落后产能一方分享给制造商 S 的收益比例。制造商 S 的收入包括制造并销售自身产品的收益以及共享产能给制造商 S 获得的收入，其决策问题为：

$$\max \pi_{s,i}=(p_{s,i}-c)q_{s,i}+(w_i-c)q_{bs,i}-\frac{1}{2}ke_{s,i}^2,\ s.t.\ q_{s,i}+q_{bs,i}\leqslant Q \quad (5.3)$$

制造商自身无合格产能，只能通过制造商处共享的产能生产并销售自己的产品，其决策问题为：

$$\max \pi_{b,i}=(p_{bs,i}-w_i)q_{bs,i},\ s.t.\ q_{bs,i}\leqslant Q \quad (5.4)$$

本章中涉及的一些符号及其对应解释如表 5—1 所示：

表 5—1　　　　　　　　　　符号说明

参数	含义
$q_{bs,i}$, $q_{s,i}$	制造商 B 和 S 投入市场产品数量
$p_{bs,i}$, $p_{s,i}$	制造商 B 和 S 的产品价格
$e_{s,i}$	制造商 S 生产产品的绿色度
w_i	制造商 S 制定给制造商 B 的单位共享产能价格
α, $1-\alpha$	制造商 S 和 B 的市场占有率

续表

参数	含义
b	产品价格对于竞争对手产品数量的敏感系数
f	产品价格对于产品绿色度的敏感系数
k	制造商 S 绿色度努力成本系数
a	保留价格
γ	制造商 B 为制造商 S 成本分担比例
β	制造商 B 分享给制造商 S 的收益比例
$\pi_{b,i}$, $\pi_{s,i}$	制造商 B 和 S 的利润

后文将分别研究制造商 S 的产能充足，有限产能优先供给自己，有限产能优先供给制造商 B 这三种情形下的竞合博弈模型和均衡结果，以分析有限产能的最佳分配方案，并尝试为制造商 B 设计有效契约以激励制造商 S 优先将有限产能提供给制造商 B，并实现双方收益的帕累托改进。

一 绿色产能充足时的产能共享决策

这部分首先考虑当产能充足时，制造商 S 选择不共享/共享产能策略，以分析制造商 S 为竞争对手共享绿色产能的驱动因素。随后，论文通过构建制造商 B 和 S 之间的竞合博弈，求解其均衡结果，以分析产能供求双方的最佳产能需求量，并寻找产能约束的阈值。

（一）不共享产能情形

首先考虑制造商 S 不共享绿色产能，从而垄断市场的情形。令 $q_{bs,i}=0$，制造商产品的价格及其收益函数可以表示为：

$$p_{s,i} = a - q_{s,i} + f e_{s,i} \tag{5.5}$$

$$\pi_{s,i} = (p_{s,i} - c) q_{s,i} - \frac{1}{2} k e_{s,i}^2 \tag{5.6}$$

引理 5.2.1 当 $k > \frac{f^2}{2}$ 时，均衡解存在且唯一，为 $e_s^* = \frac{(a-c)f}{2k-f^2}$，$q_s^* = \frac{(a-c)k}{2k-f^2}$；制造商 S 在垄断市场下的利润为 $\pi_s^* = \frac{(a-c)^2 k}{2(2k-f^2)}$。

推论 5.2.1 产品绿色度研发水平 e_s^*，产量 q_s^* 和利润 π_s^* 随着研发成本系数 k 的降低而提高。

研发成本系数可以反映企业的研发能力，企业研发能力越高，研发成本系数越低。可以看出当企业的研发能力改善时，企业倾向于提高自己的研发水平，因为这会带来成本较小幅度的上升。有意思的是，当企业的研发能力较强时，它倾向于决策较高的产量。这是因为当决策出产品的绿色度较高时，会提高产品的出清价格，使得价格的边际利润下降。为了提高利润，制造商 S 需要在一定程度上稳定产品价格。于是，制造商 S 会适当提高生产数量以降低产品价格。尽管产品绿色度的上升拉高了绿色努力的成本，影响了企业产量，但是企业的利润仍然会随着企业绿色研发能力的提高而上升，从而促使企业不断努力提升自己的绿色研发能力。

（二）共享产能情形

引理 5.2.2 当 $k>\dfrac{(12-8b+b^2)f^2}{16-6b^2}$ 时，均衡解存在且唯一，为 w_0^*，$e_{s,0}^*$，$q_{s,0}^*$，$q_{bs,0}^*$。相应地，双方的利润可以表示为 $\pi_{s,0}^*$，$\pi_{b,0}^*$。

根据引理 5.2.2 可以得到产能满足 $Q<\overline{Q}$ 时，绿色产能共享的产能受限，限制的阈值可以表示为 $\overline{Q}=q_{s,0}^*+q_{bs,0}^*$。

推论 5.2.2 产品绿色度研发水平 $e_{s,0}^*$，制造商 S 的产量 $q_{s,0}^*$ 和利润 $\pi_{s,0}^*$ 随着研发成本系数 k 的降低而提高；制造商 B 的产量 $q_{bs,0}^*$ 也会随着研发成本系数 k 的降低而提高，但是其利润 $\pi_{bs,0}^*$ 会随着研发成本系数 k 的降低而先下降后上升。

制造商 S 的决策与收益随 k 的变化与推论 4 中的结论是一致的这说明供应链结构的变化并未影响绿色研发能力对企业产品产量和绿色度的影响趋势。作为产能需求方 B，其对产能的需求量也会随着制造商 S 研发能力的提升而上升。从产品销量的角度，制造商 B 对于制造商的绿色研发能力搭便车。有意思的是，制造商 B 的收益随着制造商 S 的绿色研发能力变化而变化的趋势并不是一成不变的。当制造商 S 的研发能力相对较弱时 $\left(k>\dfrac{af^2(-1+2\alpha)}{2(c-bc+a(-1+\alpha+b\alpha))}\right)$，制造商 B 的收益会得益于制造商 S 较高的研发成本,这体现出双方产品竞争环节此消彼长的利润变化。当制造商 S 的研发能力相对较强时 $\left(\frac{(12-8b+b^2)f^2}{16-6b^2}<k<\frac{af^2(-1+2\alpha)}{2(c-bc+a(-1+\alpha+b\alpha))}\right)$,制造商 B 的利润会得益于制造商 S 研发能力的提升,这体现出双方在产能合作环节一荣俱荣的关系。

(三) 制造商 S 的绿色产能共享策略选择

命题 5.2.1 当 $0<\alpha<\hat{\alpha}$ 时,有 $\pi_s^* > \pi_{s,0}^*$;当 $\hat{\alpha}<\alpha<1$ 时,有 $\pi_s^* < \pi_{s,0}^*$。

命题 5.2.1 描述了制造商的市场规模对其是否共享自己产能决策的影响。具体而言,当企业的市场规模较大时,他愿意共享产能给竞争对手。这是因为同自己相比,竞争对手的市场规模十分有限,即使共享产能给他,市场上的产品竞争也不会对制造商的销量产生大的影响。销量影响带来的收益下降低于共享产能收取的佣金收入。相反,如果企业的市场规模较小,那么对他而言,不共享产能给竞争对手,从而垄断市场会给自己带来更多的收益。垄断市场带来的收益高于共享产能带来的佣金收入。

图 5—1 表明参数 b 和 α 对产能共享策略选择的影响。不难看出,当 $0<\alpha<\hat{\alpha}$ 时,不共享绿色产能对制造商 S 更有利;相反,如果 $\hat{\alpha}<\alpha<1$,共享绿色产能可以令制造商 S 获得更高的收益。随着参数 b 的提高,两个制造商之间的产品竞争变得更加激烈,此时阈值 $\hat{\alpha}$ 会减小,表明当产品竞争变得更激烈时,制造商 S 更有可能共享绿色产能给制造商 B。这说明当制造商之间的产品替代性较强,或竞争较为激烈时,相对于产品竞争,产能合作可以令制造商 S 获得更高的收益。这一结论符合现实案例。如上文提到的中威公司,一方面,驱动其共享绿色产能的因素之一就是企业间因为产品同质性较强带来的恶性价格竞争。通过共享绿色产能,企业之间改变了产品竞争模式。另一方面,中威公司市场规模和公司实力在竞争对手面前是具有优势的,因此他共享产能给中小企业。

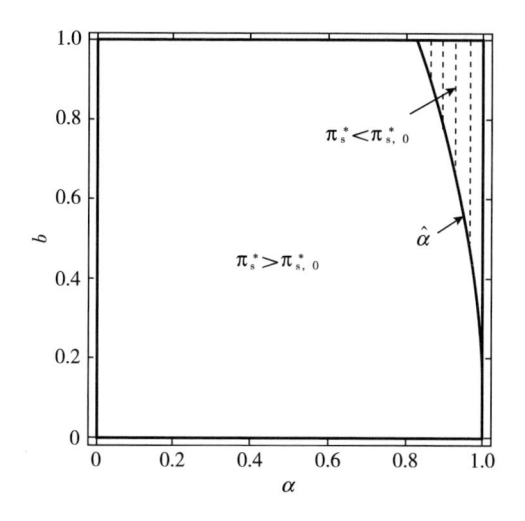

图 5—1　b 和 α 影响产能共享策略选择

类似地，图 5—2 和图 5—3 分别体现出绿色度对价格变化的影响系数以及绿色研发的成本系数对制造商 S 是否共享绿色产能决策的影响。从图 5—1 至图 5—3 不难看出，其他参数的变化不会影响命题 5.2.1 中关于"制造商 S 在市场规模大的时候会共享产能"这一基本结论。但与 b 对该决策影响的效果相反，当 f 较大时，制造商 S 共享绿色产能的阈值会提高，即共享的可能性会降低。f 的增大会提高消费者对产品绿色度的满意度，即提高其对产品的可接受价格。上文提到，制造商 B 会搭制造商 S 的绿色研发便车，f 对共享决策的影响说明当产品绿色度给企业价格和收益带来更大提升时，制造商 S 将不愿共享产能给竞争对手，拒绝其"搭便车"的行为。参数 k 对绿色产能共享决策的影响相对于 b 和 f 较为复杂。当 k 相对较大时，其影响与 b 类似，此时高昂的研发成本使得制造商 S 决策的产品绿色度较低，制造商 B 对产品绿色度"搭便车"的影响较少，制造商 S 可以通过共享产能丰富盈利的渠道。但是当 k 较小时，其对产能共享决策的影响与 f 的影响类似。较低的 k 会提升决策出的产品绿色度，制造商 B 对绿色度"搭便车"的效果会相对显著。此时，绿色研发成本越高，制造商 S 越不愿意被制造商 B 搭绿色研发方面的便车，拒绝共享绿色产能给对方。

图5—2　f 和 α 影响产能共享策略选择

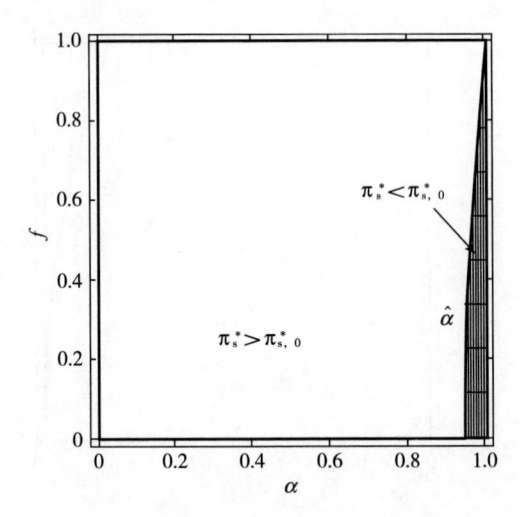

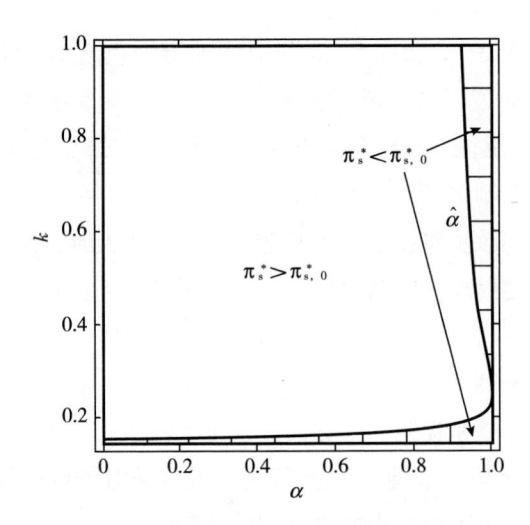

图5—3　k 和 α 影响产能共享策略选择

命题 5.2.2　当 $\dfrac{(12-8b+b^2)f^2}{16-6b^2}<k<k_1$ 时，有 $e_s^*>e_{s,0}^*$；当 $k>k_1$ 时，有 $e_s^*<e_{s,0}^*$。

命题 5.2.2 说明产能共享模式对制造商 S 决策产品绿色度产生的

影响。当企业研发能力较弱时（$k>k_1$），绿色产能共享促进了产品绿色度的提升；当企业研发能力较强时（$k<k_1$），绿色产能共享降低了产品绿色度的提升。其原因在于企业研发能力较强时，企业研发成本系数较低，通过产能订购获得的收入能够弥补企业销量下降的损失，从而使绿色产能制造商有更多财力投入研发，从而推动了产品绿色度的提高。同样地，当企业研发成本较高时，绿色产能制造商收到的产能订购收入相对于因市场竞争带来的销量下降的损失差距较小，只能寻求增加产品产量发挥规模效应来增加收益，即降低了产品绿色度的提升。

二 绿色产能不足时的产能共享情形

前文分析了当制造商 S 的产能充足时，是否应该将产能共享给竞争对手，以及相应的条件。这部分考虑的是当绿色产能不足以满足双方对能力的需求，即 $Q<\overline{Q}$ 时，制造商 S 的产能分配策略，即将有限的产能优先满足自己（制造商 S）需要，或者优先满足对方（制造商 B）需要。

（一）优先满足制造商的产能需求

在此情景下，制造商 S 对有限的产能 Q 进行分配时，优先以自身收益最大化为目标决策出最佳产量 q_s，随后将剩余产能 $Q-q_s$ 分配给竞争对手制造商 B。

引理 5.2.3 当 $\max\left\{\dfrac{a(1-2\alpha)}{1-b}, \dfrac{(2\alpha-1)a}{2-2b}\right\}<Q<\overline{Q}$ 时，均衡解存在且唯一，为 w_1^*，$e_{s,1}^*$，$q_{s,1}^*$，$q_{bs,1}^*$。相应地，双方的利润可以表示为 $\pi_{s,1}^*$，$\pi_{b,1}^*$。

推论 5.2.3 当制造商 S 优先满足自己的产能需求时，制造商 S 独占了供应链收益，并且其收益随着自己市场规模的提高而先下降后上升。

由于制造商 S 在分配剩余产能给制造商 B 时，其产能价格不会受到分配产能数量的约束，因此，理智的制造商 S 一定会最大化产能价格以获取更高的收益。因此，制造商 S 会将产能价格设置成等于制造商 B 产品的售价，即刚好满足制造商 B 的参与约束，以压榨制造商 B 所有的利润。当然，从供应链协调的角度，这种决策模式不利于供应链总体收益的提升，也限制了制造商 S 的收益上限。本章会在随后分析协调契约对绿色产能共享模式的影响。制造商 S 的利润在其市场规模比例 α 处于两个极端情况时比较高，随 α 的提升呈现先下降后上升的趋势。这说明当制造商 S 的市场占有率提升的过程中，其共享产能后的利润会先呈现下降的趋势。这是因为当共享产能给竞争对手制造商 B 时，制造商 B 的市场规模下降使得其订购产能的数量下降，从而影响制造商 S 在共享产能过程中的收益。这部分收益的下降高于市场规模提升给制造商 S 带来产品销售利润的提升。当制造商 S 市场规模比重提高并经过一个拐点 $\frac{1}{8}\left(4+\frac{(-1+b)Q}{a}\right)$ 之后，制造商的利润会随着市场规模的提升而增加。这是因为制造商 B 市场规模的下降给制造商 S 带来的产能共享方面的收益的下降要低于制造商 S 自己产品销售获得的利润提升。进一步比较当两个极端情况发生时，制造商会在自己产品市场占有率趋于 1 的时候获得更高的收入，即 $\lim_{a \to 1} \pi_{s,i}^* - \lim_{a \to 0} \pi_{s,i}^* = \frac{aQ}{9} > 0$。这说明制造商的两个收益渠道相比，自身产品销售收入要优于共享产能带来的销售收入，其背后原因在于产品销售渠道相对于"产能销售渠道"去掉了制造商的决策过程带来的利润损失。

（二）优先满足制造商的产能需求

引理 5.2.4 当 $\max\left\{\frac{a-2a\alpha}{4-4b}, \frac{(2\alpha-1)a}{2-2b}\right\} < Q < \overline{Q}$ 均衡解存在且唯一，为 w_2^*，$e_{s,2}^*$，$q_{s,2}^*$，$q_{bs,2}^*$。相应地，双方的利润可以表示为 $\pi_{s,2}^*$，$\pi_{b,2}^*$。

推论 5.2.4 当制造商 S 优先满足制造商的产能需求时，制造商 S 和制造商 B 的收益都随着自身市场规模的提高而先下降后上升。

在此场景下，制造商 S 收益随自身市场规模变化而变化的趋势与优先满足制造商 S 产能需求的情形是一致的，对其解释在此不做赘述。有意思的是，当制造商 S 优先满足制造商的产能需求时，制造

B 会有收益，并且其收益随自己市场规模比例的提高而呈现先下降后上升的趋势。其原因在于制造商 B 期初市场规模比例较低时，随着其产能订购量增加，其产品销量初期带来的收益较低且无法弥补产能订购量的空缺，利润出现下降趋势。当制造商 B 市场规模较高后，产品销售带来较高收入逐渐弥补了订购产能的成本，利润出现上升趋势。

（三）均衡状态分析

命题 5.2.3 均衡状态下，产能价格和产品绿色度存在以下关系：$w_1 = w_2$，$e_{s,1} = e_{s,2}$。

命题 5.2.3 展示了一个很有意思的结论：不论优先满足任何一方的产能需求，制造商 S 制定的产能价格以及绿色度努力在两种产能配置场景下是一致的。对于产能的定价 w，当制造商 S 优先满足自己的需求时，产能定价的规则是要压榨制造商 B 的所有收益，因此产能定价等于制造商 B 的产品定价。当制造商 S 优先满足对方需求时，产能定价 w 是通过最大化自身收益的目标进行一阶条件求解得到。类似地，有限绿色产能的不同配置方式并不会影响产品绿色度。

命题 5.2.4 均衡产量存在以下关系：$q_{bs,1} > q_{bs,2}$，$q_{s,1} < q_{s,2}$。

命题 5.2.4 表明：当制造商 S 优先满足自己的需求时，为自己分配的产能要低于优先满足制造商 B 的情形。对于制造商 B 也是如此，当制造商 B 的产能被优先满足时，他被分配的产能要少于当制造商 S 优先满足自己的需求并将剩余产能留给制造商 B 时的情形。即被优先满足产能的一方获得的产能要低于将剩余产能留给其的情形。结合命题 5.2.4 以及下面的命题 5.2.5 可以说明，并不是某一方的产能被优先满足就能分配到更高的产能，而被分配更多的产能也不一定就可以获得更高的收益。造成这一现象的原因一方面是因为制造商 S 和制造商 B 的决策规则和博弈顺序；另一方面，两个厂商的产能（产量）会影响双方产品的价格，如果产量过高，会使得市场出清价格过低从而影响企业的收益。

命题 5.2.5 均衡利润存在以下关系：$\pi_{s,1} > \pi_{s,2}$，$\pi_{b,1} < \pi_{b,2}$，$\pi_{s,1} = \pi_{s,2} + \pi_{b,2}$。

命题 5.2.5 说明，被优先满足产能的一方在收益上可以获利。具体而言，当制造商 S 优先满足自己的产能时，其获得的利润要高于其优先满足制造商 B 产能需求的情形，虽然当优先满足制造商 B 的产能时，制造商 S 可以获得更高的产能。同理，当制造商 B 被优先满足产能时，其可以获得的收益大于当制造商 S 优先满足自身的产能后将剩余产能分给制造商的情形。实际上后一种情形下，制造商 B 的收益被制造商 S 压榨到 0。收益为零并不意味着制造商 B 会退出市场。事实上，只要制造商 S 共享产能给制造商 B 这一模式对制造商 S 有利，其就愿意允许制造商 B 的存在。因此，制造商 S 优先满足自身的产能需求是一种均衡策略。

命题 5.2.5 中，$\pi_{s,1} = \pi_{s,2} + \pi_{b,2}$ 说明，当制造商 S 优先满足自己的需求时，其会压榨对方的收益并提升自己的收益。此时他的收益等于当其优先满足制造商 B 的产能需求时双方的利润之和。制造商 S 对有限产能的不同分配方式，造成制造商 S 和制造商 B 之间的"零和博弈"。作为制造商 B，其只能被动接受被分配的产能和被压榨收益的产能定价，除非他通过制定制造商愿意接受的契约实现双方收益的帕累托改进，促进双赢局面的形成。

三 绿色供应链契约设计

通过供应链成员之间的契约协调，有利于提高绿色供应链的帕累托改进。例如，研究证明制造商与零售商通过收益共享契约积极参与协作，将提高整个供应链的盈利能力（Yang 等，2022）。从上文的分析中可以看出，如果绿色制造商的产能不足以完全满足双方的需求，则一定会优先满足自己的需求，只将剩下的产能提供给落后产能一方，并且会通过制定一个较高的批发价格 w 来压榨后者的利润空间。由于供应链协调时供应链企业的收益都可以得以提升。因此，这部分分析落后产能一方能否通过契约设计以实现产能供求双方收益的帕累托改进，实现双赢。一般而言，落后产能一方可以通过提供成本共担或收益共享契约以实现供应链协调。

（一）研发成本共担契约

本章考虑的基础模型中，落后产能一方会在制造商的绿色研发方面"搭便车"。即落后产能一方享受产品绿色度带来的消费者效用的提升和需求的提高,却并不需要为此支付成本。这部分考虑制造商 B 分担比例为 γ 的绿色研发成本,即制造商 B 承担绿色研发成本 $\frac{\gamma}{2}ke_s^2$,绿色产能一方承担剩下的部分成本 $\frac{1-\gamma}{2}ke_s^2$。于是收益函数(5.3)和(5.4)可以表达为:

$$\pi'_{s,2} = (p_{s,2}-c)q_{s,2} + (w-c)q_{bs,2} - \frac{1-\gamma}{2}ke_{s,2}^2 \tag{5.7}$$

$$\pi'_{b,2} = (p_{bs,2}-w)q_{bs,2} - \frac{\gamma}{2}ke_{s,2}^2 \tag{5.8}$$

命题 5.2.6 绿色研发成本共担契约无法实现产能供求制造商双方收益的帕累托改进。

研究发现,当 $\underline{\gamma}<\gamma<1$ 时,有 $\pi_{s,1}^* < \pi_{s,2}^{'*}$。即制造商 S 愿意共享产能给制造商 B 要求制造商 B 共担足够多的研发成本。然而,通过分析得出,提供超过该阈值的成本分摊比例会造成制造商 B 的利润低于不提出合同的场景,即 $\pi_{b,1}^* > \pi_{b,2}^{'*}$。因此,仅提出研发成本共担契约无法实现双方收益的帕累托改善。

(二)收益分享契约

这部分考虑制造商 B 通过分享收入的方式以促使绿色产能一方优先提供产能给制造商 B。考虑落后产能一方将比例为 β 的收入分享给绿色产能一方,即制造商 B 实际分享的收入为 $\beta q_{bs} p_{bs}$。于是收益函数(5.3)和(5.4)可以表达为:

$$\pi'_{s,2} = (p_{s,2}-c)q_{s,2} + \beta q_{bs,2} p_{bs,2} + (w-c)q_{bs,2} - \frac{1}{2}ke_{s,2}^2 \tag{5.9}$$

$$\pi'_{b,2} = (p_{bs,2}(1-\beta)-w)q_{bs,2} \tag{5.10}$$

命题 5.2.7 当 $\frac{3}{4}<\beta<1$ 时,有 $\pi_{b,1}^* < \pi_{b,2}^*$,$\pi_{s,1}^* < \pi_{s,2}^*$。

命题 5.2.7 表明,当收益分享比例较大时,落后产能一方提出的收益分享契约可以实现 $\pi_{b,1} < \pi_{b,2}$,$\pi_{s,1} < \pi_{s,2}$,即制造商 B 和制造商 S 都能在"优先满足制造商 B 产能需求"的场景中获得更高的收益。即

该契约有效激励绿色产能一方选择优先满足落后产能一方的需求。此时，双方收益实现帕累托改进，双方实现共赢。

另外，命题 5.2.7 中给出的收益分享比例的阈值为 $\frac{3}{4}$，即该阈值并不会受到其他参数的影响而改变。只要制造商 B 将大于等于 $\frac{3}{4}$ 比例的收益提供给制造商 S，那么后者就愿意优先满足制造商 B 的产能需求。一方面，与此同时，制造商 B 的利润表明，不论分享收入的比例是多少，其收益都能保证不低于不提供任何契约而任由制造商 S 优先满足自身产能需求压榨制造商的所有利润的情形（收益为 0）。另一方面，制造商 B 的利润表明，不论分享收入的比例是多少，其收益都能保证不低于不提供任何契约而任由制造商 S 优先满足自身产能需求压榨制造商的所有利润的情形（收益为 0）。这进一步证明了收益分享契约对于实现双方收益帕累托改进的有效性。

第三节 结论

本章考虑制造商的有限绿色产能，依据现有共享工厂结构，构建了由具有产品竞争关系的一个绿色产能制造商与一个落后产能制造商组成的二级供应链，基于绿色产能充足与产能有限两种情形下构造了 Stakelberg 博弈模型并求解最优解，分析其绿色产能共享策略与激励契约设计问题。通过建模分析得到了以下相关结论：

（1）绿色产能充足时企业市场规模影响产能充足制造商决定共享还是垄断决策。当绿色产能制造商市场规模较大时会主动共享产能给落后产能制造商，从而收取较多佣金收入，相反，如果绿色产能制造商的市场规模较小，则其不愿共享绿色产能。

（2）绿色产能制造商的绿色研发努力会提高供应链企业产品产量与产品绿色度。当产品研发水平提高时，产品绿色度随之提高，并带动产品出清价格提高，从而影响产品利润，企业会通过提高生产数量发挥规模效应来保障利润。落后产能制造商此时会出现"搭便车"效应，但其收益会随产能充足制造商研发能力水平的变化而变动。

（3）绿色产能有限时，产能的分配顺序不会影响产品绿色度与产能定价。优先被满足产能的一方会分得较少的产能，但其将会获得更高的收益，因而绿色产能制造商会主动优先满足自身产能需求，并压榨对方收益提升自身收益，落后产能制造商只能被动接受产能分配。

（4）落后产能制造商可通过收益共享契约以激励绿色产能制造商优先共享产能给自己。当收益分享比例较大时，产能充足制造商愿意接受契约并选择优先满足产能落后制造商的需求，此时双方收益实现了帕累托改进和共赢。成本分担契约无法实现双方收益的帕累托改进，原因在于令绿色产能制造商满意的成本分摊比例会令落后产能制造商的利益受损。

基于研究假设，本章只考虑了制造企业一对一进行产能共享的情形，但现实中存在一对多甚至多对多产能共享情形，例如，中威共享工厂，可同时为几十个小微企业分享环保绿色产能。未来将试图拓展本章的研究并考虑多企业之间的绿色产能共享运营决策，并进一步考虑政府碳排放规制决策对绿色产能共享决策的影响。

第六章

产能供求双方的产能合作与价格竞争竞合博弈均衡策略研究

第六章 产能供求双方的产能合作与价格竞争竞合博弈均衡策略研究

第一节 问题背景

产能共享是解决产能限制的一个有效策略，对合作企业提高效益、提升服务水平、减少生产成本、降低投资风险具有重要意义。例如，山东省武城县很多小微空调制造商虽然生产资质和环保手续齐全，但产能不足，花巨资购置的环保设备利用率不高，"中威共享通风超级工厂"与小微企业共享公司的绿色产品生产线，对共享产能收取一定费用，与它们进行了优势互补。共享工厂的绿色产能的供给方利用更新的绿色生产线制造绿色环保产品，并将产品销售给市场，并使用闲置的产能为小微企业代工生产同类产品；小微制造商作为绿色产能的需求方，会有一部分产品由共享工厂代工生产，连同自己生产的产品在消费市场出售，二者形成战略的合作同时也在出售相同产品中进行竞争。

不同企业之间由于谈判能力的不同，其合作与竞争关系存在较大差异（Cox, 1999; Maloni, enton, 2000; Ertek, Grifin, 2002; Benton, Maloni, 2005; Zhao 等, 2008; Yeung 等, 2009; Dixit, 1986）。Chen 等（2014）将供应链成员的权力定义为可以影响其他厂商做出对方不愿主动做出的决策行为的能力。企业的权力大小影响着与供应链上下游的谈判能力，并直接关系到企业的盈利能力。正因如此，供应链上的企业都希望自身拥有较大的权力，从而在整条产业链上分得更多的利益。比如，中威集团作为"共享通风超级工厂"的首倡者，在众多空调企业中占有领航者的地位。小微企业自置的环保生产线性价比不高，会相对依赖共享的绿色产能。"中威共享通风超级工厂"中，作为绿色产能的供给方，中威集团可以决定是否要共享、共享多少产能以及共享产能的价格，相对权力较大小微企业只能根据共享的价格调整企业战略以最大化自身利润。例如，作为全球最大的零售商，"世界五百强"企业第一名的沃尔玛大型零售公司，其在供应链中拥有绝对的话语权。上游的供应链不得不靠压低价格，延长货款交付周期等妥协方式来保持与沃尔玛公司的长久合作。这种权力结构差异十分复杂，并且广泛存在于供应链中。作为著名的代工厂商——富士康公司面对苹果这样的大公司时，相对权力较弱；面对一些小型电子设备厂商时，相对权力又较强。因此，研究权力结构对各方决策的影响很有现实意义。本章节研究的制造企业，同样存在着相对权力的变化。随着小微企业服务水平的提高，消费市场的不断开拓，其在共享工厂中的权力也会相应提高。作为产能充足的制造商（产能供给方），在面对产能不足的制造商（产能需求方）时，相对权力可能是相同的或者不同的，这就造成了不同的权力结构，并对企业的决策和整个系统的稳定性产生影响。因此，本章研究不同权力结构和议价能力下，供求双方产能共享合作模式的策略。第一，分析了产能供给方和需求方具有不同的和相同的权力时，各自的决策和稳定性问题。第二，对不同权力结构下的决策和系统稳定性进行了分析比较，以期为不同发展阶段的具有不同相对权力的制造商在产能共享过程中的决策行为和系统稳定性的保持等决策提供一定的参考建议。

第二节　问题分析

考虑具有竞争关系的制造商之间的产能供应与需求之间的竞争和合作关系，本章采用 Guo 和 Wu（2018）的由一个产能需求方和一个产能供应方组成的供应链结构，如图6—1所示：

在这一章节，考虑一个产能供给方和一个需求方组成的产能共享二级供应链模型。作为产能供给方，一方面供应自身制造的产品给下游零售商或者市场；另一方面，利用剩余产能为产能需求方提供代工生产服务。产能需求方将自己生产的产品和由产能供给方代工的产品一起在市场中销售，并且与产能供给方竞争市场份额。

这一章节的假设如下所示：

（1）总的潜在市场需求 a 存在不确定的部分，用参数 ε 表示，其服从均值 $\mu=0$，方差 σ^2 的正态分布；

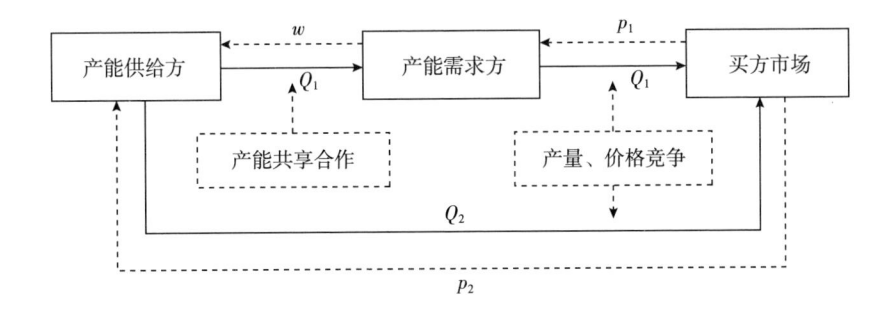

| 第六章 | 产能供求双方的产能合作与价格竞争竞合博弈均衡策略研究

图 6—1 本章模型结构

（2）代工厂商，即产能供给方的权力不小于产能需求方。在权力不同的情境下，双方形成以产能供给方为主导的 Stackelberg 博弈；在权力相同的情境下，双方形成一个静态博弈；

（3）产能供给方设置的代工价格低于产能需求方的销售价格，以保证产能需求方可以从中获利并且保持合作关系；

（4）产品生命周期较短，只能在当期销售出去。如果供给大于需求，则以一个折扣价格出售。

本章节决策者共做出零售利润（retail margin）决策。该决策最终通过销售价格反映到市场中，与直接决策销售价格不同的是，该决策可以保证厂商可以直接决策单位产品的利润。这种决策方法较早由 Choi（1991）提出，在现有的文献中被广泛使用（Ghosh, Shah, 2012; Li, Chen, 2018）。制造商分享的每单位产能需要承担的成本为 c，该成本既包括制造成本又包括平台收取的服务费用。面对单位成本 c，产能供给方决定自己销售产品的边际利润率 s_2，于是产品价格可以表示为 $p_2=c+s_2$。除此之外，他还需要决策代工产品的零售利润 s_1，于是代工价格为单位产品 $w=c+s_1$。产能需求方决策产品边际利润率 s_3，于是产品价格可以表示为 $p_1=w+s_3$。两个厂商在产能共享层面是合作关系，但在市场中存在产品竞争。由于生产的产品具有一定的同质性，一方价格的变化会影响另一方的销量。消费者在面对某个厂商的产品时，其替代品的价格会通过影响消费者的心理预期而影响消费者的购买行为。更具体而言，一方产品价格的下降会降低消费者对另一方产品剩余价值的预期，从而影响产品销量。基于此，本章节的基本需求模型表示为：

$$q_i = a_i - b_i p_i + k p_j, \quad i = 1, 2, \quad j = 3-1 \tag{6.1}$$

其中，a_i 表示厂商 i 的产品的潜在需求。以参数 ρ 表示消费者中对产品 1 更加认可的人数的比例，该参数可以近似看作是产品 1 的市场占有率。则产能需求方的产品的潜在需求表示为 $a_1 = \rho a$，a 表示这类产品总的潜在需求，产能供给方产品的潜在需求为 $a_2 = (1-\rho)a$。在产品销量模型中，p_i 表示厂商 i 的产品售价，p_j 表示其竞争对手的产品售价。参数 b_i 表示消费者在购买产品时，对自身产品价格的敏感程度。即单位价格的变化对产品销量的影响。类似地，参数 k 表示对方产品价格的变化对自身产品销量的影响。存在关系 $b_i > k > 0$ 表示消费者在买某产品时，对这件产品价格的敏感程度要高于对其竞品价格的敏感程度。本章节考虑需求存在一个随机扰动项 ε_i 服从以 $\mu = 0$ 为均值，σ^2 为方差的正态分布。其分布函数表示为 $F(\varepsilon_i)$，概率密度函数表示为 $f(\varepsilon_i) = \dfrac{1}{\sqrt{2\pi}\sigma} e^{-\frac{\varepsilon_i^2}{2\sigma^2}}$，于是，两个厂商的销量函数可以表示为：

$$\begin{cases} D_1 = \rho a - b_1 p_1 + k p_2 + \varepsilon_1 \\ D_2 = (1-\rho)a - b_2 p_2 + k p_1 + \varepsilon_2 \end{cases} \tag{6.2}$$

由于需求扰动的存在，实际产量很难与实际需求相等。如果产量高于实际需求，则多余的产品将以一个折扣价格出售。这个折扣价表示为 v，同时存在 $w > c > v$ 以保证企业不会无限制生产。一方面，以保证企业不会无限制生产。如果产量小于需求，则厂商会面临缺货损失，为单位产品损失。另一方面，如果产量小于需求，则厂商会面临缺货损失，为单位产品损失 s。缺货损失除了包含对立品和品牌形象的伤害，可以包含很多方面。其中最重要的一点就是由于产品不能及时供应，造成老客户的流失。根据产量和需求的大小关系的差异厂商 1 和厂商 2 的利润函数表示：

$$\pi_1 = \begin{cases} p_1 D_1 - w q_1 + v(q_1 - D_1), & D_1 \leq q_1 \\ p_1 q_1 - w q_1 - s(D_1 - q_1), & D_1 > q_1 \end{cases} \tag{6.3}$$

$$\pi_2 = \begin{cases} p_2 D_2 - cq_2 + v(q_2 - D_2) + (w-c)q_1, & D_2 \leqslant q_2 \\ p_2 q_2 - cq_2 - s(D_2 - q_2) + (w-c)q_1, & D_2 > q_2 \end{cases} \quad (6.4)$$

为了便于计算，本章令 $q_i = a_i - b_i p_i + k p_j$。于是，两个厂商的期望收益可以表示为：

$$E(\pi_2) = \int_{-\infty}^{0} [p_2(q_2 + \varepsilon_2) - v\varepsilon_2] f(\varepsilon_2) d\varepsilon_2$$
$$+ \int_{0}^{+\infty} (p_2 q_2 - s\varepsilon_2) f(\varepsilon_2) d\varepsilon_2 - cq_2 + (w-c)q_1$$
$$= cks_3 + ks_2 s_3 - b_1 s_3 (c + s_1 + s_3) + as_3 \rho - (c + s + s_1 + s_3 - v) \frac{\sigma}{\sqrt{2\pi}}$$
$$(6.5)$$

$$E(\pi_1) = \int_{-\infty}^{0} [p_1(q_1 + \varepsilon_1) - v\varepsilon_1] f(\varepsilon_1) d\varepsilon_1$$
$$+ \int_{0}^{+\infty} (p_1 q_1 - s\varepsilon_1) f(\varepsilon_1) d\varepsilon_1 - wq_1$$
$$= as_2 + 2ks_1 s_2 - b_2 s_2^2 + ks_2 s_3 - b_1 s_1 (c + s_1 + s_3) + a\rho(s_1 + s_2)$$
$$(s + s_2 - v)\sigma/\sqrt{2\pi} + c(-b_2 s_2 + k(s_1 + s_2) - \frac{\sigma}{\sqrt{2\pi}} \quad (6.6)$$

区别于等号左边的利润符号 π_i，等号右边式子中的 π 表示圆周率。本章考虑的两个厂商都以自身利润最大化为目标，决策销售产品的价格以及代工产品的价格。在下文中，分别讨论两个厂商具有不同权力和相同权力下两种权力结构的差异对决策以及系统稳定性的影响。

一 供给方和需求方具有不对等谈判能力的动态决策

在大多数现实案例中，供给方先提出价格，需求方再决定购买的数量等决策。先作出决策的厂商，在主从博弈中是领导者，有更强的权力。本章节考虑供给方作为博弈领导者，需求方作为跟随者的情境。

（一）Stackelberg 主从博弈模型

在一个主从博弈中，博弈的领导者根据自己所了解的博弈的跟随者的最优反应函数来做出决策。采用逆向归纳法（backward induction），首先计算博弈跟随者，即厂商 1 的最优反应函数。由于利润函数对决策变量的二阶导函数为负数，即 $\frac{\partial^2 \pi_1}{\partial s_3^2} = -2b_1 < 0$。决策变量 s_3 的最优反应函数可以通过一阶条件求得，即令 $\frac{\partial \pi_1}{\partial s_3} = 0$，求得厂商 1 的最优反应函数：

$$s_3^* = -\frac{1}{2b_1}\left(-ck + b_1(c+s_1) - ks_2 - a\rho + \frac{\sigma}{\sqrt{2\pi}}\right) \qquad (6.7)$$

主从博弈的领导者厂商 1，可以根据此最优反应函数（6.7）来做出决策。具体方法为将此最优反应函数（6.7）带入到自身的利润模型中，通过一阶条件求出最优决策价格。在此之前，需要先保证其利润函数存在一个全局最优解。具体方法为检查利润函数的海塞矩阵是否为负定。

根据前文解释，参数 b_i 和 k 满足条件 $b_i > k > 0$，于是该海塞矩阵的一阶主子式 $-b_1 < 0$，二阶主子式 $2b_1 b_2 - k^2 > 0$。海塞矩阵 H_{π_2} 负定可以保证厂商 1 的利润函数存在一个全局最大值。最优决策可以通过 $\frac{\partial \pi_2}{\partial s_1} = \frac{\partial \pi_2}{\partial s_2} = 0$ 求得，于是得到引理 6.2.1。

引理 6.2.1 当厂商权力不同时，存在唯一的一组最优解（6.8）使得厂商都能获得最大收益，

$$\begin{cases} s_1 = \dfrac{b_2 b_1 \left(-2b_1 c + 2a\rho + \sqrt{\dfrac{2}{\pi}}\sigma\right) + k\left(2b_1 ck - 2ab_1(\rho-1) - b_1\sqrt{\dfrac{2}{\pi}}\sigma - k\sqrt{\dfrac{2}{\pi}}\sigma\right)}{4b_1(b_2 b_1 - k^2)} \\[2ex] s_2 = \dfrac{-2b_2 b_1 c + 2ck^2 + 2a(b_1 - b_1\rho + k\rho) - b_1\sqrt{\dfrac{2}{\pi}}\sigma}{4(b_2 b_1 - k^2)} \end{cases}$$

$$(6.8)$$

通过对零售利润均衡解的分析可知，$\frac{\partial s_1}{\partial \rho} = \frac{a(b_2 - k)}{2(b_1 b_2 - k^2)} > 0$，$\frac{\partial s_2}{\partial \rho} = \frac{a(-b_1 + k)}{2(b_1 b_2 - k^2)} < 0$，即厂商的零售利润随着自身市场规模的提升而上升。

这表明市场规模较高的厂商可以赚取更多的边际利润。注意到 $\frac{\partial s_3}{\partial \rho} = \frac{a}{4b_1} > 0$，可知，如果产能需求方相比于产能供给方在其竞争市场中的占有率提升，则产能供给方会提升产能的销售利润，在合作业务中赚取更多的边际利润。

（二）具有闲置产能制造商的决策调整过程

求解过程上文已经给出。根据主从博弈的性质，博弈的跟随者可以在观察博弈的主导者的决策之后再进行决策。换言之，不管代工厂商 2 为代工产品制定什么样的价格，厂商 1 都可以通过自身的最优反应函数求得自己产品的最优价格。相反，作为博弈的主导者的代工厂商 2，他在决策时并不知晓博弈的跟随者会制定何种决策，也不知其是否会以利润最大化为目标进行决策。在实际市场中，与厂商 2 类似的，对包括竞争者决策信息等市场信息掌握不完全的厂商有很多，被称为有限理性决策者。他们无法像某些掌握完全市场信息的厂商一样直接可以得到最优决策，而只能通过不断调整自身的决策逐渐逼近最优的策略。本章考虑代工厂商 2 是有限理性的并且以利润最大化为目标，通过有限理性预期短视调整机制（myopic adjustment mechanism）（Dixit，1986）对决策进行调整，调整规则如式（6.9）所示：

$$s_i(t) = s_i(t-1) + g_i \cdot s_i(t-1) \cdot \frac{\partial \pi_2(t-1)}{\partial s_i(t-1)}, \quad i = 1, 2 \quad (6.9)$$

从式（6.9）中可以看出，厂商 2 的每一次决策都是基于上一期已经发生的、可被观测的数据进行调整。调整的方向参考决策变量对利润的边际贡献。即当价格的零售利润为正数时，下一期适当提高价格；相反，当价格的边际利润为负数时，下一期适当降低价格；当边际利润为 0 时，表示此时的价格已经是最优的，下一期不需要再对价格进行调整，价格调整过程结束，直到由于环境发生变化后进行下一轮调整。式（6.9）中，g_i 表示决策变量 s_i 每次调整的幅度，也可以看作决策变量的调整速度。直观上不难想象，调整速度越快，厂商越能够以更少的时间找到最优决策，并且得到更大的累积利润。然而情况并非如此。通过下文的分析，此决策调整速度如果过快会造成系统不稳定，从而造成厂商无法得到最优决策。

考虑到产能不足的厂商 1，由于其谈判能力较差，需要在观察到厂商 2 决策之后再进行决策。因此，他对厂商 2 的决策信息知晓，通过最优反应函数即可得到最优决策，并不需要对自身决策进行调整。这种决策行为被称为天真预期（naive expectation），决策规则如式（6.10）：

$$s_3(t) = s_3^*(t) = -\frac{1}{2b_1}\left(-ck+b_1(c+s_1(t))-ks_2(t)-a\rho+\frac{\sigma}{\sqrt{2\pi}}\right) \quad (6.10)$$

于是，非对称权力结构下，厂商 1 和厂商 2 组成的动态决策系统如式（6.11）所示：

$$\begin{cases} s_1(t+1) = s_1(t)+g_1 s_1(t)\left(\frac{1}{4}\left(2ck-2b_1(c+2s_1(t))+4ks_2(t)+2a\rho+\sqrt{\frac{2}{\pi}}\sigma\right)\right) \\ s_2(t+1) = s_2(t)+g_2 s_2(t)\left(2b_1 ck+ck^2+4b_1 ks_1(t)+4k^2 s_2(t)-4b_2 b_1(c+ \right. \\ \qquad\qquad \left. 2s_2(t))+a(-4b_1(-1+\rho)+2k\rho)-2b_1\sqrt{\frac{2}{\pi}}\sigma-k\sqrt{\frac{2}{\pi}}\sigma\right)/4b_1 \\ s_3(t) = -\frac{1}{2b_1}\left(-ck+b_1(c+s_1(t))-ks_2(t)-a\rho+\frac{\sigma}{\sqrt{2\pi}}\right) \end{cases}$$

$$(6.11)$$

由于只有厂商 2 的决策存在不断调整的过程，因此系统（6.11）是一个二维动态决策系统。

（三）系统（6.11）的均衡解和局部稳定性

系统（6.11）的均衡解可以通过令 $s_1(t+1) = s_1(t)$，$s_2(t+1) = s_2(t)$ 得到。于是可以得到四组均衡解：

$E_1(0, 0)$

$E_2\left(0, \dfrac{4ab_1-4b_2 b_1 c+2b_1 ck+2ck^2-4ab_1\rho+2ak\rho-2b_1\sqrt{2/\pi}\sigma-k\sqrt{2/\pi}\sigma}{8b_2 b_1-4k^2}\right)$

$E_3\left(\dfrac{-2b_1 c+2ck+2a\rho+\sqrt{2/\pi}\sigma}{4b_1}, 0\right)$

$$E_4\left(\frac{\begin{matrix}b_2b_1(-2b_1c+2a\rho+\sqrt{2/\pi}\,\sigma)+k(2b_1ck & -2b_2b_1c+ck^2+2a(b_1\\ -2ab_1(\rho-1)-b_1\sqrt{2/\pi}\,\sigma-k\sqrt{2/\pi}\,\sigma) & -b_1\rho+k\rho)-b_1\sqrt{2/\pi}\,\sigma\end{matrix}}{4b_1(b_2b_1-k^2)},\ \frac{-b_1\rho+k\rho)-b_1\sqrt{2/\pi}\,\sigma}{4(b_2b_1-k^2)}\right)$$

显然，E_1，E_2 和 E_3 都是边界均衡解，只有 E_4 是纳什均衡解。并且在现实中，厂商决策的价格不可能为 0，因此只有解 E_4 有实际意义。于是，以上标 AS 表示该动态系统（6.11）的最优决策（s_1^{AS}，s_2^{AS}，s_3^{AS}）和厂商的最优利润（π_1^{AS}，π_2^{AS}）。

判断均衡点附近的局部稳定性，需要对雅可比矩阵的特征根的取值进行判定。具体而言，当所有特征根的绝对值小于 1 时，系统稳定。否则，系统不稳定。由于均衡解 E_4 结构十分复杂，不容易对其对应的特征根进行分析。因此，可以根据 Jury 条件判断系统是否稳定 Ma、Wang（2014）。

解 Jury 条件可以得到系统稳定性的条件。通过对参数赋值，可以更加直观地观察系统从稳定到不稳定的变化过程。令 $a=10$，$\rho=0.7$，$b_1=0.5$，$b_2=0.7$，$k=0.2$，$s=0.1$，$v=0.2$，$c=0.5$，$\sigma=1$，并且设置初值为 $s_1(1)=s_2(1)=s_3(1)=1$。本小节通过分岔图，最大 Lyapuov 指数图，二维分岔图以及关键曲线等分析和展现系统的动力学特征，并直观体现系统从稳定状态到不稳定状态的变化过程，以及不稳定系统下对初始值的敏感依赖性等性质。由于参数调整速度 g_1 和 g_2 是厂商可以控制的参数，因此分析此参数对系统的影响，更具有指导厂商决策的管理学意义。与此同时，一些市场参数，如市场占有率和描述市场不确定性程度的方差 σ 对系统稳定性的影响也将被分析和展现。

（四）局部稳定性和最大 Lyapunov 指数

首先，以一维分岔图和最大 Lyapunov 指数来刻画系统从稳定到不稳定的变化过程。

一维分岔图和最大 Lyapunov 指数图可以非常直观地展现一个动力系统随着某个参数的变化，在稳定状态和分岔状态之间转换。图 6—2 展示了随着参数 g_1 的变化对应得分岔图和最大 Lyapunov 指数图，可以看出当参数 g_1 在 0 到 0.419 之间变化时，系统尚可以保持稳定状态，厂商可以决策出一个持续稳定的最优价格。然而随着参数 g_1 继续增大，从 0.419 增大到 0.543，系统进入二倍周期分岔状态。此时，厂商的价格会在两个值之间波动，显然，这两个波动的值都不是最优的决策（最优的决策是系统稳定时的价格）。当 g_1 继续增大，从 0.543 到 0.565 时，系统进入到四倍周期分岔，此时决策在四个价格之间波动。而当参数 g_1 在 0.565 到 0.570 范围内变化时，系统进入八倍周期分岔状态。当 g_1 继续增大，系统将呈现混沌状态。此时，厂商将无法得到一个稳定的价格。

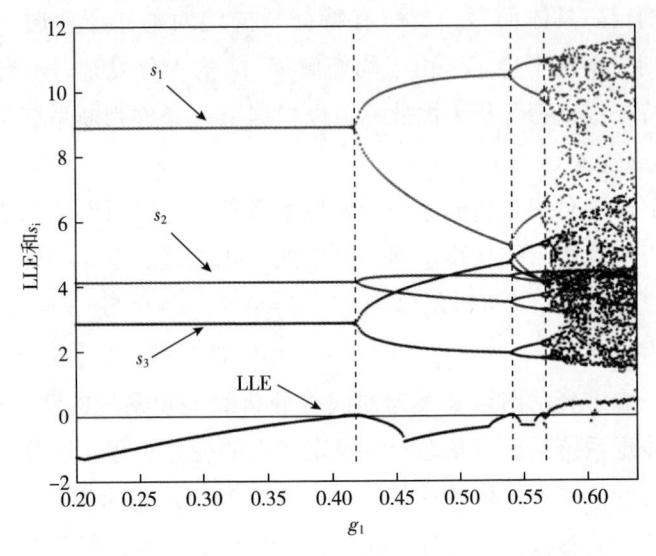

图 6—2　随着 g_1 变化对应的分岔图和最大 Lyapunov 指数图（$g_2 = 0.2$）

最大 Lyapunov 指数的概念和性质已在前面章节做过介绍。与一维分岔图相对应，最大 Lyapunov 指数图同样可以表示系统在参数取不同范围时的不同状态。最大 Lyapunov 指数每一次等于 0，系统状态就发生一次改变。比如，当 $g_1 = 0.419$，最大 Lyapunov 指数第一次等于 0。此时，系统从稳定状态进入二倍周期分岔状态。当 $g_1 = 0.419$，最大 Lyapunov 指数第二次等于 0 时，系统从二倍周期进入四倍周期状态。当 g_1 持续增大使得最大 Lyapunov 指数第一次大于 0 时，系统将进入混沌甚至发散状态。图 6—3 反映了系统状态随着参数 g_2 变化而不断发生变化的情况，与图6—2类似，在此不做赘述。

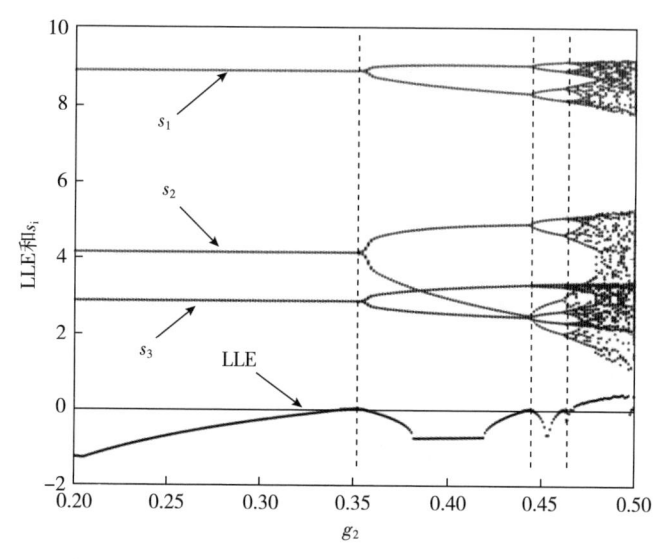

图6—3 随着g_2变化对应的分岔图和最大Lyapunov指数图（$g_1=0.2$）

对参数进行适当赋值，可以刻画系统的稳定域。如图6—4和图6—5中的阴影区域表示使得系统稳定的（g_1，g_2）的组合。

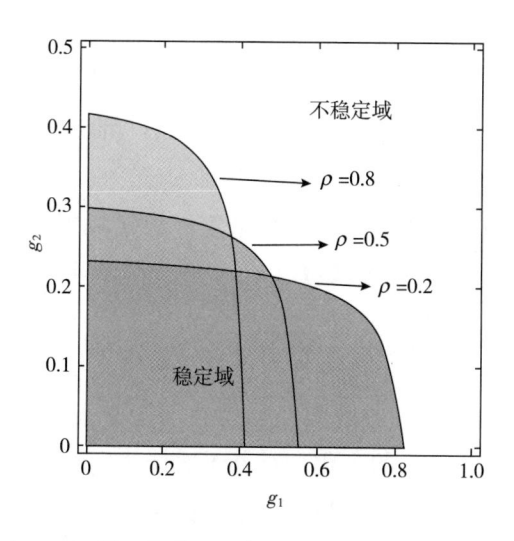

图6—4 不同ρ取值下随着g_i变化对应的二维稳定域

产能共享：竞合博弈与决策优化

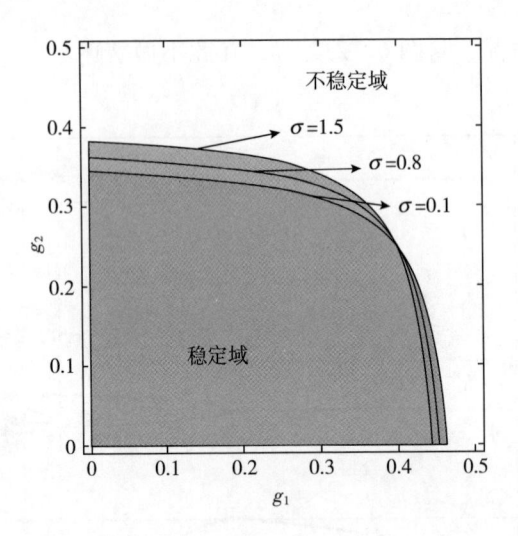

图6—5 不同 σ 取值下随着 g_i 变化对应的二维稳定域

通过图6—2和图6—3可以看出，决策调整速度 g_i 对系统稳定性的影响十分清晰。当调整速度处于一个较小的范围，系统可以保持稳定状态。一旦调整速度大于一个临界值，系统将失去稳定性。本章同样考虑了厂商的市场占有率和需求的不确定性对决策的影响。同样，这些参数也对系统的稳定性造成影响。图6—4和图6—5分别展现了不同的市场占有率和需求的不确定性对系统稳定性的影响。如图6—4所示，当厂商1的市场占有率较低（$\rho=0.2$）时，相应的稳定域允许参数 g_1 在一个较大的范围变动。同样，当厂商1的市场占有率较高（$\rho=0.8$）时，相应的稳定域允许参数 g_2 在一个较大的范围变动。图6—5展示了在不同市场波动水平下，稳定域的范围。总体而言，g_1 相比于 g_2 有更广的稳定区域（$g_1>0.4$，$g_2<0.4$）。

（五）初值敏感性

不稳定系统有很多重要的性质，其中包括系统对初始值取值的敏感依赖性。这种对初值的敏感性体现在两个方面：（1）在混沌系统中，初始值的一个微小的变化会在若干次迭代后被放大；（2）部分初始值经过若干次迭代后无法最终收敛到固定点或者奇异吸引子附近。

图6—6显示的是在不同初值（$s_1(1)=1$，$s_2(1)=1$；$s_1(1)=1$，

$s_2(1)=1.01$）下，系统迭代产生的 s_1 的轨迹。尽管初始值只在 s_2 上相差 0.01，但通过两条轨迹的对比可以看出，后续迭代过程中，s_1 的数值相差很大。

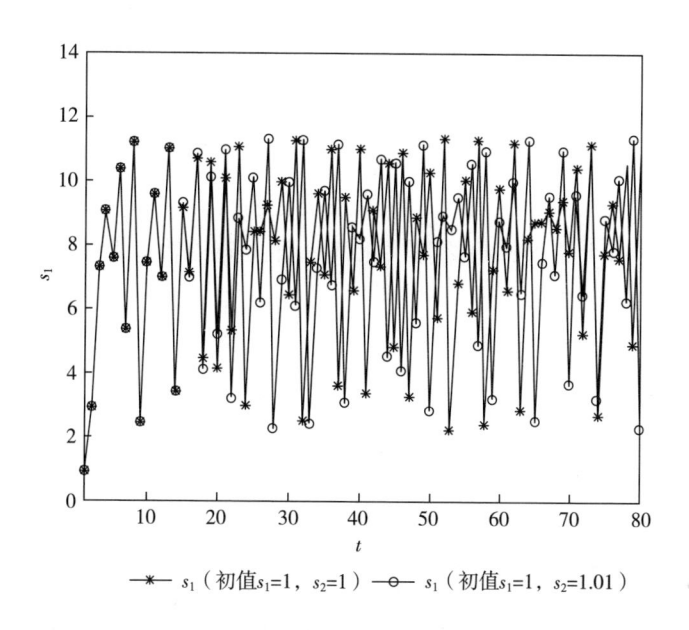

图 6—6　初值 $s_1=1$，$s_2=1$ 与 $s_1=1$，$s_2=1.01$ 时，s_1 的时间序列

图 6—7 对比了稳定系统和混沌系统对初值的敏感性。注意价格调整系数 $g_1=0.6$，$g_2=0.2$ 时的混沌系统状态，分别从两组初始值 $s_1(1)=1$，$s_2(1)=1$ 和 $s_1(1)=1$，$s_2(1)=1.01$ 开始迭代的两条轨迹之间的距离。可以看出，在约 15 次迭代之前，混沌系统下两条轨道之间的相距并不远，可以认为是两条重合的轨道。然而，当迭代次数大于 15 次时，两条轨道开始相互远离，其相互之间的距离呈现不规则的变化，时而提高时而降低。轨道距离最大的地方约为 10，这是初始值距离 0.01 的 1000 倍。显然，混沌系统对初始值的差距进行了放大，也从侧面说明混沌系统对初始值十分敏感。相差很小的初始值也会经过迭代而发展成两条完全不同的轨道。相比而言，价格调整系数 $g_1=0.2$，$g_2=0.2$ 时的稳定系统状态下，从两组初始值 $s_1(1)=1$，

$s_2(1)=1$ 和 $s_1(1)=1$，$s_2(1)=5$ 出发进行迭代的两条轨道的距离。可以看出，虽然稳定系统中初始值之间的差距要明显比混沌系统的初始值的差距大，但是经过前 10 个周期的小幅度调整后，从第 10 期开始，两条轨道之间的距离稳定在 0，即两条轨道已经重合。相比于混沌系统对初值的敏感依赖性，稳定系统对初值十分不敏感，更可以吸收和缓冲初值的巨大差异。这是稳定系统相比于混沌系统的一大优势。厂商在决策时，一旦由于外界或者自身的原因，制定的决策值与目标值之间产生微小的差异，混沌系统会将此错误放大，而稳定系统会逐渐稀释这个错误并最终将决策代入到正确的轨道上来。

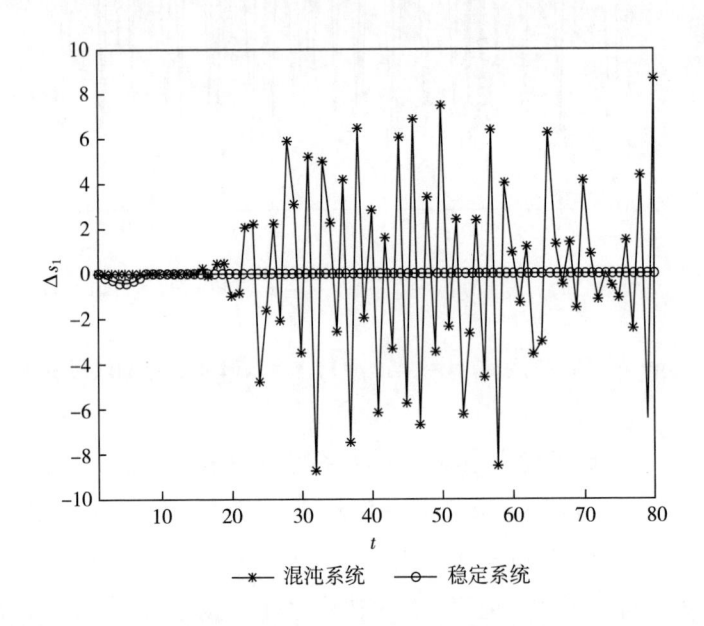

图 6—7　混沌系统和稳定系统对初值依赖性的对比

二　供给方和需求方具有对等谈判能力的动态决策

正如之前提到的，厂商之间相对权力的强弱并不是一成不变的，而是动态变化的。随着厂商 2 业务的不断发展，其可能会与厂商 1 具有相同的权力。此时，厂商 1 和厂商 2 将同时决策，没有任何一方可以参考另一方的决策后再进行决策。这部分主要讨论产能需求方和供给方具有相同权力结构时,各方的均衡策略及其稳定性。需要注意的是,此时的动态决策系统是一个三维系统,比二维系统(6.11)具有更复杂的结构。

(一)同时博弈模型

与系统(6.11)不同的是,此时厂商1和厂商2在决策时并不知道对方具体的定价,只能在同一期同时定价。在决策前,需要保证利润函数是上凸函数。

正如前文中的假设,参数 b_i 和 k 满足条件 $b_i > k > 0$,因此海塞矩阵的一阶主子式 $-2b_1 < 0$,二阶主子式 $4(b_1 b_2 - k^2) > 0$。此海塞矩阵是负定的,厂商2有的利润函数可以求得一组唯一的最优解。综上所述,具有相同权力结构的厂商组成的动态博弈系统可以表示为:

$$\begin{cases} s_1(t+1) = s_1(t) + g_1 s_1(t)(ck + 2ks_2 - b_1(c + 2s_1 + s_3) + a\rho) \\ s_2(t+1) = s_2(t) + g_2 s_2(t)(a + ck + 2ks_1 - b_2(c + 2s_2) + ks_3 - a\rho - (\sigma/\sqrt{2\pi})) \\ s_3(t+1) = -\dfrac{1}{2b_1}(-ck + b_1(c + s_1(t)) - ks_2(t) - a\rho + (\sigma/\sqrt{2\pi})) \end{cases}$$

(6.12)

(二)系统(6.12)的均衡解和局部稳定性

上文已经分析,厂商不会为产品定价为,即边界均衡点没有实际意义。因此,只分析唯一的一组纳什均衡解 (s_1^S, s_2^S, s_3^S)。

相应地,厂商的均衡解下得到的最大利润分别表示为 π_1^2 和 π_2^2。

通过数值模拟,作出一维分岔图和对应的最大 Lyapunov 指数图。在图6—8中,随着参数 g_1 的升高,变量 s_1、s_2 和 s_3 的变化体现着系统从稳定到 Flip 分岔最终走向混沌的过程。当参数 g_1 从0到0.206变化时,变量呈现一条平稳的直线,表示系统处于稳定状态。当 g_1 从0.206继续升高,系统将先后进入 Flip 分岔状态和混沌状态。

在图6—9中,系统状态随着参数 g_2 的提升而发生变化。系统第一次分岔发生在 $g_2 = 0.214$。第二次分岔发生在 $g_2 = 0.360$。第三次分岔和第四次分岔分别发生在 $g_2 = 0.380$ 和 $g_2 = 0.386$。当 $g_2 > 0.386$,系统进入混沌状态。相对应的最大 Lyapunov 指数图也能刻画系统状态的逐渐变化，分析与上文类似，在此不做赘述。

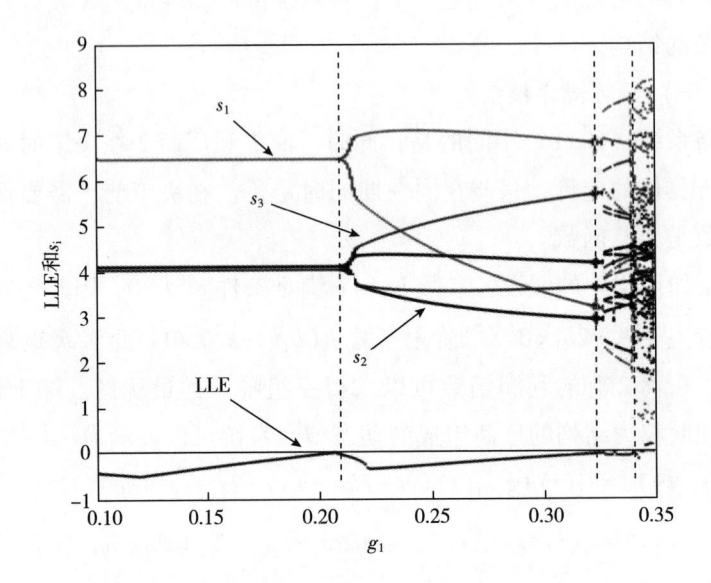

图6—8　随着g_1变化对应的分岔图和最大Lyapunov指数图（$g_2=0.2$）

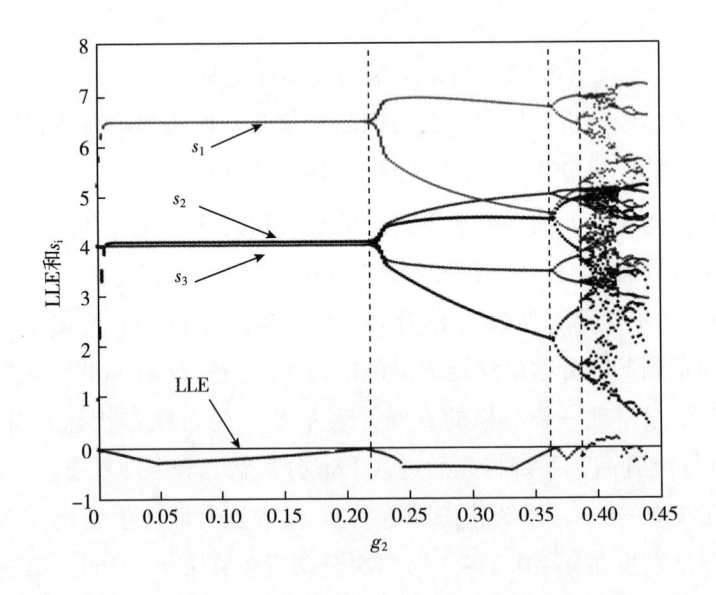

图6—9　随着g_2变化对应的分岔图和最大Lyapunov指数图（$g_1=0.2$）

| 第六章 | 产能供求双方的产能合作与价格竞争竞合博弈均衡策略研究

上文分析了厂商权力不同时，市场份额及市场波动程度对系统稳定性的影响。本节考虑厂商权力相同，通过数值模拟展现市场份额及市场波动程度对系统稳定性的影响。如图 6—10 所示，对于厂商 1，当其市场份额较大（$\rho=0.8$）时，其决策调整速度 g_1 需要控制在一个较小的范围内。当其市场份额较小（$\rho=0.2$）时，其决策调整速度 g_1 可以在一个较大范围内变化。如图 6—11 所示，总体上，调整参数 g_2 可以在一个较大的范围内变化，而 g_1 只能在较小范围内变化。

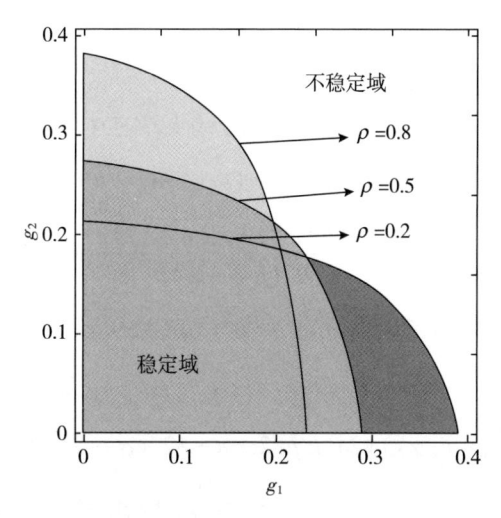

图 6—10　不同 ρ 取值下随着 g_i 变化对应的二维稳定域

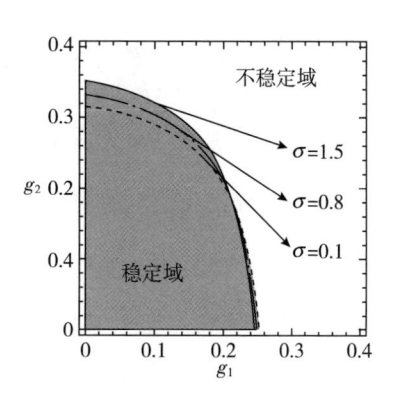

图 6—11　不同 σ 取值下随着 g_i 变化对应的二维稳定域

三 利润和系统稳定性的比较

上文分析了不同权力结构下,两个厂商的博弈和系统的稳定性。本节主要对两个情形下厂商的利润和系统的稳定性作比较。

(一) 制造商所获利润的比较

上文已经分别给出了两种权力结构下双方的最优决策,进而可以得到最优利润:

$$\pi_1^{AS} = \frac{\left(\begin{array}{l} 2b_1^3 b_2 c^2 \pi - k^2(2c^2k^2\pi + 4ack\pi\rho + 2a^2\pi\rho^2 - 6ck\sqrt{2\pi}\sigma - 6a\sqrt{2\pi}\rho\sigma \\ +\sigma^2) - 2b_1^2(c^2k^2\pi + b_2(2c^2k\pi + 8\sqrt{2\pi}(s-v)\sigma + c(2a\pi\rho + \sqrt{2\pi}\sigma))) \\ +b_1(b_2(2c^2k^2\pi + 4ack\pi\rho + 2a^2\pi\rho^2 - 6ck\sqrt{2\pi}\sigma - 14a\sqrt{2\pi}\rho\sigma + \sigma^2) \\ +2k(2c^2k^2\pi + 4\sigma(2k\sqrt{2\pi}(s-v) + a\sqrt{2\pi}(-1+\rho) + \sigma) \\ +ck(2a\pi\rho + \sqrt{2\pi}\sigma))) \end{array}\right)}{32b_1(b_1b_2 - k^2)\pi}$$

$$\pi_2^{AS} = \frac{\left(\begin{array}{l} 2b_1^3 b_2 c^2\pi + 2a^2\pi(2b_1^2(-1+\rho)^2 + k^2\rho^2 + b_1\rho(4k+b_2\rho - 4k\rho)) + k^2(2c^2k^2\pi \\ -2ck\sqrt{2\pi}\sigma - \sigma^2) + 2b_1^2(2b_2^2c^2\pi - c^2k^2\pi + \sigma^2 - b_2(2c^2k\pi + 3c\sqrt{2\pi}\sigma \\ +4\sqrt{2\pi}(s-v)\sigma)) + 2a(k^2\rho(2ck\pi - \sqrt{2\pi}\sigma) + 2b_1^2(b_2c\pi(-2+\rho) \\ +\sqrt{2\pi}(-1+\rho)\sigma) + b_1(-2ck\pi(k(-2+\rho) + b_2\rho) + (b_2 - 2k)\sqrt{2\pi}\rho\sigma)) \\ +b_1(2k^2(2c^2k\pi + 3c\sqrt{2\pi}\sigma + 4\sqrt{2\pi}(s-v)\sigma) + b_2(-6c^2k^2\pi \\ +2ck\sqrt{2\pi}\sigma + \sigma^2)) \end{array}\right)}{16b_1(b_1b_2 - k^2)\pi}$$

$$\pi_1^S = \frac{\left(\begin{array}{l} 4b_1^3 b_2 c^2\pi - k^2(4c^2k^2\pi + 4a^2\pi\rho^2 - 5a\sqrt{2\pi}\rho\sigma + 2\sigma^2 + ck(8a\pi\rho \\ -5\sqrt{2\pi}\sigma)) - 2b_1^2(2c^2k^2\pi + b_2(4c^2k\pi + 9\sqrt{2\pi}(s-v)\sigma + 2c(2a\pi\rho \\ +\sqrt{2\pi}\sigma))) + b_1(k(8c^2k^2\pi + 9\sigma(2k\sqrt{2\pi}(s-v) + a\sqrt{2\pi}(-1+\rho) \\ +\sigma) + 4ck(2a\pi\rho + \sqrt{2\pi}\sigma)) + b_2(4c^2k^2\pi + ck(8a\pi\rho - 5\sqrt{2\pi}\sigma) \\ +2(2a^2\pi\rho^2 - 7a\sqrt{2\pi}\rho\sigma + \sigma^2))) \end{array}\right)}{36b_1(b_1b_2 - k^2)\pi}$$

第六章 产能供求双方的产能合作与价格竞争竞合博弈均衡策略研究

$$\pi_2^S = \frac{\begin{pmatrix} 8b_1^3 b_2 c^2 \pi + 2a^2 \pi (9b_1^2(-1+\rho)^2 + 5k^2\rho^2 + 2b_1\rho(9k+2b_2\rho-9k\rho)) \\ +2k^2(5c^2k^2\pi - 4ck\sqrt{2\pi}\sigma - 2\sigma^2) + b_1^2(18b_2^2 c^2\pi - 8c^2k^2\pi + 9\sigma^2 \\ -2b_2(8c^2k\pi + 13c\sqrt{2\pi}\sigma + 18\sqrt{2\pi}(s-v)\sigma)) + 2a(2k^2\rho(5ck\pi \\ -2\sqrt{2\pi}\sigma) + b_1^2(2b_2 c\pi(-9+5\rho) + 9\sqrt{2\pi}(-1+\rho)\sigma) \\ +b_1(-2ck\pi(-9k+5b_2\rho+5k\rho) + (4b_2-9k)\sqrt{2\pi}\rho\sigma)) + b_1(2k^2(8c^2k\pi \\ +13c\sqrt{2\pi}\sigma + 18\sqrt{2\pi}(s-v)\sigma) + 4b_2(-7c^2k^2\pi + 2ck\sqrt{2\pi}\sigma + \sigma^2)) \end{pmatrix}}{72b_1(b_1b_2-k^2)\pi}$$

通过对利润的比较,可以得到如下命题 6.2.1:

命题 6.2.1 厂商 2 在非对称权力结构下获得的利润不小于对称权力结构下的利润,即 $\pi_2^{AS} \geqslant \pi_2^S$。

在不同权力的结构中,由于厂商 2 相比于厂商 1 更加强势,其在决策时已然知晓了厂商 1 的决策规则,因此,其决策相比于权力相同时要更有优势。

命题 6.2.2 在非对称权力结构中,厂商 1 能够获得的收益不高于对称权力结构的情形,即 $\pi_1^{AS} \leqslant \pi_1^S$。

作为 Stackelberg 博弈的跟随者的弱势的厂商 1,其决策时总需要考虑另一个厂商 2 的决策。而在具有相同权力结构的情形中,两个厂商地位相同,同时决策,厂商 2 的劣势就不再存在。

命题 6.2.3 在非对称权力结构中,供应链总利润不高于对称权力结构,即 $\pi_{SC}^{AS} \leqslant \pi_{SC}^S$。

命题 6.2.3 说明,对于包括产能供求双方的整条供应链而言,对称的权力结构可以带来更多的总利润。这主要是由于非对称权力结构下,占据主导的企业攫取了过多的利润,使得跟随企业的利润受到较大的压力。如果双方权力逐渐趋同,组成对称权力结构的供应链,虽然之前主导企业的利润会下降,跟随企业利润上升的幅度要大于主导企业利润下降的幅度。总体上看,整体利润是上升的,这对整个产能共享过程是有利的。

以 q_t 表示产能共享数量,可以根据两个制造商的均衡策略得出:

$$q_t^{AS} = \frac{1}{8}(-2b_1c+2ck+2a\rho+\sqrt{2/\pi}\sigma)$$

$$q_t^{S} = \frac{1}{6}(-2b_1c+2ck+2a\rho+\sqrt{2/\pi}\sigma) \qquad (6.13)$$

通过比较两个供应链权力结构下的产能共享数量,可以得到:

命题 6.2.4 在对称权力结构中,产能共享数量大于非对称权力结构下的产能共享数量。即 $q_t^{AS} < q_t^{S}$。

产能共享数量在一定程度上可以作为衡量该产能共享业务发展水平的指标。通过命题 6.2.4 可知,对称的权力结构对产能共享业务的发展有积极作用。这说明制造商之间竞争程度的增加对产能共享业务的开展有一定的促进作用,或者可以认为,对于竞争较为激烈的制造行业,产能共享策略给竞争厂商之间带来的利润增长更多。

(二) 两种竞争关系下系统稳定性比较

Ma,Wang(2014)对比了闭环供应链中零售商竞争力的变化对系统稳定性的影响。这部分通过刻画和对比二维分岔图比较了系统(6.11)和系统(6.12)的稳定性:

图 6—12 和图 6—13 分别表示系统(6.11)和系统(6.12)随着调整参数 g_1 和 g_2 的变化的二维分岔图。从内到外,不同区域分别表示稳定状态,二倍周期分岔,四倍周期分岔。通过比较两幅图中绿色区域的大小,可以比较两个图所表示的系统的稳定性。不难看出,图 6—12 中的稳定区域比图 6—13 中的稳定区域大,即系统(6.11)的稳定性要优于系统(6.12)。

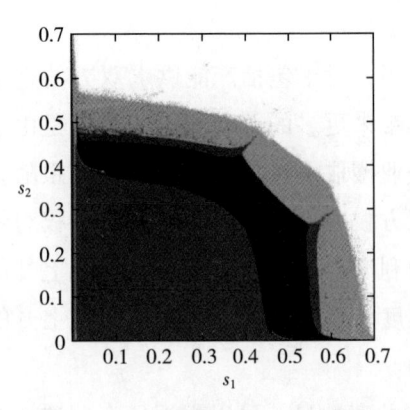

图 6—12 系统(6.11)随着 g_1 和 g_2 变化的二维分岔图

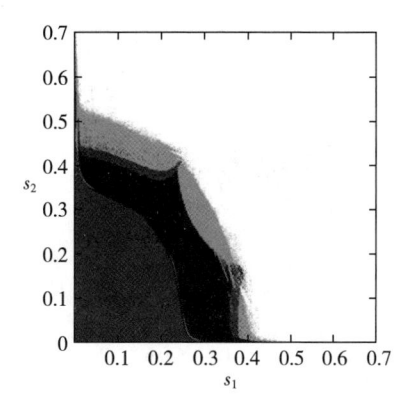

第六章 产能供求双方的产能合作与价格竞争竞合博弈均衡策略研究

图6—13 系统（6.12）随着 g_1 和 g_2 变化的二维分岔图

类似地，图6—14和图6—15分别表示系统（6.11）和系统（6.12）随着调整参数 ρ 和 σ 的变化的二维分岔图。通过比较不难看出，系统（6.11）中表示系统稳定区域要大于系统（6.12）中的稳定区域。这表明，随着参数 ρ 和 σ 的变化，系统（6.11）相比于系统（6.12）有着更强的稳定性。当产能需求方与供给方具有不同权力时，系统的稳定性要优于厂商具有相同的权力。市场中存在着强势与弱势厂商时，这种结构更加稳定。相反，如果市场中的厂商权力都接近，反而不利于市场保持一个相对稳定的状态。

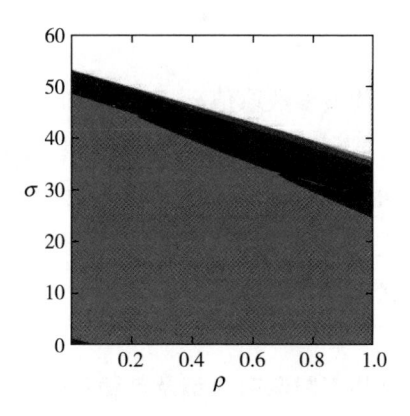

图6—14 系统（6.11）随着 ρ 和 σ 变化的二维分岔图

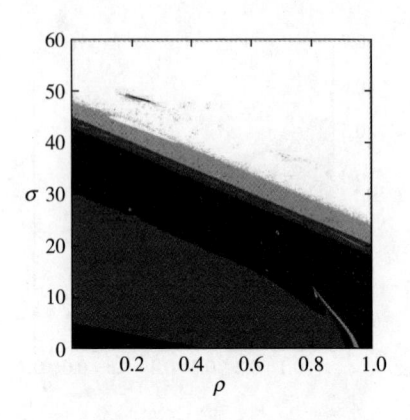

图 6—15　系统（6.12）随着 ρ 和 σ 变化的二维分岔图

四　均衡解的混沌控制

混沌系统的特性，包括不稳定性和对初值的敏感依赖性，都会对经济系统产生不良影响，并影响厂商获取最优利润。因此，有必要引入某种方法来延迟混沌的发生或者消除混沌。Ma，Zhang（2012）运用反馈控制方法，加入混沌控制参数 K 来控制价格博弈系统。本章也运用反馈控制法，对厂商 2 的决策价格分别加入反馈控制参数 K，于是价格调整模型改写为：

$$s_i(t) = s_i(t-1) + g_i \cdot s_i(t-1) \cdot \frac{\partial \pi_2(t-1)}{\partial s_i(t-1)} - K \cdot s_i(t-1), \quad i = 1, 2$$

(6.14)

对于新系统，令调整参数取值 $g_1 = 0.64$ 和 $g_2 = 0.2$ 来模拟原系统（6.11）进入混沌状态，以观察混动控制效果。图 6—16 和图 6—17 分别刻画反馈控制法对两个混沌系统的控制效果。不难看出，随着控制参数 K 的提升，混沌系统逐渐从混沌状态被控制到 Flip 分岔状态，最终被控制到稳定状态。

五　平台对产能共享制造商决策及其稳定性的影响

（一）平台费用对制造商零售利润的影响

前文分别给出了两种供应链权力结构下厂商的均衡策略。均衡策

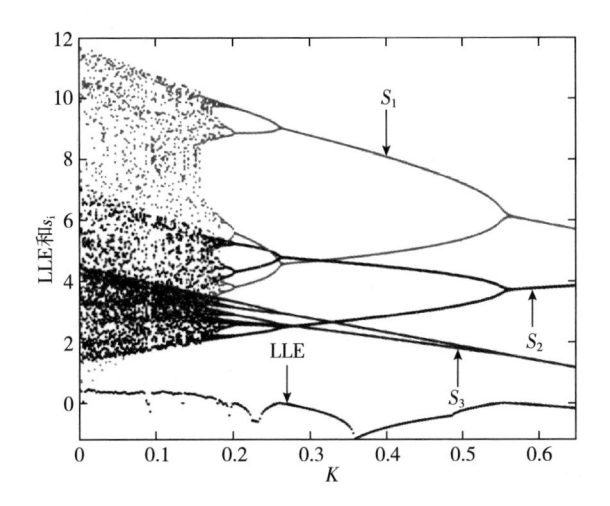

图6—16　$g_1=0.64$，$g_2=0.2$ 混沌系统控制

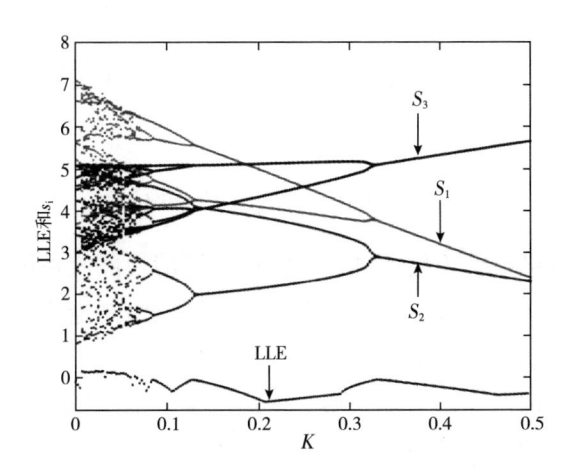

图6—17　$g_1=0.2$，$g_2=0.42$ 混沌系统控制

略描述了制造商销售每件产品的零售利润。通过求每个均衡解对平台服务费的一阶导数，可以得到平台服务费的变化对两个制造商零售利润的影响。于是有：

命题 6.2.5　平台服务费变化对制造商零售利润的影响有：

（1）当两个制造商具有不同权力时，有 $\dfrac{\partial s_1^{AS}}{\partial c} = \dfrac{\partial s_2^{AS}}{\partial c} = -\dfrac{1}{2}$，$\dfrac{\partial s_3^{AS}}{\partial c} =$

$\frac{-b_1+k}{4b_1}$；

（2）当两个制造商具有相同权力时，有 $\frac{\partial s_1^S}{\partial c}=-\frac{2b_1+k}{6b_1}$，$\frac{\partial s_2^S}{\partial c}=-\frac{1}{2}$，$\frac{\partial s_3^S}{\partial c}=\frac{-b_1+k}{3b_1}$。

当考虑平台的服务费用对两种供应链结构下制造商决策和利润的影响时，不难发现，平台费用的提升不但会降低产能供给制造商的零售利润，同样会降低产能需求方的零售利润。由于平台直接向产能供给制造商收取服务费用，因此，该厂商的零售利润降低是很好理解的。有意思的是，虽然不直接缴纳服务费用，产能需求一方的零售利润仍然会随着平台服务费用的上升而下降。其原因在于，产能供给方零售利润的下降使得其在一定程度上提升了对产能的定价，从而将这部分损失的一部分转嫁给了产能需求方。产能需求方实际上间接缴纳了平台服务费用。

注意到 $\frac{\partial s_1^{AS}}{\partial c}-\frac{\partial s_1^S}{\partial c}=\frac{-b_1+k}{6b_1}<0$，在两种供应链结构下，产能供给方在为产能需求方进行代工生产时，每单位产能的边际收益随着平台服务费的变化速度并不一致。具体而言，当产能供给制造商比产能需求制造商的权力强时，即两个厂商权力不同的情境下，产能供给制造商的单位产能的边际收益随着平台服务费用的上升而下降的速度要高于两个制造商具有相同权力的情境下该边际收益的下降速度。类似地，由于 $\frac{\partial s_3^{AS}}{\partial c}-\frac{\partial s_3^S}{\partial c}=\frac{b_1-k}{12b_1}>0$，即产能需求方销售每单位代工产品获得的边际收益随着平台服务费用的变化而变化的速度也不一致。具体而言，当该产能需求制造商具有与产能供给方相同的权力时，该单位产品销售获得的边际收益随着平台服务费的上升而下降的速度要高于当该制造商的权力小于产能供给制造商的情景下该边际收益的变化速度。

在弄清边际收益随着平台服务费用变化而变化的规律后，可以知道，首先，在本章所研究的两种供应链结构下，两个制造商都会从平台费用的降低过程中获利。不同的是，对于产能供给制造商，当平台费用下降时，其在非对称权力结构下可以获得更多的边际收益增加量；而当平台服务费用上升时，其在对称权力结构下承担的损失变化更小，如图 6—18 所示。相反，对于产能需求制造商，当平台费用下降时，其在对称权力结构下可以获得更多的边际收益增加量；而当平台服务费用上升时，其在非对称权力结构下承担的损失变化更小，如图 6—19 所示。

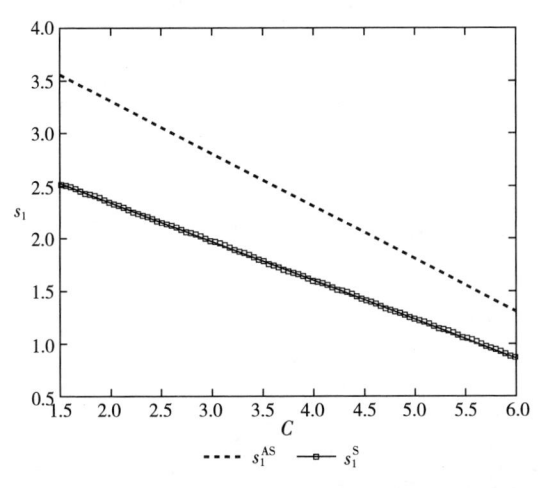

图 6—18 边际收益 s_2 随 c 变化的时间序列

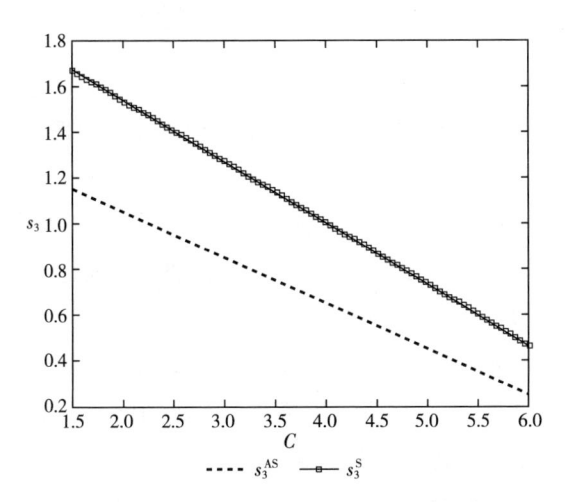

图 6—19 边际收益 s_3 随 c 变化的时间序列

（二）平台费用对制造商均衡策略稳定性的影响

考虑平台收取的服务费对系统稳定性的影响。由于单位制造成本为固定参数，可以令平台的服务费为 c，观察当成本 c 变化时系统稳定性的变化情况。

首先考虑两个制造商具有不对等谈判能力的情况。根据上文推导，可以推出系统（6.12）稳定的条件，根据上文的数值模拟，令参数 $g_1 = 0.20$，$g_2 = 0.25$，可知保持系统稳定需要满足 $0<c<8.71138$。由于本章的数值模拟可知，此上限 8.71138 并不是系统失稳的临界条件，而是保证 $s_2>0$ 的基本条件。因此，当平台服务费用处于一个正常水平时，系统不会发生失稳的问题，如图 6—20 所示。

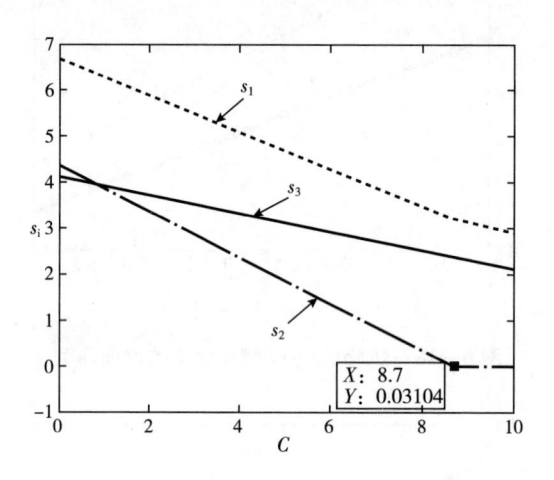

图 6—20　系统（6.11）随着 c 变化的分岔图

考虑两个制造商具有对等的谈判能力。根据上文的推导，得知条件（6.16）可以推出令系统（6.12）稳定的平台服务费用的条件为 $1.19225<c<8.71138$。此上限 8.71138 依然为保证 $s_2>0$ 的基本条件，并非保持系统稳定的临界值。而下限 1.19225 则是系统稳定与否的关键临界值。更具体地，当平台服务费用满足 $0<c<1.19225$，系统失稳；当平台服务费用满足 $1.19225<c<8.71138$ 时，系统可以保持稳定状态，如图 6—21 所示。

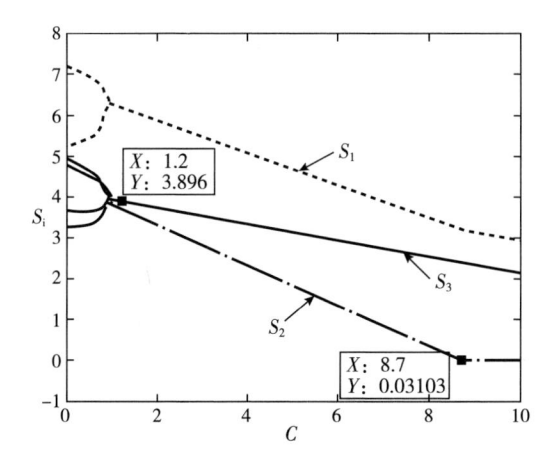

|第六章| 产能供求双方的产能合作与价格竞争竞合博弈均衡策略研究

图 6—21 系统 (6.12) 随着 c 变化的分岔图

当参与产能共享的制造商具有不对等谈判能力时，平台制定服务费用的过程可以有更大的灵活性。在平台不同的发展阶段，其运营目标可能并不相同。如很多平台在投入运营的初始阶段都会以较低的服务费甚至提供补贴的形式促进更多主体加入到物品分享的过程。当平台发展到一定程度后，开始收取服务费用以实现盈利。当制造商具有不对等谈判能力时，平台可以根据不同的决策目标较为自由地调整服务费用。

相对地，当参与产能共享的制造商具有对等谈判能力时，平台在制定服务费用时需要更加谨慎。一个有意思的情况是，平台制定较低的服务费用时，容易造成制造商均衡策略的不稳定。当平台收取较低服务费时，一方面促进了制造商参与产能共享过程；另一方面，制造商过热的积极性会造成其决策的不谨慎，使得系统容易失去稳定。

平台收取服务费用 c 对均衡解稳定性的影响的差别进一步验证了制造商处于两种权力结构下系统的稳定性表现，即制造商具有不对等谈判能力时，系统的稳定性要优于制造商具有对等的谈判能力的情况。

（三）平台服务费决策及其对产能共享过程的影响

前文讨论了平台作为产能共享交易媒介，为了促进产能共享过程，对产能供给方适当收取服务费用 c。本节考虑平台的目标并不只为了推广，而进一步追求利润最大化。这有利于平台以及产能共享过程的长远发展。

根据平台的收费形式，可以得出平台的利润模型为：

$$\pi_{pf} = cq_t \tag{6.15}$$

由于平台首先制定服务费用，产能供求双方进出决策。因此，在本章涉及的两种供应链权力结构下，平台都是主从博弈的最高领导者。上文所给出的厂商决策过程之前，加入平台的决策过程。根据逆向归纳法，可以得到两种情境下平台的最优策略以及对应的制造商的最优策略和收益。

a) 制造商具有不对等权力结构

首先考虑两个产能供求制造商具有不同的权力结构时，决策顺序应为：平台制定服务费用产能供给方决定为产能进行定价产能供求双方为产品在市场中的销售进行定价。根据逆向归纳法，前文给出了前两步的运算过程。可以验证 $\dfrac{\partial^2 \pi_{pf}^{AS}}{\partial c^2} = \dfrac{1}{2}(-b_1 + k) < 0$，于是，平台存在唯一的最优服务费用 $c^S = \dfrac{2a\rho + \sqrt{2\sigma/\pi}}{4b_1 - 4k}$，进而可以得到三方的最优利润。

b) 制造商具有对等权力结构

类似地，当两个产能供求制造商具有对等权力结构时，决策顺序为：平台决策向产能供给方收取的服务费用两个制造商同时决策价格边际 s_i^S（$i = 1, 2, 3$）。根据逆向归纳法，首先求出第二阶段 s_i^S 的反应函数。将反应函数代入到平台的利润模型（6.15），可以验证 $\dfrac{\partial \pi_{pf}^S}{\partial c} = \dfrac{2}{3}$

$(-b_1 + k) < 0$，于是，平台存在唯一的最优服务费用 $c^S = \dfrac{2a\rho + \sqrt{2\sigma/\pi}}{4b_1 - 4k}$，进而可以计算出平台与两个制造商的利润。

通过比较两种供应链结构下，平台以利润最大化为目标决策的服务费用，可以得到：

命题 6.2.6 在两种供应链结构下，平台的服务费用是一致的。

从前文对平台最佳服务费用的求解中不难看出，$c^{AS}=c^{S}$，即两种供应链结构下平台会制定同样的服务费用。在考虑平台费用为外生变量的分析中，产能共享数量（见式（6.13））在两种供应链结构下有 $q_t^{AS}=\frac{3}{4}q_t^{S}$ 这样的倍数关系。结合平台的利润函数可知，平台的最优服务费用决策在两种情境下是一致的。这也从另一个方面佐证了命题6.2.6 的结论。

对于平台而言，不论产能共享双方的权力地位如何，其自身以利润最大化为目标决策的平台服务费用是一致的。对于需要向平台缴费的产能供应制造商而言，其也不必担心与竞争对手相对权力的变化造成的平台服务费用的变化。

在平台进行最优决策的情况下，通过对比两种供应链结构下制造商以及平台所获得的利润，可以得到：

命题 6.2.7 当平台以利润最大化为目标决策对产能供给方收取的服务费用时，各方利润的对比为：

（1）产能需求制造商在对等权力结构下可以获得更高的收益，即：

$$\pi_1^{AS'}-\pi_1^{S'}=-\frac{7(a^2\pi\rho^2+2a\sqrt{2\pi}\rho\sigma+\sigma^2)}{1152b_1\pi}<0;$$

（2）产能供给制造商在不对等权力结构下可以获得更高的收益，即：

$$\pi_2^{AS'}-\pi_2^{S'}=\frac{2a^2\pi\rho^2+2a\sqrt{2\pi}\rho\sigma+\sigma^2}{576b_1\pi}>0;$$

（3）平台在对等权力结构下可以获得更高的收益，即：

$$\pi_{pf}^{AS'}-\pi_{pf}^{S'}=-\frac{2a^2\pi\rho^2+2a\sqrt{2\pi}\rho\sigma+\sigma^2}{96b_1\pi-96k\pi}<0。$$

命题6.2.7给出了在平台参与决策的情况下，两个制造商在两种供应链结构下的利润对比。可以看出，产能需求制造商随着自身权力的提升，利润随之提升。相反，产能供给制造商的利润在这个过程中呈现下降的趋势。该结论与上文中，平台的服务费用作为外生变量的情形是一致的。值得注意的是，相比于不同权力的供应链结构，平台在产能共享制造商拥有相同权力时可以获得更高的利润。这就使得平台有动机通过某些调控策略以减少产能供求双方之间谈判能力的差距。

第三节 结论

本章研究了不同权力结构下产能供给方和需求方之间的动态博弈，分析了均衡状态下厂商之间的收益关系和系统的稳定性。通过一维分岔图，最大 Lyapunov 指数图等刻画了系统从稳定到不稳定状态的发展过程。通过初值敏感性的引入，揭示了混沌系统的危害。

本章比较了不同权力结构下各方收益的大小以及系统稳定性的强弱关系。研究发现，博弈中更强势的一方可以在不对称权力结构中获得更多的收益。而原本权力较弱的一方，希望能提高自己的权力。因为一旦双方拥有相同权力，原来权力较弱的一方可以获得更多的收益。对于供应链的总收益，不对称权力结构下的收益低于对称权力结构下的收益。通过二维分岔图的引入和对稳定区域大小的比较，本章对比了两种权力结构下系统稳定性的优劣。研究发现，非对称权力结构系统相比于对称权力结构的系统拥有更好的稳定性。这意味着决策者可以以更快的速度对决策进行调整，有利于其更快实现最优的收益。本章通过反馈控制对原混沌系统进行了有效地控制，使得厂商可以在稳定系统中获得长久的收益。本章的研究具有理论和现实意义，对厂商的决策具有指导意义。

另外，本章考虑平台费用为外生变量和平台决策服务费用两种情形下，平台服务费用对产能共享过程的影响。研究了平台费用的变化对两个产能供求制造商的均衡策略及其稳定性的影响。当考虑平台费用作为外生变量时，研究发现不同的供应链结构会使得平台费用的变化对两个制造商边际利润的变化速度形成差异。产能供给制造商在非对称权力结构供应链中的边际利润变化速度要高于在对称权力结构的供应链中；而产能需求制造商则相反。在非对称供应链结构下，平台服务费用更难造成系统失去稳定。研究还发现，当平台以利润最大化为目标决策服务费用时，面对两种供应链结构，平台制定的费用是一致的。但平台可以在对称权力结构下获得更多的收益。

第七章

跟单服务与溢短交易下产能共享供应链均衡策略选择

第七章 跟单服务与溢短交易下产能共享供应链均衡策略选择

第一节 问题背景

面对日益增长的市场需求,企业产能不足会限制企业的发展,影响企业的盈利能力(吴江华、姜帆,2020)。为了解决产能问题,有些企业选择投资产能,但这种方式的产能柔性程度较低(曹国昭、齐二石,2017;石丹、李勇建,2015)。相比之下,外购或代工的方式虽然降低了企业对生产过程的控制程度,但从生产柔性、资金占用等方面要优于产能投资。国内外很多企业采取合同制造模式,将生产业务外包给原始设备制造商(OEM),以减少制造成本,关注自身核心能力的培养(孔繁辉、李健,2018)。例如,耐克并没有生产工厂,它专注于产品设计和营销业务,将制造业务外包给中国和越南等地的工厂,以充分利用当地低劳动力成本的优势;苹果和华为也分别将制造业务外包给富士康和伟创力。随着互联网和物流技术的提升,更多中小企业加入到产能共享中,以解决这些企业产能与需求不匹配的问题。相比于产能投资,产能共享具有响应周期短、投资小、生产灵活性强等特点,有助于企业将资产投入核心业务中。

虽然产能共享有很多优点,但由于产能需求方和产能供给方之间的信息不对称,产能需求方对外包制造的过程控制程度弱,因此双方在交易过程中存在一定的不确定风险。其中最严重的问题之一是次品率,即交付的产品中存在一定数量的残次品,不满足产能需求方的订单要求。次品率的存在影响企业之间的合作,对供需双方的收益都会产生影响(Xie,Han,2020)。很多因素都可能导致产品或服务的缺陷,如企业之间沟通不畅、操作不规范,或者生产和运输过程中的突发状况等。

对此,产能供给方和需求方都通过一定措施以彻底解决或缓解这个问题。对于产能供给方来说,可以通过超额生产的方式来承诺完全供应。然而在一般情况下,产能需求方禁止产能供给方超出订单生产,因为产能供给方可能将多生产的产品通过其他渠道销售,影响产能需求方自身的市场销售策略。不过，如淘工厂等产能共享平台提供了"溢短交易"模式。如果产能供给方选择该模式，则产能需求方允许产能供给方的实际生产数量在订单量的一定比例内上下浮动。这样，产能供给方可以通过选择溢短交易模式来解决产品次品率的问题。

对于产能需求方来说，可以采取"跟单服务"的方式对订单的履行情况进行实时监控，以提升交付水平。一些产能供应商（如富士康）提供订单跟踪服务，以提高代工产品的质量。有些第三方代理商，提供订单跟踪服务，为采购商提供实时信息并跟踪订单。例如，作为第三方代理商，Tradeaider专注于质量控制（QC）业务。其主要业务包括In-Line Production Supervision、WeFinance服务（为中国供应商提供预付款服务）和NoFake服务（防止工厂在未经许可的情况下生产订单以外的额外数量，并在自己的渠道上销售）。通过在线生产监督服务，帮助在线监控整个QC过程，使得客户可以在线查看生产情况（查询网址：https://www.tradeaider.com/pkfw）。

由于产能共享可以有效解决产能与需求不匹配的问题，很多行业都应用"分享"的概念来提升生产和服务能力的利用率，降低单位成本。在民航业，很多航空公司采用代码共享的方式进行合作（Adler, Hanany, 2016），特别是在航空联盟内（Zou, Chen, 2017; Klophaus, Lordan, 2018）。代码共享可以提升座位利用率（Yimga, Gorjidooz, 2019），提升航班的准点率（Yimga, 2019），降低机票价格，实现航空公司和消费者的多赢局面（Whalen, 2007）。同时，代码共享可以进一步扩展航空公司的合作网络，提升客户服务水平（Grauberger, Kimms, 2007）。货运服务中也常有运力分享的实例（Lai等，2019; Wangden等，2017）。在分享经济的大背景下，产能共享已经从服务能力分享扩展到制造产能共享。如富士康、伟创力等合同制造商为苹果、华为等公司提供合同制造服务（Wang等，2013）。有些时候，原始设备制造商可能和合作企业形成竞争与合作的复杂关系，如HTC为其他手机代工的同时，自己的手机产品也参与市场竞争，使得合同制造决策变得更为复杂（Niu等，2015）。产能共享与合同制造

第七章 跟单服务与溢短交易下产能共享供应链均衡策略选择

有很多相似之处，也有较为明显的区别。合同制造的参与双方一般存在较为牢固的合作关系，因此双方有动机实现信息分享以提升双方的收益。然而企业间存在信息不对称（Li，Zhou，2019），产能共享一般为一次性的合作行为，信息不对称程度较高，这对企业间和合作行为有较大影响。制造业之间的产能不均导致了许多潜在的浪费，平台可以帮助制造商对接信息（Ren 等，2020；Cachon 等，2017），克服产能不均的限制，实现资源共享以及产能资源的充分利用。李辉等（2018a）在"双方碳配额都充足"和"一方充足一方不足"两种情景下，分别讨论了制造业之间产能共享的优化决策。考虑剩余产能利用率、质量承诺以及需求不确定性的影响，Zhao 等（2020）研究了产能共享供应链的决策与协调，比较固定交易费策略和基于质量的交易费策略的有效性。Xie 和 Han（2020）分析了环境友好型产能共享下，制造商产能投资和产能共享策略的选择问题。Zhao 等（2019）探究了产能共享在低碳供应链中的应用。除此之外，有研究关注于产能参与方的合作竞争机制（Guo，Wu，2018），以及双方通过契约实现收益的最大化协调（Qin 等，2020）。

虽然业界已经在尝试采用跟单服务和溢短交易模式以缓解产能共享过程中的信息不对称带来的次品率问题，然而对于产能供需双方而言，何时选择溢短交易模式，何时接受跟单服务；面对对次品率控制能力存在差异的产能供给方，以及跟单服务效果存在差异的跟单服务商，产能需求方如何对交易伙伴和服务提供商进行选择等问题，目前缺乏文献提供理论依据。在现有文献中，较少关注到产能供需双方在上述策略选择中的均衡策略分析。本章基于"淘工厂"平台提出的跟单服务以及溢短交易模式，构建跟单服务商参与下，由一个产能充足的制造商和一个产能不足的制造商因交易产能而组成的产能共享供应链。考虑产能供给方决定是否选择溢短交易模式，产能需求方决定是否选择跟单服务，本章重点研究了产能共享供应链中供需双方彼此之间交易产能的占优策略和均衡策略，为双方选择合适的合作伙伴和交易对象提供决策依据。

第二节　问题分析

一　跟单服务与溢短交易策略组合

（一）基本模型

本章构建由一个产能需求方、一个产能供给方和跟单服务商组成的产能共享供应链模型。考虑产能供给方决定产能的定价 w，产能需求方决定采购的产能数量 q，跟单服务商决策服务价格 c_s。本章考虑在产能的实际交付中存在次品率 ε，即实际交付的满足产能需求方要求的产能是 $q(1-\varepsilon)$。受到产能供应次品率的影响，产品零售价格采用逆需求函数建模为：

$$p = a - bq(1-\varepsilon) \tag{7.1}$$

其中，参数 b 表示产品价格随着产品供应量变化而变化的敏感程度。为了便于计算，本章令参数 $b=1$。如果产能需求方接受第三方跟单服务商提供的订单跟踪服务，则可以在一定程度上减少产品的次品率。假设跟单服务商对产品次品率的降低效果已知，为 $\theta(0<\theta<1)$。那么在跟单服务下，产品次品率为 $\theta\varepsilon$，并且 θ 越小，跟单服务对产能次品率降低的效果就越佳。

本章各个决策主体及其基本关系如图 7—1 所示。

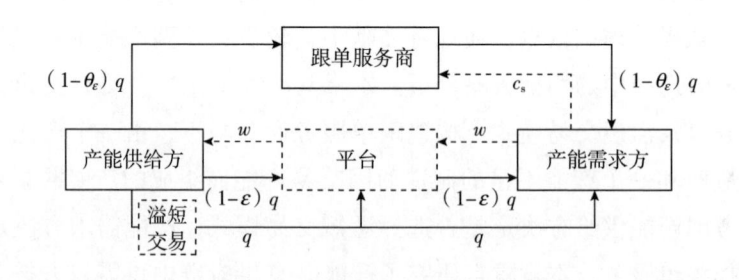

图 7—1　决策主体的基本关系

如图 7—1 所示，本章考虑产能需求方和产能供给方都有两种选择。产能供给方可以选择溢短交易模式并承诺100%的供应率（策略C），也可以选择正常交易模式并严格按照订单实际数量生产（策略N），而产能需求方决定接受跟单服务（策略A）或不接受跟单服务（策略N）。这样，以产能供给方和产能需求方各自的两种策略分别组成了四组策略组合CN、CA、NN、NA。如表7—1所示。

表7—1　　　　　　　　产能供需双方的决策矩阵

		产能需求方	
		接受跟单服务	不接受跟单服务
产能供给方	溢短交易	C, A	C, N
	普通交易	N, A	N, N

考虑到当产能供给方选择溢短交易并承诺100%的供应时，产能需求方一定不会接受跟单服务。这是由于当产能供给方承诺100%的供应时，跟单服务对产品次品率的降低不会有任何效果。即在产能供给方选择策略C时，产能需求方的策略A是严格的劣策略。因此，产能需求方在此时一定会选择不接受跟单服务，即策略组合（CA）一定不是均衡策略组合，需要剔除。因此，本章分析从以下三种情形展开分析：

（1）产能供给方选择溢短交易模式，产能需求方不接受跟单服务（策略组合CN）；

（2）产能供给方选择普通交易模式，产能需求方不接受跟单服务（策略组合NN）；

（3）产能供给方选择普通交易模式，产能需求方接受跟单的服务（策略组合NA）。

（二）策略组合CN

考虑产能供给方选择溢短交易模式并承诺100%的供应，产能需求方不接受跟单服务。此时，由于产能供给方会100%保证订单的供应，它需要至少提供 $\dfrac{q}{1-\varepsilon}$ 的剩余产能，才能保证产能需求方的订单得到全部满足。此时，零售价是 $p=a-q$ 这种情况下产能供给方的利润函数为：

$$\pi_s = wq - c\frac{q}{1-\varepsilon} \tag{7.2}$$

其中 c 表示单位生产成本。由于产能供给方承诺供应全部订单数量的产能，产能需求方可以收到全部产能订购量 q。此时，产能需求方的利润函数为：

$$\pi_b = (p-w)q = (a-q-w)q \tag{7.3}$$

这种情景下的决策顺序为：产能供给方确定选择溢短交易模式，并制定产能的价格，然后产能需求方确定不采取跟单服务，并制定从产能供给方购买的产能的数量。通过逆向归纳法求解，可以得到产能供需双方的最优决策和均衡收益为：

$$q^{CN} = \frac{1}{4}\left(a + \frac{c}{\varepsilon+1}\right), \quad w^{CN} = \frac{1}{2}\left(a - \frac{c}{\varepsilon+1}\right),$$

$$\pi_b^{CN} = \frac{(a(\varepsilon-1)+c)^2}{16(\varepsilon-1)^2}, \quad \pi_s^{CN} = \frac{(a(\varepsilon-1)+c)^2}{8(\varepsilon-1)^2}$$

上述分别给出了溢短交易下的产能定价 w^{CN}，此时产能需求方的产能需求 q^{CN}，以及产能供需双方的利润。为了使得均衡解有意义，需要进一步讨论此种情景下均衡解的产生条件。只有当单位成本足够低时，即 $c<a(1-\varepsilon)$（用 $\bar{c}^{CN}$ 表示）或潜在需求相对较大，即 $a > \frac{c}{1-\varepsilon}$（用 $\underline{a}^{CN}$ 表示），或次品率相对较低，即 $\varepsilon < 1 - \frac{c}{a}$（用 $\bar{\varepsilon}^{CN}$ 表示），才能保证 $w^{CN} > 0$，产能共享策略的均衡解才会实现。否则，如果制造成本较高，潜在需求较低或者备选的产能供给方次品率较高，都会压缩产能供给方从产能共享过程中的获利，使得其分享产能意愿大大降低，甚至因为无法获利而完全放弃参与产能共享业务。如果产能供给方无法很好地控制次品率在一个合理的限度内，则产能需求方不会选择该产能供给方，即使他承诺会选择溢短交易模式并承诺100%的产能供应。

如果产能需求方在知道产能供给方缺货率时，为了保证市场供应而故意多下订单，其均衡结果与此策略组合 CN 情况是相同的。在与后文其他策略组合对比中也不难看出，即使产能需求方知道产能供给方的缺货率，当一定条件满足时，产能需求方也不会主动提高订单数量，而是采取其他方式（如接受跟单服务）以获取更高的收益。

（三）策略组合 NN

考虑策略组合 NN，即产能供给方选择普通交易模式，产能需求方不接受跟单服务。此时，产能需求方只接受满足质量要求的部分产能 $(1-\varepsilon)q$。对于订单中的其余部分，需求方没有备用供应商进行补充，他必须承担缺货损失。假设单位未交付产品的缺货损失为 λ，则产能供需双方的利润函数为：

$$\pi_b = (p-w)(1-\varepsilon)q - \lambda\varepsilon q \tag{7.4}$$

$$\pi_s = w(1-\varepsilon)q - cq \tag{7.5}$$

这种情景下的决策顺序为：产能供给方确定采用普通交易模式，并制定产能的价格，然后产能需求方确定不接受跟单服务并决定从产能供给方购买的产能的数量。通过逆向归纳法求解，产能供需双方的最优决策和收益为：

$$q^{NN} = -\frac{a(\varepsilon-1)+c+\varepsilon\lambda}{4(\varepsilon-1)^2}, \quad w^{NN} = \frac{a(-\varepsilon)+a+c-\varepsilon\lambda}{2-2\lambda},$$

$$\pi_b^{NN} \frac{(a(\varepsilon-1)+c+\varepsilon\lambda)^2}{16(\varepsilon-1)^2}, \quad \pi_s^{NN} \frac{(a(\varepsilon-1)+c+\varepsilon\lambda)^2}{8(\varepsilon-1)^2}$$

类似于策略组合 CN，只有当次品率不是很高时，即 $\varepsilon < \frac{a-c}{a+\lambda}$（以 $\bar\varepsilon^{NN}$ 表示），或潜在需求相对较大，即 $a > \frac{c+\varepsilon\lambda}{1-\lambda}$（以 $\underline{a}^{NN}$ 表示），或单位生产成本相对较低，即 $c < a-\varepsilon(a+\lambda)$（以 $\bar{c}^{NN}$ 表示），才能保证 $w^{NN} > 0$，NN 的均衡解才会存在。

（四）策略组合 NA

这部分考虑产能供给方选择普通交易模式，而产能需求方通过接受跟单服务的方式减少缺货损失。对于一个跟单服务商，根据历史信息可知其服务效果，即对次品率提升效果为 θ，实际可交付的产量将

是 $q(1-\theta\varepsilon)$。易知，θ 越小，跟单服务的效果表现越好。此时，零售价格为 $p=a-q(1-\theta\varepsilon)$，产能需求方和产能供给方的利润函数为：

$$\pi_b = (p-w)(1-\varepsilon\theta)q - \lambda\varepsilon q - c_s q \tag{7.6}$$

$$\pi_s = w(1-\varepsilon\theta)q - cq \tag{7.7}$$

对于跟单服务商，它决定服务费 c_s。则跟单服务商的利润函数为：

$$\pi_0 = (c_s - c_p)q - C_p \tag{7.8}$$

其中，c_p 为单位产能的跟单服务成本，C_p 为服务的固定成本。显然，跟单服务商提供跟单服务时发生的成本与订单量的多少关系并不明显。相对而言，跟单服务中的成本更大的组成部分是固定成本。另外，固定成本 C_p 不影响决策的结果，只影响跟单服务商的利润。本章主要关注于产能供需双方的策略选择，该选择并不会受到跟单服务的固定成本影响。基于上述原因，为了简化运算，令 $c_p=0$、$C_p=0$，并将跟单服务商的利润函数转化为 $\pi_0 = c_s q$。

在此情景下，三方的决策顺序为：先由跟单服务商决策服务费用；随后，产能供给方决定普通交易模式下的产能价格；最后，产能需求方接受跟单服务并决定产能需求量。通过逆向归纳法求解，产能供需双方的最优决策和收益为：

$$c_s^{NA} = \frac{a-c-a\varepsilon\theta-\varepsilon\theta\lambda}{2}, \quad q^{NA} = \frac{c+a(1-\varepsilon\theta)-\varepsilon\theta\lambda}{8(-1+\varepsilon\theta)^2}, \quad w^{NA} = \frac{a+3c+a\varepsilon\theta-\varepsilon\theta\lambda}{4-4\varepsilon\theta},$$

$$\pi_s^{NA} = \frac{(c+a(-1+\varepsilon\theta)+\varepsilon\theta\lambda)^2}{32(-1+\varepsilon\theta)^2}, \quad \pi_b^{NA} = \frac{(c+a(-1+\varepsilon\theta)+\varepsilon\theta\lambda)^2}{64(-1+\varepsilon\theta)^2}$$

类似地，只有当次品率相对较低时，即 $\varepsilon < \min\left\{\dfrac{a-c}{a\theta+\lambda\theta}, 1\right\}$（用 $\bar{\varepsilon}^{NA}$ 表示），或潜在需求相对较大，即 $a > \dfrac{c+\lambda\varepsilon\theta}{1-\lambda\theta}$（用 $\underline{a}^{NA}$ 表示），或单位生产成本相对较低，即 $c < a - \theta\varepsilon(a+\lambda)$（以 $\bar{c}^{NA}$ 表示），能保证 $c_s^{NA} > 0$，可知，如果跟单服务商可以提供更好的跟单服务效果（一个较小的 θ），则其可以制定更高的跟单服务费用。

从均衡解不难看出，$\dfrac{\partial c_s^{NA}}{\partial \theta} < 0$，即跟单服务的价格会随着跟单服务

效果的提升（θ 的下降）而提高。这表明，对于跟单服务商的选择需要综合考虑服务效果和服务价格，不能简单选择服务效果最好或者服务价格最低的服务商基于上述分析，可以得到产能供需双方在不同策略组合下的支付矩阵：

表7—2　　　　　　　双方在不同策略组合下的支付矩阵

		产能需求方	
		接受跟单服务	不接受跟单服务
产能供给方	溢短交易		π_s^{CN}, π_b^{CN}
	普通交易	π_s^{NA}, π_b^{NA}	π_s^{NN}, π_b^{NN}

二　溢短交易与跟单服务均衡策略

基于前文给出的不同策略组合均衡解的条件，以及表四中双方的支付矩阵，本章通过分析对比找出产能供需双方的占优策略，以及双方的均衡策略组合。

定理 7.2.1　各策略组合均衡解存在的条件有如下关系：
（1）$\overline{\varepsilon}^{NN} < \overline{\varepsilon}^{CN}$，$\underline{a}^{NN} > \underline{a}^{CN}$，$\overline{c}^{NN} < \overline{c}^{CN}$；（2）$\overline{\varepsilon}^{NN} < \overline{\varepsilon}^{NA}$，$\underline{a}^{NN} > \underline{a}^{NA}$，$\overline{c}^{NN} < \overline{c}^{NA}$。

定理 7.2.1 表明溢短交易模式和跟单服务策略的均衡解的条件比不采用这两种策略下均衡解的条件要低。例如，对于那些生产成本满足 $\overline{c}^{NN} < c < \overline{c}^{CN}$ 的制造商，不采用溢短交易模式时是无法实现 NN 策略的均衡解的。但如果采用溢短交易模式，可以得到 CN 策略的均衡解。这说明，不管是溢短交易模式还是跟单服务的提供，都可以降低产能共享参与的门槛，有效促进更多企业加入到产能共享中，实现产能资源的充分、合理分配。

由于产能共享生产对象的不同，其市场规模、保留价格和单位成本等可能存在较大差异。比如服装和玩具等属于低成本类产品，而电子元件和机器部件等属于高成本类产品。低成本类产品的产能供需双方有条件自发形成产能共享业务。而对于高成本类产品产能需求方，其需要寻找跟单服务商以促成产能共享。对于同样高成本类产品的产能提供商,其需要考虑采用溢短交易模式来促成产能共享。

如果采用溢短交易模式,产能供给方需要调整产能的价格,其调整方式如定理 7.2.2 所示。

定理 7.2.2 普通交易与溢短交易的均衡价格和均衡交易量有如下关系:$w^{CN}-w^{NN}>0$,$q^{CN}-q^{NN}<0$。

产能供给方在选择溢短交易模式时,需要进一步调整产能共享的报价。定理 7.2.2 表明,相较于普通交易模式,产能供给方如果选择溢短交易模式,应适当提高产能的报价,在原单位产能价格的基础上增加 $\frac{\varepsilon\lambda}{2-2\varepsilon}$。此时需求方的产能需求会减少 $-\frac{\varepsilon(c+a(-1+\varepsilon)+\lambda)}{4(-1+\varepsilon)^2}$。由条件 $\frac{\partial(w^{CN}-w^{NN})}{\partial\lambda}=\frac{\varepsilon\lambda}{2-2\varepsilon}>0$,$\frac{\partial(w^{CN}-w^{NN})}{\partial\varepsilon}=\frac{\lambda}{2(-1+\varepsilon)^2}>0$ 可知,当产能需求方的缺货损失较大,或产能供给方自身次品率较高时,产能供给方应该进一步提高溢短交易模式下产能的报价。此时,由于价格提高,产能需求方会降低产能需求订单。相反,如果产能需求方的缺货损失较小,或产能供给方自身的次品率较低时,产能供给方应适当降低涨价的幅度,以留住产能需求方。造成均衡产能价格和产能需求量变化的原因,主要是由于为了多提供一部分产能以满足产能需求方的需求,产能供给方需要额外支付一定的生产成本。这部分成本需要在产能的单位价格上予以体现,并一定程度上转嫁给产能需求方。

定理 7.2.2 说明,由于大部分产能需求方并不希望产能供给方过量生产,因此,对溢短交易模式的制定和选择需要非常谨慎。对于产能供给方,如果选择溢短交易模式,需要适当提高产品的价格,以弥补过量生产需要额外支付的生产成本。对于产能需求方,如果选择与采用溢短交易模式的产能供给方进行合作,则需要适当减少对产能的需求。此举不但可以提升产能需求方的收益,同时可以在一定程度上降低产能供给方过量生产的数量。

由于很难从产能价格的提升和销量的下降判断产能供需双方在普通交易模式和溢短交易模式下的利润变化情况,因此,需要对两种模式下,双方的利润变化进行分析,于是得到定理 7.2.3。

定理 7.2.3 如果不存在跟单服务，只有溢短交易，则当 $\varepsilon<\overline{\varepsilon}^{CN}$ 时，有 $\pi_s^{CN}>\pi_s^{NN}$，$\pi_b^{CN}>\pi_b^{NN}$，策略组合 CN 是均衡策略。

定理 7.2.3 表明，当不存在跟单服务时，产能供需双方在溢短交易与普通交易模式下的获利大小关系是一致的。如果产能共享的可行性条件成立，即产能供给方的次品率较低（$\varepsilon<\overline{\varepsilon}^{CN}$），他会选择溢短交易模式，适当提高产能的价格并承诺 100% 的供应；产能需求方也会从中获得更多收益。

定理 7.2.3 还说明，如果产能供给方可以控制次品率在一个合理的范围内，产能供给方必须采用溢短交易模式以最大限度满足需求方的需求，实现买卖双方的双赢局面。对于产能需求方，如果合作对象可以将次品率控制在一个合理的范围内，那么他应该选择采用溢短交易模式的产能供给方进行合作。该结论是有现实意义的。如果次品率相对较低，或单位生产成本相对较低，供给方不会在产量过高方面花费过多。否则，产能供给方无法承担承诺 100% 供应的高昂的成本。同样，如果条件 $\varepsilon<\overline{\varepsilon}^{CN}$ 成立，需求方在策略组合 CN 中获利更多。这是由于当供给方承诺 100% 的供应时，其风险或损失大部分由产能供给方承担。只有一部分损失通过提高产能价格的方式转移给产能需求方。产能价格提高带来的损失低于缺货损失。因此，产能需求方也愿意产能供给方采取溢短交易的方式来满足 100% 的订单数量。

上文分析了不存在跟单服务下，产能供需双方的策略选择。当存在跟单服务但是不存在溢短交易模式时，产能供需双方收益情况如定理 7.2.4 所示。

定理 7.2.4 如果只有跟单服务，不存在溢短交易模式，则均衡策略为：（1）当 $0<\theta<\theta_1$ 时，$\pi_b^{NA}>\pi_b^{NN}$，$\pi_s^{NA}>\pi_s^{NN}$，NA 为均衡策略；（2）当 $\max\{0,\theta_1\}<\theta<1$ 时，$\pi_b^{NA}<\pi_b^{NN}$，$\pi_s^{NA}<\pi_s^{NN}$，NN 为均衡策略。

定理 7.2.4 表明，产能需求方将在跟单服务对次品率的降低效果优 θ_1（即 $0<\theta<\theta_1$）时，接受跟单服务，产能供给方也能从中获得更多收益；否则，他将不接受跟单服务。由于 $\dfrac{\partial \theta_1}{\partial \lambda}=\dfrac{(a-c)(-1+\varepsilon)^2}{\varepsilon(2c+a(-1+\varepsilon)+\lambda+\varepsilon\lambda)^2}>0$，可知如果缺货损失较大，则区间（$0$, θ_1）将增大，NA 成为均衡

策略的可能性将提高。定理7.2.4还说明，如果产能供给方可以控制次品率低于$\frac{a-c}{a+c+2\lambda}$，则产能需求方无需跟单服务。这是由于当产能供给方提供产能的次品率基数比较低时，跟单服务对次品率提升的效果就不那么明显了。相比于付出的跟单服务费，产能需求方不接受跟单服务会获得更多的收益。

如果释放上述条件$\varepsilon<\overline{\varepsilon}^{NN}$，考虑$\overline{\varepsilon}^{NN}<\varepsilon<\frac{a-c}{\varepsilon(a+\lambda)}$。此时，NA可行，NN不可行。因此，产能需求方别无选择，只能接受跟单服务。这意味着如果产能供给方不能提供相对可靠的交付率，产能需求方必须接受跟单服务，以提高交付率，减少缺货损失。

类似地，比较产能供给方在CN和NN情况下的获利情况。前文已经证明，如果没有跟单服务，产能供给方将提供100%的供应。定理7.2.4表明如果跟单服务能提高次品率使得$\theta<\min\{\theta_1,1\}$，那么产能供给方也可以从跟单服务中受益。

定理7.2.4表明，显然，产能需求方更有可能接受一个能提供更好的服务效果θ的跟单服务商。然而由于前文已经证明，跟单服务效果与服务价格是正相关的，因此，对服务效果的阈值θ_1的确定是十分必要的。如果跟单服务的效果优于θ_1，那么产能需求方无需考虑服务费用的提高可能带来的损失。因为在此时，跟单服务为产能需求方收益带来的提升要大于跟单服务费带来的成本的提高。当缺货损失较大，产能需求方寻求跟单服务以降低次品率的愿望就越发迫切。作为跟单服务商，希望自身能被产能需求方选中，提升自己的服务水平使其满足$0<\theta<\theta_1$是十分必要的。

在产能需求方不接受跟单服务时，产能供给方选择普通交易模式是严格劣策略，因此若同时考虑加入溢短交易模式和跟单服务，对于均衡策略的分析只需要讨论CN和NA两种模式。于是，可以得到定理7.2.5。

定理7.2.5 如果既有跟单服务又有溢短交易模式可以选择，则均衡策略为：

(1) 当 $0<\theta<\min\left\{\theta_2, \dfrac{a-c}{a\varepsilon+\varepsilon\lambda}\right\}$ 时，$\pi_b^{NA}>\pi_b^{CN}$，$\pi_s^{NA}>\pi_s^{CN}$，NA 为均衡策略；

(2) 当 $\max\{0, \theta_2\}<\theta<\dfrac{a-c}{a\varepsilon+\varepsilon\lambda}$ 时，$\pi_b^{NA}<\pi_b^{CN}$，$\pi_s^{NA}<\pi_s^{CN}$，CN 为均衡策略。

定理 7.2.5 说明，产能买卖双方在跟单服务和溢短交易模式之间的选择是一致的。如果产能卖方的次品率较低，或跟单服务提升效果较差时，产能买卖双方的策略是选择 CN，即由产能卖方采取溢短交易模式，而产能买方拒绝接受跟单服务。此时，双方只采取溢短交易模式时获得的收益要优于只接受跟单服务时获得的收益。

相反，如果次品率较高，或跟单服务提升效果较好，则双方采用 NA 策略，即产能供给方采取普通交易模式，产能需求方选择跟单服务。对于产能供需双方而言，只接受跟单服务要优于只采取溢短交易模式。

如果产能卖方可以将次品率控制的十分理想，达到 $\varepsilon<\dfrac{a-c}{a+c}$，此时，产能买方不会考虑接受跟单服务，而溢短交易模式将是对产能买卖双方更为理想的方式。

目前如淘工厂等产能共享平台同时提供溢短交易模式和跟单服务。对于产能供给方，如果其控制次品率的能力较差，只能寄希望于产能需求方选择跟单服务，以促成产能共享交易。相反，如果其控制次品率的能力较强，那么他就很有可能被产能需求方所选中，而无需跟单服务的帮助。如果平台提供溢短交易模式，那么跟单服务商就需要进一步提高服务能力，以更好地帮助产能供需双方控制次品率（这是由于阈值 $\theta_2<\theta_1$）。只有这样，才能在溢短交易模式存在的情况下被产能需求方所选中。

三 基于数值模拟比较不同策略组合

本章进一步通过数值分析直观地检验本文的结论。令 $a=20$，$c=2$，$\lambda=5$，在此取值下，CN 策略组合均衡解存在的基本条件为 $\varepsilon<$

0.9，NN 策略组合均衡解存在的基本条件为 $\varepsilon<0.72$，NA 策略组合均衡解存在的基本条件为 $\varepsilon\theta<0.72$。

（一）NN 与 CN 的比较

首先，判断产能供需双方关于溢短交易模式 CN 和普通交易模式 NN 下的利润大小，初始条件取 CN 和 NN 条件的交集，即 $\varepsilon<0.72$。从图 7—2 和图 7—3 可以看出，当 $\varepsilon<0.72$ 时，产能供给方选择溢短交易模式比普通交易模式可以获得更多的利润，而产能需求方也可以从溢短交易模式中获取更多的收益。而当 $0.72<\varepsilon<0.9$ 时，只有溢短交易模式可以得到均衡解。于是，可以看出，当次品率不高于 0.9 时，选择溢短交易模式可以使产能供需双方实现共赢，CN 是均衡策略。

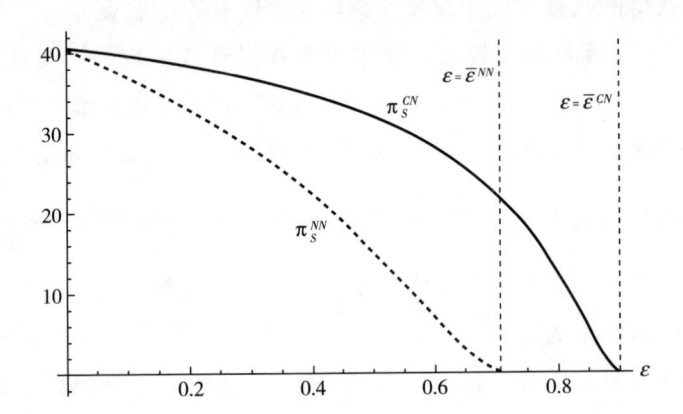

图 7—2 产能供给方在溢短交易模式和普通交易模式下的利润的对比

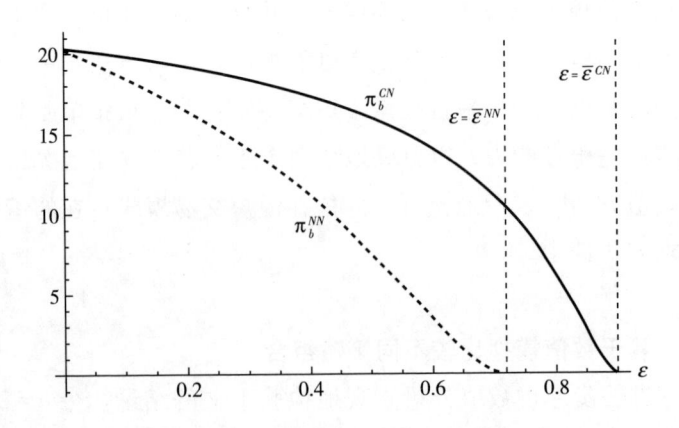

图 7—3 产能需求方在溢短交易模式和普通交易模式下的利润的对比

(二) NN 与 NA 的比较

接下来考虑跟单服务商的加入。将跟单服务效果 θ 以及次品率 ε 作为变量,绘制 NN 和 NA 策略的均衡条件。首先,当不存在溢短交易模式时,关于产能供需双方是否接受跟单服务下的均衡策略,如图 7—4 所示。

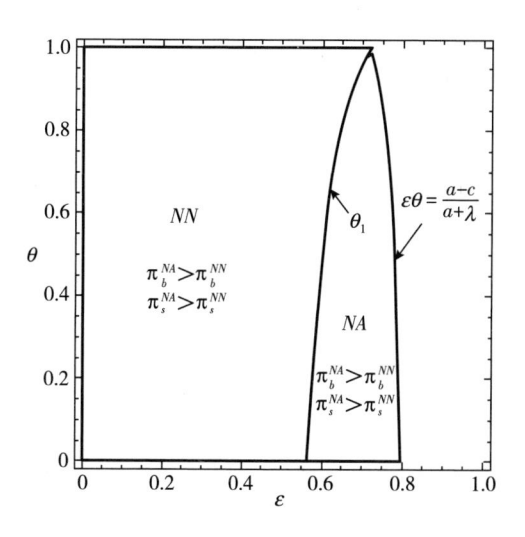

图 7—4 均衡策略 NN 和 NA 及其相应条件

图 7—4 显示了随 ε 和 θ 变化下,策略 NA 和 CN 是否为均衡策略的条件。比较明显的区别是,当次品率较高时,跟单服务更容易被接受,此时 NA 为均衡策略;当次品率较低时,产能需求方会拒绝跟单服务,此时 NN 为均衡策略。

(三) NA 与 CN 的比较

上文得到相比于普通交易模式,溢短交易模式总是更优的策略。于是本章进一步比较只采取溢短交易模式(CN)和只接受跟单服务(NA)这两种模式下产能买卖双方的占优策略和均衡策略。

图 7—5 显示了随 ε 和 θ 变化下,策略 NA 和 CN 是否为均衡策略的条件。不难看出,当 θ 较高,ε 较低时,产能买卖双方倾向于由产能卖方选择溢短交易模式,而拒绝跟单服务。相反,如果 θ 较低,ε

较高，则产能买卖双方倾向于接受跟单服务，采取普通交易模式。当 ε 过高，产能买卖双方的最优策略无法实现均衡。换言之，控制次品率过差的产能卖方将不会被产能买方所选择。

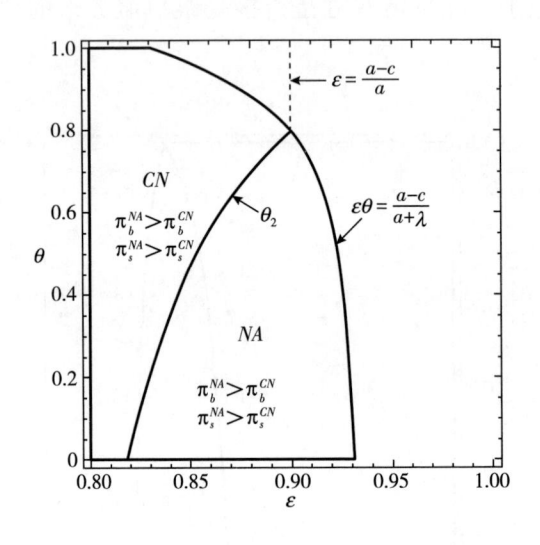

图7—5　均衡策略 CN 和 NA 及其相应条件

第三节　结论

产品或服务的次品率对产能共享供应链有负面影响。对此，产能供给方可以通过"溢短交易"模式多生产一部分产品以满足产能需求方的需求；产能需求方也可以选择跟单服务以降低次品率，提高分享产能的交付率。本章构建了一个由产能需求方、产能供给方和跟单服务商组成的产能共享供应链，提出了产能供给方对"溢短交易"模式的选择以及产能需求方对"跟单服务"的选择策略，分别分析了"只有溢短交易模式""只有跟单服务"以及"既有溢短交易又有跟单服务"等多种情况下，产能供需双方的均衡策略。研究发现：

（1）溢短交易和跟单服务都可以降低产能共享业务参与的门槛，

第七章 跟单服务与溢短交易下产能共享供应链均衡策略选择

使得更多企业可以加入到产能共享中。

（2）相比于普通交易模式，溢短交易模式下的产能定价更高，产能共享交易量更低。如果不存在跟单服务，则溢短交易模式严格优于普通交易模式。

（3）如果不存在溢短交易模式，只有当跟单服务效果足够好时，跟单服务才会被产能需求方接受，并且产能供给方也会从跟单服务中获益。此时，NA 为均衡策略。否则，如果跟单服务效果不够理想，则 NN 为均衡策略。

（4）当次品率相对较高，或跟单服务效果相对较好时，供需双方倾向于接受跟单服务，采取普通交易模式，此时 NA 为均衡策略；相反，当次品率相对较低，或跟单服务效果相对较差时，供需双方倾向于采取溢短交易模式，不接受跟单服务，此时 CN 为均衡策略。

本章为产能供需双方以及跟单服务商的合作伙伴选择及其相关决策提供了依据。未来的研究将考虑次品率为一随机变量，进一步考虑跟单服务商的服务水平为内生变量，并加入产能共享平台的决策过程。

第八章

考虑平台匹配失败的产能共享竞合博弈与渠道策略研究

| 第八章 | 考虑平台匹配失败的产能共享竞合博弈与渠道策略研究

第一节 问题背景

随着科学技术的飞速进步和新兴经济体的发展，企业越来越意识到合作的重要性。他们认为需要提高效率，缓解整合全球价值链的压力。虽然产能投资可以在一定程度上降低产能约束带来的影响，但生产周期长、生产灵活性低可能导致企业无法适应市场变化（Tomlin，2003）。《中国制造业产能共享发展年度报告（2018）》显示，2017年中国制造业产能共享市场交易额达4120亿元，同比增长25%。超过20万家企业通过互联网平台提供或获得产能共享服务。许多传统制造企业都在积极尝试搭建资源共享平台，如 Isesol 平台（沈阳机床厂推出）、"海创汇"、"Hope"、"cosmo" 等平台。不少互联网企业早已开始搭建共享平台。它们通过第三方共享平台，提供更系统、更优质的服务，实现资源流动，提升制造业效率。例如，阿里巴巴旗下的1688找工厂（https：//tgc.1688.com/）提供产能共享服务。产能有限的制造商可以从产能充足的制造商那里购买产能，而不是投资设施，从而实现了更灵活的产能调整方式。另一个平台航天云网（http：//www.casicloud.com/）提供类似的产能共享服务。这些产能共享平台可成功解决供需不匹配的问题（Hu 等，2013），提高资源利用率。

采用制造产能共享策略的重要条件之一是企业之间具有生产彼此产品的能力，这使得共享产能的双方之间一般存在产品竞争关系。对于相互竞争的企业，也可以根据双方商定的协议共享生产设施（Guo，Wu，2018），因为采用产能共享战略可能会带来双赢局面。例如，Fait 和 PSA/Peugeot-Citroen 被建议合并、共享和交易彼此的生产制造能力，以度过当前的金融危机。PSA 与宝马合作生产电动汽车。三星和索尼联合生产 S-LCD，同时它们也在 LCD-TV 市场展开竞争。因此，本章考虑制造商进行产能共享在和产品竞争的竞合博弈。基于这种复杂的竞合关系可以推断出制造商对销售/采购能力的点和价格存在困惑。对于通过向竞争对手出售产能而获利的产能供给方来说，当竞争对手的销售额增加时，它可能会失去市场份额。对于产能需求方来说，从其竞争对手那里购买产能后，可以增加销售额、扩大市场份额。然而，由于产能的价格是由竞争对手决定的，所以很难说产能共享有收益或损失。如果产能需求方不能从购买产能中赚取更多，它将离开产能共享业务。产能共享策略中的收益和损失之间的权衡对产能供需双方都至关重要，尤其是在考虑不匹配可能性的时候。

在这些设置中，很容易出现的问题是产能需求方和产能供给方之间的产能共享是否能增加双方的利润。事实上，在没有平台的情况下，产能供需双方也可以相互交易。平台的存在提高了匹配成功率。考虑到错配的可能性，本章研究了平台在产能共享业务中的作用及其对产能供需双方策略的影响。本章主要关注以下几个问题：

（1）有限的产能如何影响制造商的产量决策？
（2）面对受限的产能时，制造商是否愿意共享/购买产能？
（3）平台的战略如何影响制造商的产能共享决策？
（4）平台如何保持决策稳定并提高产能共享系统的可持续性？

第二节　问题分析

本章建立了由两个竞争制造商组成的模型。它们决定产量 q_i（$i=1, 2$）来竞争消费者，因为产量在生产提前期较长的行业中是一个关键因素（Ferreira，Ferreira，2009）。产量决定零售价格，本章用逆需求函数来模拟零售价格，这些逆需求函数可以表示为：

$$p_1 = a - q_1 - bq_2$$
$$p_2 = a - q_2 - bq_1 \tag{8.1}$$

其中 $a>0$ 表示对产品的最高支付意愿（WTP），反映了需求规模。假设 a 足够大，即市场足够大，以保证均衡结果的非负性（Jiang 等，2017）。$b \in (0, 1)$ 代表价格交叉需求敏感性，这种假设表示消费者在决定是否购买某种产品时，该产品自身的价格变化比竞争对手产品价格变化对消费者购买决策的影响更大。这种假设是直观的,且符合大多数行业产品的特点。b 也表示产品之间的可替代程度。当 b 接近 0 时,两个产品相互独立;当 b 接近 1 时,它们就成了完全替代品。这里本章假设一个足够大的 b 接近 1,以强调产能需求方和产能供给方产品之间的竞争。

本章考虑产能可以自发共享(自我匹配)或通过一个平台共享(平台匹配)。在考虑无产能共享基准情况下,本章考虑的三个渠道结构如图 8—1 所示。

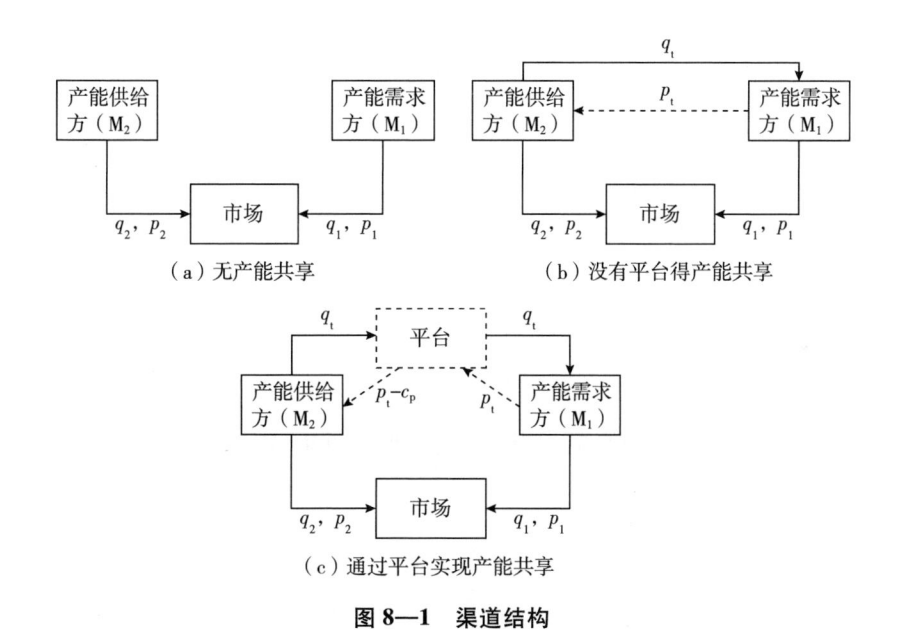

图 8—1 渠道结构

基于这三种结构,本章有以下假设:

(1)假设不是所有的过剩产能都可以共享,由于信息不对称等因素,M_1(产能需求方)产能有限,M_2(产能供给方)有额外产能,但它们并不了解对方的需求。因此,M_1 和 M_2 之间的产能共享有时候难以实现,该情况如图 8—1(a)所示。

(2)本章考虑产能可以自发共享,如图 8—1(b)所示,或通过平台共享,如图 8—1(c)。假设在没有平台的情况下,有一定概率找到匹配的厂商，概率为 α；在有平台的情况下，找到合适厂商的概率是 β。为了表达平台匹配的优势，进一步假设 $\beta>\alpha$。

一 情况（a）：无产能共享

在本节中，无任何一方提供产能共享服务。因为 M_2 的产能是充足的，它的无约束问题是：

$$\max_{q_2} \pi_2 = (p_2-c)q_2 \tag{8.2}$$

本章不区分两个制造商的生产成本 c，考虑竞争产品的生产成本相同。通过分析该成本的大小对决策的影响，可以回答哪种产品更适合在平台上共享的问题。M_1 的产能限制为 C_1，其约束极值问题为：

$$\max_{q_1} \pi_1 = (p_1-c)q_1, \text{ s.t. } q_1 \leq C_1 \tag{8.3}$$

当拉格朗日乘数 $\lambda>0$ 时，有：

$$\max_{q_1} \pi_1 = (p_1-c)q_1 + \lambda(C_1-q_1) \tag{8.4}$$

当 M_1 有充足的产能时，即 $q_1<C_1$，则 $\lambda=0$，根据一阶条件可得到最优解 q_1^*；当 M_1 的产能不充足时，有 $\lambda \neq 0$ 和 $q_1=C_1$。进而可以得到：

定理 8.2.1 最优决策如下：

（1）产能充足的情况：当 $C_1 \geq \dfrac{a-c}{2+b}$ 时，此时 M_1 具有充足的产能，存在唯一的均衡结果 $q_1^{su} = q_2^{su} = \dfrac{a-c}{2+b}$；

（2）产能不足的情况：当 $C_1 < \dfrac{a-c}{2+b}$ 时，此时 M_1 的产能是有限的，存在唯一的均衡结果 $q_1^{in} = C_1$，$q_1^{in} = \dfrac{a-c-bC_1}{2}$。

在没有产能共享的情况下，均衡利润为：

$$\pi_1^{su} = \pi_2^{su} = \dfrac{(a-c)^2}{(2+b)^2}, \quad \pi_1^{in} = \dfrac{1}{2}C_1(-a(b-2)+(b^2-2)C_1+(b-2)c),$$

$$\pi_2^{in} = \dfrac{1}{4}(a-c-bC_1)^2。$$

由于 $a>c$ 可保证 q_1^{su}，$q_2^{su}>0$ 因此本章将 $a>c$ 作为一个基本假设，以避免无意义的情况。产能 C_1 的阈值 $\frac{a-c}{2+b}$ 决定了它能否满足需求。$\frac{a-c}{2+b}$ 与 a 呈显著正相关,与 b 和 c 呈显著负相关。如果市场规模变大,产能应进一步扩大,以满足日益增长的需求。b 越大意味着越高的替代率。高替代率会导致销量下降。因此,满足需求所需的产能可能较低。c 越大,零售价 p_1 就越高。因此,销售量 q_1 会随着 c 的增大而减小,阈值会越低。本章发现 q_2^{in} 与 C_1 负相关。这表明,如果 M_1 扩大产能,M_2 将获得更少的销售额。受产能限制,M_1 将通过比较产能不足情形 π_1^{in} 所获得的利润与产能过剩情形 π_1^{su} 所获得的预期利润来决定是否扩大产能。因此可以得到:

命题 8.2.1 比较产能充足和不充足两种情况下决策各方的均衡结果,可得:

(1) $q_1^{in} < q_1^{su}$,$\pi_1^{in} < \pi_1^{su}$,$q_2^{in} > q_2^{su}$,$\pi_2^{in} > \pi_2^{su}$

(2) $\sum_{i=1}^{2} q_i^{in} < \sum_{i=1}^{2} q_i^{su}$,$\sum_{i=1}^{2} \pi_i^{in} \geqslant \sum_{i=1}^{2} \pi_i^{su}$,

产能限制损害了 M_1 的销售额和利润,但有利于 M_2。两家制造商的总销售额将比以前少。如果收益大于支出,产能有限的制造商可能会尝试向他人借入产能。有趣的是,本章发现如果产能有限,总利润会增加。这意味着与产能充足情况下获得的预期利润相比,在产能不足的情况下 M_1 的利润损失要小于 M_2 的利润收益。产能有限情形下的利润来自垄断市场,垄断市场的总利润高于双寡头市场。这一发现与 Yang,Hu 等(2018)相吻合。

由于产能不足情形下获得的总利润大于产能充足情形下获得的总利润,如果总利润能够合理分配,两个公司就可以协调。否则,M_1 更有可能解决产能有限的问题,因为它总是会从中受到损失。

二 情况(b):无平台参与的产能共享模式

正如命题 8.2.1 所示,M_1 共享产能时的利润高于不共享产能时。因此,M_1 期待获得剩余产能。然而,M_2 是否愿意与 M_1 共享剩余产能还有待证明。接下来的部分研究了无平台时,产能供需双方自发地寻找匹配合作者。由于匹配失败的存在,分别用上标 bN 和 bS 来表示匹配失败和匹配成功的情况。注意 $\pi_i^{bS}(i=1,2)$ 和 $\pi_i^{bN}(i=1,2)$ 是两种情况下 M_1 和 M_2 的利润。决策顺序如下：

在阶段 1，M_2 决定是否共享产能；

在阶段 2，M_2 宣布产能转让价格 p_t；

在阶段 3，M_1 和 M_2 同时确定产品产量 q_1 和 q_2。

当产能不能成功共享时，M_1 和 M_2 的利润可以表示为：

$\pi_1^{bN} = (p_1-c)C_1$

$\pi_2^{bN} = (p_2-c)q_2$

M_1 和 M_2 共享下的利润可以表示为：

$\pi_1^{bS} = (p_1-c)q_1 + (p_1-p_t)(q_1-C_1)$

$\pi_2^{bS} = (p_2-c)q_2 + (p_t-c)(q_1-C_1)$

当 M_2 确定不与 M_1 共享剩余产能时，不存在阶段 2。M_1 的产量需求是 $q_1=C_1$。利用逆向归纳法，可以得出 M_2 的产量为：

$$q_1^{bN} = \frac{1}{2}(a-c-bC_1)$$

因此，M_1 和 M_2 在 M_2 不共享剩余产能时的利润可以表示为：

$$\pi_1^{bN} = \frac{1}{2}C_1((a-c)(2-b)+(-2+b^2)C_1)$$

$$\pi_2^{bN} = \frac{1}{4}(a-c-bC_1)^2$$

很明显 $\pi_1^{bN} = \pi_1^{in}$，$\pi_2^{bN} = \pi_2^{in}$。同样利用逆向归纳法求出最优的 q_1，q_2 和 p_t。均衡解可表示为：

$$q_1^{bS} = \frac{2a(-1+b)-2(-1+b)c+(-4+b^2)C_1}{-8+3b^2}$$

$$q_2^{bS} = -\frac{(-2+b)(-a(4+b)+(4+b)c+b(2+b)C_1)}{-16+6b^2}$$

$$p_t^{bS} = \frac{-a(8-4b^2+b^3)+(-8+2b^2+b^3)c+(-4+b^2)^2C_1}{-16+6b^2}$$

因此，在产能共享的情况下，M_1 和 M_2 的利润可以表示为：

$$\pi_1^{bS} = \frac{\begin{array}{c}(8(1-b)^2(a-c)^2+(2-b)(48+b(8-b(28+3(2-b)b)))\\(a-c)C_1-3(4-b^2)^2(2-b^2)C_1^2)\end{array}}{2(8-3b^2)^2}$$

$$\pi_2^{bS} = -\frac{\begin{array}{c}(-6+b)(-2+b)(a-c)^2-2(8+(-4+b)b^2)(a-c)C_1\\+(-4+b^2)^2C_1^2\end{array}}{4(-8+3b^2)}$$

比较两种情况下 M_2 的收益,可以发现:

$$\pi_2^{bS}-\pi_2^{bN}=\frac{(a-ab+(-1+b)c+(-2+b^2)C_1)^2}{8-3b^2}>0$$

因此,只要 M_2 有机会共享过剩产能,M_2 就会自发地与 M_1 共享过剩产能。在现实中,信息不对称可能会造成产能匹配失败。一方面,具有剩余生产能力的制造商必须努力寻找产能需求方;另一方面,需要生产能力的制造商也在努力寻找合适的产能供给方。在这种情况下,假设一个有可能实现产能匹配的概率,表示为 α。匹配失败的概率为 $1-\alpha$。这里,$\pi_i^b(i=1,2)$ 表示厂商 i 在没有平台的情况下进行产能共享时的期望利润。因此,制造商的利润可以表示为 $\pi_1^b = \alpha \pi_1^{bS}+(1-\alpha)\pi_1^{bN}$,$\pi_2^b = \alpha \pi_2^{bS}+(1-\alpha)\pi_2^{bN}$。

三 情况（c）：通过平台实现产能共享的情形

以互联网平台为媒介进行共享是指互联网企业为产能供需双方提供对接服务。平台本身并不拥有工厂或设备等制造资源,而是作为信息发布和共享的第三方中介。平台拥有更多的信息资源,可以提高产能匹配成功的概率。本节假设 M_2 可以以 $\beta(\beta>\alpha)$ 的概率与 M_1 分享剩余产能。因此决策顺序为:

在阶段 1,M_2 决定是否通过平台共享产能;

在阶段 2,平台设定服务费（或提供补贴）c_p;

在阶段 3,M_2 公布产能转移价格为每单位 p_t;

在阶段 4,M_1 和 M_2 同时决定产品产量 q_1 和 q_2。

同样地,上标 cN 和 cS 分别用于表示匹配失败和匹配成功的情况。

同时 $\pi_i^{cS}(i=1,2)$ 和 $\pi_i^{cN}(i=1,2)$ 是在有平台的情况下 M_1 和 M_2 的收益。π_f^{cS} 和 π_f^{cN} 是平台在不同情况下的利润。

当 M_2 决定不共享产能时，没有阶段 2 和阶段 3。因此可得到 M_1 和 M_2 的利润为 $\pi_1^{cN}=(p_1-c)C_1$，$\pi_2^{cN}=(p_2-c)q_2$，$\pi_f^{cN}=0$。这种情况下的最优解与无平台、不共享场景下的最优解相同，即 $\pi_1^{cN}=\pi_1^{bN}=\pi_1^{in}$ 和 $\pi_2^{cN}=\pi_2^{bN}=\pi_2^{in}$。

当 M_1 决定通过平台共享产能时，M_1、M_2 和平台的利润可以表示为：

$$\pi_1^{cS}=(p_1-c)q_1+(p_1-p_t)(q_1-C_1)$$
$$\pi_2^{cS}=(p_2-c)q_2+(p_t-c-c_p)(q_1-C_1)$$
$$\pi_f^{cS}=(q_1-C_1)c_p$$

考虑到生产提前期，平台通常在每个时期开始时做出决策。因此，在理论上很难做出最优决策。基于博弈顺序，在给出服务收费和转移价格后，企业可以进行产量决策。转让价格也可以在知道服务费后制定。本章假设有限理性平台只能根据调整决策逐步实现均衡策略。现有文献中采用的决策调整规则包括有限理性期望（Ahmed 等，2000）和自适应预期（Hwarng，Xie，2008）。本章假设平台采用有限理性期望规则调整决策（Dixit，1986），决策调整规则在方程（8.5）中给出。

$$c_p^{pm}(T+1)=c_p^{pm}(T)+g^{pm}\cdot c_p^{pm}(T)\cdot\frac{\mathrm{d}\pi_f(T)}{\mathrm{d}c_p^{pm}(T)} \qquad (8.5)$$

该调整规则表示平台根据决策的边际利润来调整决策。具体而言，如果边际利润 $\frac{\mathrm{d}\pi_f(T)}{\mathrm{d}c_p(T)}>0$，则 $\pi_f(T)$ 随 $c_p(T)$ 的增加而增加。因此，$c_p(T)$ 在下一时期将增加；反之，如果边际利润 $\frac{\mathrm{d}\pi_f(T)}{\mathrm{d}c_p(T)}<0$，则 $\pi_f(T)$ 随 $c_p(T)$ 的增加而减少，且 $c_p(T)$ 在下一时期将减少。平台可以控制调整的速度，用 g 表示。显然，如果决策与最优决策相去甚远，则较大的 g 可能会缩短调整时间，并导致更大的平均利润。

由方程（8.5）可知，当 $c_p^{pm}(T+1)=c_p^{pm}(T)$ 时达到平衡点。因此

通过求解一阶条件 $\dfrac{\mathrm{d}\pi_f(T)}{\mathrm{d}c_p^{pm}(T)}=0$,得到边界平衡点 $c_p=0$ 和 Nash 平衡点。然后可根据如下的逆向归纳法得到平衡点:

$$q_1^{cS}=\frac{a(-1+b)+c-bc+2(-3+b^2)C_1}{-8+3b^2}$$

$$q_2^{cS}=\frac{a(-8+b+2b^2)-(-8+b+2b^2)c-2b(-3+b^2)C_1}{-16+6b^2}$$

$$p_t=\frac{-a(-2+b)^2(3+2b)+(-4-4b+b^2+2b^3)c+2(12-7b^2+b^4)C_1}{-16+6b^2}$$

$$c_p=\frac{1}{2}(a-ab+(-1+b)c+(-2+b^2)C_1)$$

和

$$\pi_1^{cS}=\frac{2(1-b)^2(a-c)^2-(b(56+3(2-b)b(14+b(1-2b)))-120)(a-c)C_1-2(3-b^2)(2-b^2)(10-3b^2)C_1^2}{2(8-3b^2)^2}$$

$$\pi_2^{cS}=\frac{((-9+2b(1+b))(a-c)^2-2(-2+b(-6+b+2b^2))(a-c)C_1+2(-2-2b^2+b^4)C_1^2)}{4(-8+3b^2)}$$

$$\pi_f^{cS}=-\frac{(a-ab+(-1+b)c+(-2+b^2)C_1)^2}{-16+6b^2}$$

这里,$\pi_i^{cS}(i=1,2,f)$ 表示制造商 i 和平台在通过平台进行产能共享时的利润。同样,当通过第三方平台实现共享过程时,可以得到 M_1、M_2 和平台的收益如下 $\pi_1^c=\beta\pi_1^{cS}+(1-\beta)\pi_1^{cN}$,$\pi_2^c=\beta\pi_2^{cS}+(1-\beta)\pi_2^{cN}$。

四 产能共享双方产能共享偏好分析

考虑匹配失败情况的存在,即使对于乐观的购买者,购买产能的首要条件是 $\pi_1^{bS}\geqslant\pi_1^{in}$(假设自我匹配成功)或 $\pi_1^{cS}\geqslant\pi_1^{in}$(假设平台匹配成功),它可以从成功的产能共享中获得更多利润。如果 $\pi_1^b\geqslant\pi_1^{in}$ 或 $\pi_1^c\geqslant\pi_1^{in}$,理性产能需求方会考虑匹配成功的概率,选择参与自我匹配或平台匹配产能共享。同样可以得到产能供给方愿意共享产能的条件。那么本章有：

命题 8.2.2 产能供给方总是愿意分享产能；若产能约束相对严重，产能需求方愿意参与产能共享，即 $0<C_1<\dfrac{(-1+b)(a-c)}{-2+b^2}$。

当市场竞争激烈时，由于产品之间较强的替代性，产能需求方只有在产能限制相对较大的情况下才能获得更大的利润。通过产能共享，产能需求方可以更好地满足市场需求。然而它们需要承担比自己生产更高的外包成本。而且产能共享也有利于竞争对手，进而提高竞争对手的竞争力。因此只有当产能限制相对严重并且短缺损失相对较大时，产能需求方才会从购买竞争对手的产能中受益。对产能供给方来说，它总是可以从产能共享中受益，尽管让竞争对手减产对它也有好处。

在给定产能需求方和产能供给方愿意参与产能共享的条件下，可以进一步研究产能需求方和产能供给方自发共享产能还是通过平台共享产能的选择。那么有：

命题 8.2.3 产能匹配的可能性 α 和 β 之间的关系决定了企业能否从平台中受益。当平台的匹配性能远优于自我匹配时，供需双方都会选择该平台。更具体地说，给定 $\beta'=\dfrac{(8a(-1+b)-8(-1+b)c+2(8-12b^2+3b^4)C_1)}{2a(-1+b)-2(-1+b)c+(4-10b^2+3b^4)C_1}$，可得：

$$\begin{cases}\pi_1^c>\pi_1^b,&\beta'\alpha<\beta<1\\\pi_1^c<\pi_1^b,&\alpha<\beta<\beta'\alpha\end{cases} \begin{cases}\pi_2^c>\pi_2^b,&4\alpha<\beta<1\\\pi_2^c<\pi_2^b,&\alpha<\beta<4\alpha\end{cases}$$

命题 8.2.3 表明，只有当平台匹配率大于自我匹配率时，供需双方才会选择平台。注意：$\beta'-4=\dfrac{2b^2(8-3b^2)C_1}{2a(-1+b)-2(-1+b)c+(4-10b^2+3b^4)C_1}<0$ 在 $0<C_1<\dfrac{(-1+b)(a-c)}{-2+b^2}$ 时总是成立的，可以看到产能需求方选择平台的条件比产能供给方宽松。换言之，产能需求方更有可能在平台上寻找匹配者。如果 $\alpha<\beta<\beta'\alpha$，供需双方都会自发地寻找匹配者。如果 $4\alpha<\beta<1$，供需双方将通过平台寻找匹配者。

第八章 考虑平台匹配失败的产能共享竞合博弈与渠道策略研究

推论 8.2.1 $\frac{\partial \beta'}{\partial a}>0$，$\frac{\partial \beta'}{\partial b}<0$，$\frac{\partial \beta'}{\partial c}<0$，$\frac{\partial \beta'}{\partial C_1}<0$。

在这三条临界线 $\beta=\alpha$，$\beta'\alpha$，4α 中，只有 $\beta=\beta'\alpha$ 受参数 a、b、c 和 C_1 的影响。这是因为只有系数 β' 是关于 a、b、c 和 C_1 的函数。推论 8 表明，在产能严重受限的情况下，产能需求方对平台在匹配成功率方面的优势不太敏感，因此更有可能选择自我匹配而不是平台匹配。如果潜在需求较大，产能需求方对平台在匹配成功率上的优势会比较敏感，因为这会带来较大的预期利润。因此，产能需求方可能会从自我匹配转向平台匹配。同样，如果生产成本较低或产品竞争不激烈，产能需求方将更有可能选择自我匹配而不是平台匹配。

给定 $a=20$、$b=0.8$、$c=0.1$，有 $C_1<\frac{(-1+b)(a-c)}{-2+b^2}=2.93$；之后进一步设置 $C_1=1.0$、2.5 以显示产能需求方和产能供给方对自我匹配和平台匹配的偏好，如图 8—2 和图 8—3 所示。

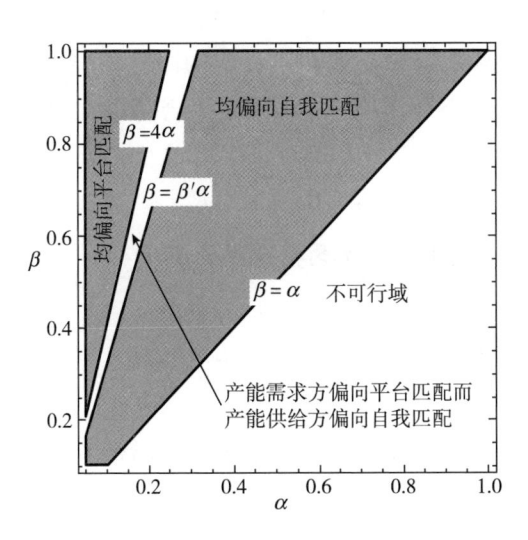

图 8—2 当 $C_1=1.0$ 时，供需双方对 α 和 β 的偏好

产能共享：竞合博弈与决策优化

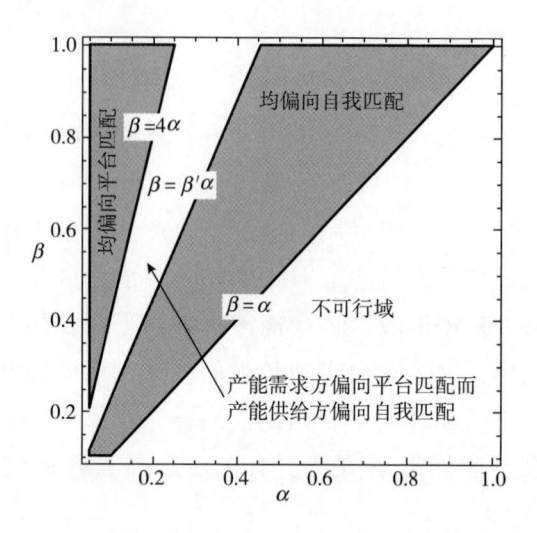

图8—3 当 $C_1=2.5$ 时，供需双方对 α 和 β 的偏好

五 制造产能共享系统的可持续性分析

动态供应链系统中存在混沌放大现象（Hwarng，Xie，2008；Bao 等，2020）。随着平台对决策的调整，供应链可以看作一个动态系统，并会出现混沌现象，导致企业在不稳定的决策环境中无法做出最优决策。本节将研究一个令人满意的 g，使平台可以在稳定的决策环境中快速获得最优决策。

（一）稳定性分析

在方程（8.5）中给出了调整模型，其中服务费 c_p^{pm} 对利润 π_f 的一阶导数为：

$$\frac{\mathrm{d}\pi_f}{\mathrm{d}c_p^{pm}} = \frac{2g(a(b-1)-b(bC_1+c)+c+2C_1+4c_p^{pm})}{3b^2-8}+1 \tag{8.6}$$

基于 Jury 准则，如果 $|J^{pm}|<1$，系统可以在平衡点 c_p^{pm} 保持稳定，其中 $J^{pm}=\dfrac{\mathrm{d}c_p^{pm}(T+1)}{\mathrm{d}c_p^{pm}(T)}$。将方程（8.6）代入方程（8.5），可以得到：

$$J^{pm}=\frac{2g(a(-b)+a+(b^2-2)C_1+(b-1)c)}{3b^2-8}+1 \tag{8.7}$$

于是有：

命题 8.2.4 在给定其他参数的情况下，利润最大化平台可以在 $0 < g^{pm} < g_{max}^{pm}$ 时保持系统稳定，其中 $g_{max}^{pm} = \dfrac{8-3b^2}{a(-b)+a+(b^2-2)C_1+(b-1)c}$。

足够大的 $a > \dfrac{(b^2-2)C_1}{b-1}+c$ 保证阈值 $g_{max}^{pm}>0$ 的有效性。当 $0<g<g_{max}^{pm}$ 时，系统稳定在平衡点 c_p^{pm}，该平衡点可由平台多次调整决策获得。接下来，本章介绍不稳定系统对决策者的负面影响。

（二）决策时间序列

即使在稳定区域（0，g_{max}^{pm}）中，过小或过大的 g^{pm} 都会延迟稳定的最优决策。适当大的 g^{pm} 可以加速调整以获得平衡结果；过大的 $g^{pm}>g_{max}^{pm}$ 将导致系统不稳定，平台无法获得最佳服务费用，如图 8—4 所示。

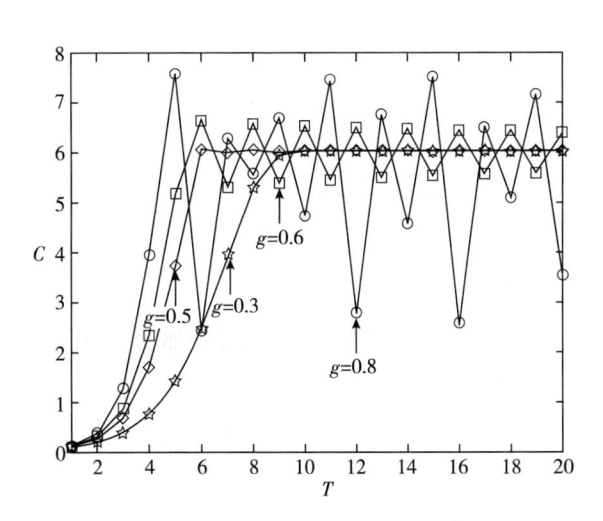

图 8—4　关于不同 g 值的服务费时间序列

本章将默认值设置为 $a=25$，$b=0.5$，$c=0.2$，$C_1=0.2$，$g=0.1$，并在图 8—4 中显示了具有不同 g 值的 c 的时间序列。使用此设置，可以得到 $g_{max}^{sw}=0.602$。请注意，在图 8—4 中，在 $g=0.5$ 的情况下，平

台可以比 $g=0.3$ 时更快地获得平衡结果。无论如何，这两个值都会得到稳定系统中的平衡结果。

（三）分岔图

基于命题 8.2.4，一个相对较大的 g 可能导致系统进入混沌状态。在上文中设置的参数值基础上，分岔图说明了平衡结果如何随着 g 的增加而变化，如图 8—5 和图 8—6 所示。

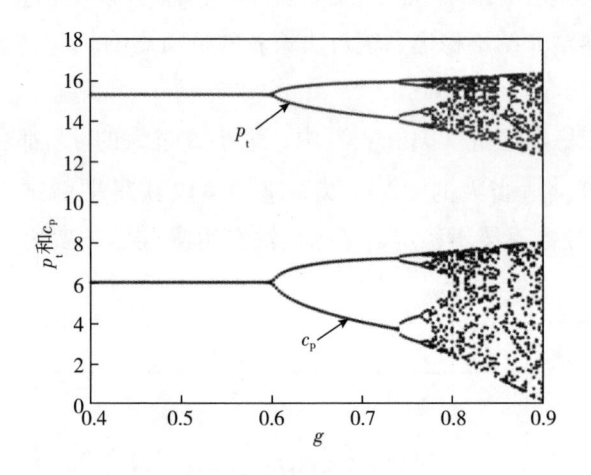

图 8—5　关于 g 的分岔图

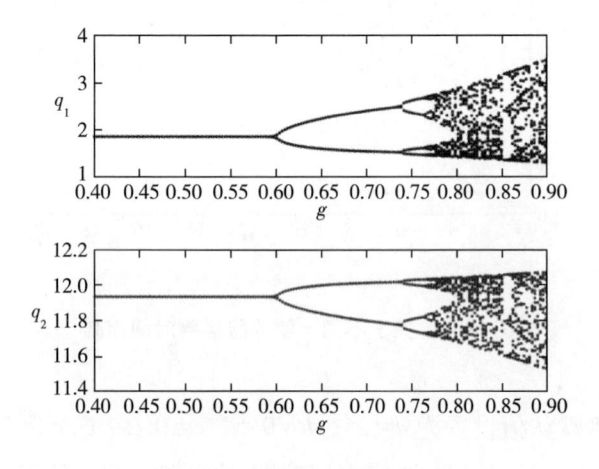

图 8—6　关于 g 的分岔图

当调整速度 g 保持较低水平时，经过多次迭代，最优值 c_p 变得稳定且唯一。当 g 增加到一个阈值（$g=0.602$）时，系统的状态发生变化。平衡态 c_p 随 g 的增大在两点或四点之间振荡。当 g 大于某一阈值时，系统将进入混沌状态，无法获得最优 c_p。p_t 的状态与 c_p 的状态相似，因为 p_t 根据 c_p 设置和调整。类似地，如果调整速度 g 相对较大，系统将进入混沌状态，如图 8—6 所示。

（四）对初始值的敏感性

对初始值的敏感性是混沌系统的基本特征之一。根据决策调整过程可以推断，如果制造商在这一业务中遭受损失，它们可能会放弃产能共享。如果系统对初始值敏感，停止产能共享的概率将增加，因为决策将很快偏离平衡轨道。在图 8—7 中，混沌系统初值的微小变化可能会引起很大的波动。

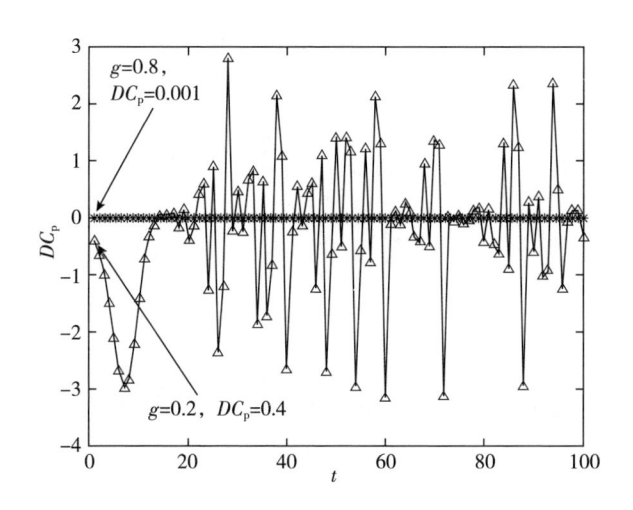

图 8—7 稳定和不稳定系统对初始值的敏感性

本章设置 $g=0.8$ 来模拟一个混沌系统，并将初始值从 $c_p(1)=0.1$ 改为 $c_p(1)=0.101$ 来模拟一个非常小的变化 $\Delta c_p=0.001$。如图 8—7 所示，当 t 很小时，几乎看不到两个初始值的变化。但是，通过连续的迭代，差异 Δc_p 将被扩大几倍。

相反，在稳定系统中的连续迭代过程中，初始值的较大差异将消失，这里设置 $g = 0.2$。在不稳定系统中，初始值 $\Delta c_p = 0.4$（从 $c_p(1) = 0.1$ 到 $c_p(1) = 0.5$）的变化远大于 $\Delta c_p = 0.001$。而稳定系统可以通过自我调节收敛到平衡点。因此，稳定性对于一个决策系统来说是非常重要的。

（五）累计利润

调整参数 g 直接影响累计利润。公司获得最佳策略的速度越快，获得的累计利润就越多。图 8—8 说明了不同 g 值下累计利润的时间序列。

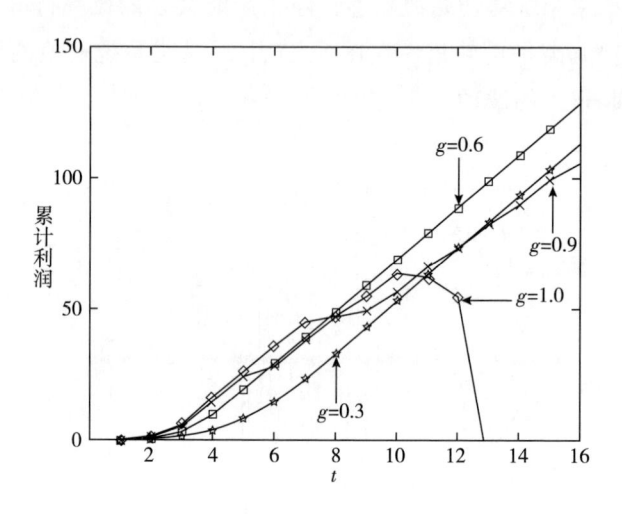

图 8—8　相对于不同 g 值的累计利润的时间序列

虽然调整的过程需要更多的时间，但当 $g = 0.6$ 时，平台可以获得比 $g = 0.3$ 时更大的累计利润。两者都可以为稳定的累计利润做出贡献，因为它们都在 $(0, g_{max}^{pm})$ 范围内。在每个时间点，这两条线之间的差距取决于调整开始时的调整幅度。如果 $g > g_{max}^{pm}$ 时（例如 $g = 0.9$），累计利润将是不稳定的，并且迟早会小于一个相对合适的 g（例如 $g = 0.6$）。离合适的调整速度越远，该值所带来的累计利润就越差（例如图 8—8 中的 $g = 1.0$）。

(六) 产能共享平台的可持续性

上面关于合适的 g 的讨论是建立在所有参数已知且不变的假设基础上的。在现实中，市场的不确定性是显著的。当期的一个合适的 g，可能因为环境的变化，在下一个期间就不再合适。一个偶然的需求量 Δa 的变化可能导致一个混沌系统。在此考虑这样一个随机变量 a 遵循一个特定的概率分布（如正态分布），平均值为 μ，方差为 σ。

注意在每个周期内，调整速度应满足 $g < \dfrac{8-3b^2}{a(-b)+a+(b^2-2)C_1+(b-1)c}$，当平台按 g_{max}^{pm} 调整其决策时，a 的增加将使系统陷入混乱，因此调整速度应减慢并满足 $g < \dfrac{8-3b^2}{(\mu+z\sigma)(1-b)+(b^2-2)C_1+(b-1)c}$，其中 z 衡量的是安全水平，反映了系统的可持续性表现。

例如：

$$\frac{\mathrm{d}g_{max}^{pm}}{\mathrm{d}z} = -\frac{(b-1)(3b^2-8)\sigma}{((b^2-2)C_1+(b-1)c-(b-1)(\mu+\sigma z))^2} < 0, \quad \frac{\mathrm{d}g_{max}^{pm}}{\mathrm{d}\sigma} = -\frac{(b-1)(3b^2-8)z}{((b^2-2)C_1+(b-1)c-(b-1)(\mu+z))^2} < 0$$

z 越大保证了系统更好的稳定性和可持续性，但同时导致平台的调整速度较低。同样，不确定性水平 σ 的增加对系统的可持续性产生负面影响，然后也导致 g 较低。因此，平台应该进行权衡，放弃一些累计利润，以提高系统的可持续性。

本章假设 a 遵循正态分布，并在表 8—1 中显示了平台在不同安全等级下可以设置的最高调整速度。

表 8—1　　　　　　　在不同安全等级下的最高调整速度

μ	σ	z	安全等级	g_{max}^{pm}
25	1	0	0	0.602
25	1	1.28	90%	0.571
25	1	1.65	95%	0.563
25	1	2.33	99%	0.549
25	1	3.08	99.9%	0.533

假设 $\sigma=1$，本章可以通过设置 z 来达到安全等级，并计算出相应的最高调整速度。可以看到，平台要降低最高调整速度，才能提高安全水平和产能共享系统的可持续性。

图 8—9 展示了 g_{max}^{pm} 的变化。无论方差有多大，g_{max}^{pm} 都随 z 减小。对于相同的安全等级，σ 越大，g_{max}^{pm} 越低。

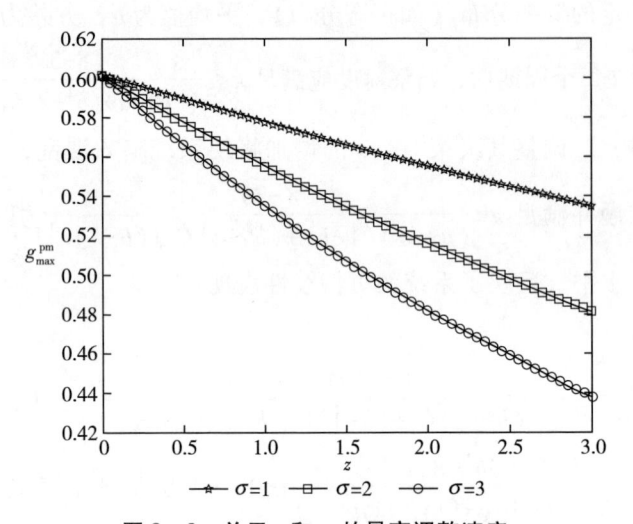

图 8—9　关于 z 和 σ 的最高调整速度

（七）混沌控制

由于在混沌系统中决策者无法得到任何最优解，因此需要对其进行混沌控制以使其达到平衡。非线性反馈方法是一种简单而有效的方法，在现有文献中得到了广泛的应用。通过控制系数 z，有限理性预期调整模型（8.5）可以改写为：

$$c_p^{pm}(T+1)' = (1-z)\left(c_p^{pm}(T) + g^{pm} \cdot c_p^{pm}(T) \cdot \frac{\mathrm{d}\pi_f(T)}{\mathrm{d}c_p^{pm}(T)}\right) + zc_p^{pm}(T) \tag{8.8}$$

基于 Jury 标准，方程（8.7）中的 J^{pm} 表示为 J'^{pm}，可以写成：

$$J'^{pm} = \frac{-8 + b^2(3 + 2C_1 g(-1+z)) - 2b(a-c)g(-1+z) + 2(a-c-2C_1-4c_p)g(-1+z)}{-8+3b^2} \tag{8.9}$$

取 $|J'^{pm}|<1$,得到可以用特定的 g 控制系统的 z 的范围,如下所示:

$$\frac{8-ag+b(a-c)g+cg+2C_1g-b^2(3+C_1g)}{(a(-1+b)+c-bc-(-2+b^2)C_1)g}<z<1$$

z 的阈值为 $\underline{z}=\dfrac{8-ag+b(a-c)g+cg+2C_1g-b^2(3+C_1g)}{(a(-1+b)+c-bc-(-2+b^2)C_1)g}$。

按照上文中的参数值设置,并取 $g=0.9$ 模拟混沌情况,便可以计算出 $\underline{z}=0.3315$。图 8—10 和图 8—11 显示,通过控制系数 z 大于 0.33 成功控制了混沌。

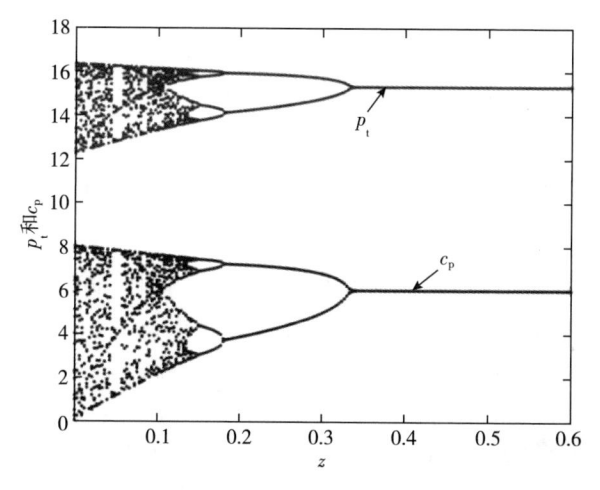

图 8—10 关于 z 的混沌控制

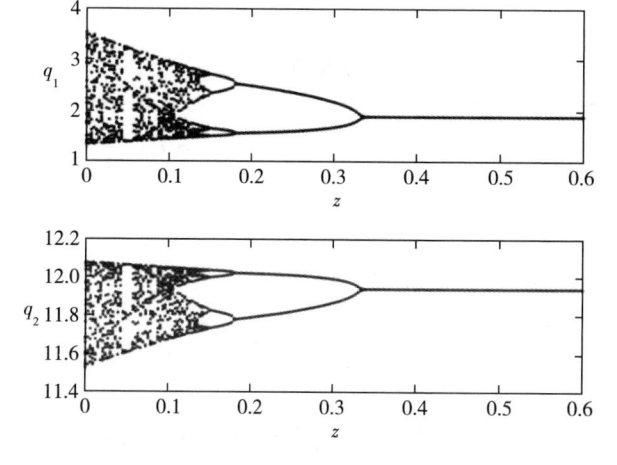

图 8—11 关于 z 的混沌控制

六 扩展分析

针对部分平台选择按比例向产能供给方收取费用的情况，本章将模型扩展为考虑利润最大化的平台，设置服务收费率 c'_p，并向产能供给方收费 $c_p = c'_p * p_t$。本章比较了不同服务收费机制下的结果，以显示各利益相关者的策略偏好。利润函数给出如下：

$$\pi_1 = (p_1-c)C_1+(p_1-p_t)(q_1-C_1)$$
$$\pi_2 = (p_2-c)q_2+(p_t(1-c'_p)-c)(q_1-C_1)$$
$$\pi_f = (q_1-C_1)p_tc'_p \tag{8.10}$$

决策顺序与上文一致。通过逆向归纳法，本章可以得到如下均衡结果：

定理 8.2.2 当平台向产能供给方收取一定比例费用时存在唯一的最优解 c'^*_p，$p_t^{'*}$，$q_1^{'*}$ 和 $q_2^{'*}$。

平台上共享的产能可能会有很大差异。例如，制造设备主要部件的产能可以共享，T恤制造的产能也可以在平台上共享。可以用生产成本来区分产能。因此，本章更关注的是生产成本 c 和有限产能 C_1 及其对决策的影响。给定 $a=25$、$b=\frac{1}{2}$，本章在表8—2中做一个数值分析，比较在不同情况下得到的结果。

表 8—2　　　　　　　　数值分析

	$c=0.1$, $C_1=1.0$		$c=0.1$, $C_1=3.0$		$c=0.1$, $C_1=5.0$	
	固定费用	比例费用	固定费用	比例费用	固定费用	比例费用
c'_p	N/A	0.4292	N/A	0.3524	N/A	0.2335
c_p	5.3500	5.7170	3.6000	3.8985	1.8500	1.9552
q_1	2.4759	2.7101	3.9931	4.1138	5.5103	5.5475
q_2	11.8310	11.7725	11.4517	11.4216	11.0724	11.0631
p_t	14.1328	13.6935	11.2879	11.0616	8.4431	8.3735
π_1	20.1627	20.9383	49.5087	49.8082	72.0794	72.1419
π_2	152.7880	151.7870	138.6780	138.3190	125.9120	125.8520
π_f	7.8959	10.0503	3.5752	4.3421	0.9441	1.0704

续表

	$c=0.5$, $C_1=1.0$		$c=0.5$, $C_1=3.0$		$c=0.5$, $C_1=5.0$	
	固定费用	比例费用	固定费用	比例费用	固定费用	比例费用
c_p'	N/A	0.4146	N/A	0.3364	N/A	0.2159
c_p	5.2500	5.7520	3.5000	3.7784	1.7500	1.8424
q_1	2.4483	2.6673	3.9655	4.0759	5.4828	5.5148
q_2	11.6379	11.5832	11.2586	11.2310	10.8793	10.8713
p_t	14.2845	13.8737	11.4397	11.2326	8.5948	8.5349
π_1	19.7785	20.4884	48.5443	48.8111	70.5348	70.5867
π_2	147.8020	146.8780	133.9400	133.6180	121.4220	121.3730
π_f	7.6035	9.5906	3.3793	4.0652	0.8448	0.9484
	$c=0.9$, $C_1=1.0$		$c=0.9$, $C_1=3.0$		$c=0.9$, $C_1=5.0$	
	固定费用	比例费用	固定费用	比例费用	固定费用	比例费用
c_p'	N/A	0.4005	N/A	0.3209	N/A	0.1990
c_p	5.1500	5.6580	3.4000	3.6592	1.6500	1.7307
	$c=0.9$, $C_1=1.0$		$c=0.9$, $C_1=3.0$		$c=0.9$, $C_1=5.0$	
	固定费用	比例费用	固定费用	比例费用	固定费用	比例费用
q_1	2.4207	2.6256	3.9379	4.0389	5.4552	5.4826
q_2	11.4448	11.3936	11.0655	11.0403	10.6862	10.6794
p_t	14.4362	14.0520	11.5914	11.4021	8.7466	8.6951
π_1	19.3959	20.0457	47.5814	47.8189	68.9917	69.0345
π_2	142.8980	142.0450	129.2840	128.9970	117.0160	116.9750
π_f	7.3166	9.1488	3.1890	3.8015	0.7510	0.8352

从整体上看，本章发现平台更喜欢从产能供给方那里设定一定比例的费用以获得更多利润。这是因为它可以收取更高的 c_p 并获得更大量的 $q_t=q_l-C_1$。同时，在按比例收费的情况下 M_1 也可以获得更多的利润，而 M_2 更倾向于平台收取相对较低的固定费用 C_p。从销售额的角度看，在按比例收费的情况下，M_1 可以获得更多的销售额，而在固定收费的情况下，M_2 可以获得更多的销售额。

至于相同生产成本 c 的一类产品，容易发现如果 M_1 产能比较大，它会得到更多的利润。这使得它的对手和平台收入较少,因为平台上共享的产能不断减少,因此,产能供给方更愿意与产能严重受限的产能需求方相匹配。

考虑到共享过程可能涉及各个行业,本章发现高制造成本产品的制造商获得的利润会更少。这是因为本章假设需求函数是相同的。因此可以得出结论,包括产能需求方、产能供给方和平台在内的所有利益相关者都愿意降低生产成本以获得更多利润。

第三节 结 论

随着共享经济的快速发展,越来越多的产品制造可以通过平台共享产能来实现。本章通过产能共享平台研究竞争对手之间的产能共享策略。考虑平台的两个目标,本章调查了平台的策略对两个制造商决策的影响,发现如果外包生产成本相对较小,两个制造商都将受益于产能共享策略。否则,较高的外包生产成本导致较高的转让价格,使产能需求方无法承担。由于福利最大化平台可以降低参与产能共享的门槛,本章可以得出结论:一个福利最大化平台将吸引更多具有更高外包生产成本和更高利润预期的参与者。考虑到平台的决策调整过程,本章研究了制造产能共享系统的可持续性,发现通过降低决策调整速度和放弃累计利润可以提高系统的可持续性。本章还研究了平台向产能供给方收取比例费用的案例,得出的结论是:如果平台收取比例费用,平台和 M_1 可以获得更多的利润。M_2 更喜欢平台收取固定费用,以便获得更多利润。

基于上述结论,本章可以为行业决策者得出以下管理见解。为了促进供需双方的合作,外包生产成本应该更小。对于产能供给方来说,它应该参与平台的建设,因为它可以从产能共享中受益。对于平台来说,它应该努力收集供需双方的产能信息,以提高产能共享的匹配度。对于产能需求方来说,如果产能约束很严重,应该自己去寻找产能,而不是通过平台。

第八章　考虑平台匹配失败的产能共享竞合博弈与渠道策略研究

未来研究的一个方向是研究制造产能共享系统的协调机制。虽然产能共享系统对制造商双方都有利，但本章中集中式供应链比分散式供应链的总利润更高。通过在制造商和平台之间设置合理分配收益的协议，所有参与者都将从中受益并接受该协议。

第九章
考虑公平关切的制造产能共享平台智能匹配推荐算法

| 第九章 | 考虑公平关切的制造产能共享平台智能匹配推荐算法

第一节　问题背景

产能与需求之间的不匹配会导致制造商利益受损。由于短缺成本较高，一些制造商可能会在销售旺季进行产能投资以满足较高需求，然而，当销售旺季结束后，产能的过度投资可能会导致产能过剩。例如，阿里巴巴旗下的批发网（https://factory.1688.com/index.html）允许制造商交易各种类型产品的产能，如服装、玩具、数码产品等。通过这样一个产能共享平台，产能供给方可以发布关于其产能的信息，包括价格范围、最小订货量和工人数量，同时，该平台还显示了每个产能供给方的累计交易量（CTV）和评级信息。产能需求方在决定匹配产能供给方时，会同时考虑这些因素。

产能需求方和产能供给方之间可能会发生自发的匹配。在决定选择哪个产能供给方时，每个产能需求方将评估所有可行的产能供给方，并对每个产能供给方进行评分，然后从评分高于其预期（参考点）的产能供给方中选择一个。然而，由于信息的不对称可能导致匹配失败，因此，提高信息透明度，可使平台匹配比自发匹配的成功率更高。此外，平台还提供了推荐机制供产能需求方参考。例如，部分平台为产能需求方提供了一个推荐的匹配者后，产能需求方可以自由决定是否接受该匹配者。在工业4.0的背景下，越来越多的公司正在使用智能算法来调度生产、控制质量、选择合作伙伴等，例如亚马逊、天猫、京东、TikTok等平台使用算法分析用户的个性化需求，并为他们推荐产品（或服务），同样，平台也可以通过智能算法为产能供需双方提供匹配服务，并通过跟踪交易数据，从而了解产能需求方对产能供给方的选择，从而了解产能需求方的最低要求，并将符合要求的产能供给方提供给这些需求方进行选择。

为履行企业社会责任或实现长期增长，平台应考虑产能共享系统的可持续性表现。本章将可持续性分为两部分：一方面，生产能力共享有助于改善环境，提高资源利用率。例如，在政府的支持下，中国山东省德州市武城县建立了 96 个共享工厂，帮助小型制造商复苏。据报道，2017 年武城县 PM2.5、PM10、SO_2 和 NO_2 平均浓度同比分别下降了 19.1%、17.1%、11.4%和 10%（Xie，Han，2020）。另一方面，该平台促进了产能共享，对环境产生了积极影响；同时，平台还应该平衡产能供需双方的利益，防止他们离开产能共享系统，以促进产能共享业务的长远发展。事实上，除了利润最大化，平台在不同的发展阶段也可能追求不同的目标，例如，为了鼓励产能供需双方参与产能共享，某产能共享平台暂时不向产能供需双方收费。Patro 等学者（2020）强调，对于服务于双边市场的平台而言，平台过度强调客户满意度可能会影响生产者的福利。因此，本章考虑平台提出优化混合目标的建议，包括平台的利润、产能供给方利润的总和以及产能需求方的剩余效用总和。

本章的理论贡献包括用于遗传算法的二维交叉和顺序优先突变，同时，还提出了一种考虑各种约束条件的新的修复机制，将不可行解转换为可行解。结果表明，基于传统遗传算法（GA）和 NSGA-II 的新算法对不同的匹配方案均有效。除此之外，本章的对实践方面的贡献主要是提出平台的两种匹配方案：（1）考虑到一个产能需求方的订单可以分配给多个产能供给方，一个产能供给方可以接受多个产能需求方的订单，提出了一种目标明显更优的匹配方案。（2）另一种更方便的方法是供需双方逐个匹配。此外，本章提出的算法为不同的决策目标和不同产量的产能供需双方提供了一个更好的匹配解决方案。具体来说，GA 在"产能供给方多"的情况下表现更好，而 NSGA-II 在"产能需求方多"的情况下表现更好。因此，本章提出的算法可以帮助平台针对不同产量关系的产能供需双方做出调整处理方案。所有的实验数据和结果发表在 Mendeley data，doi：10.17632/sx88drkkth.2。

第二节 问题分析

一 产能供需双方及平台的描述

本章考虑一个特定产品的产能共享平台，服务 m 个产能需求方

(变量和参数索引为 i) 和 n 个产能供给方（变量和参数索引为 j ）。匹配解决方案经过优化，不仅可以使平台的利润最大化，还可以使产能供给方和/或产能需求方的效用最大化，从而实现对产能供需双方发展有针对性的支持。此外，带有 m 和 n 的问题大小没有预先定义，因此可以考虑许多可能的场景。符号说明如表 9—1 所示。

表 9—1　　　　　　　符号说明同意

产能供给方符号	符号说明
$j=1, 2, \cdots, n$	产能供给方指数
S_j	产能供给方 j 提供的产能
ST_j	产能供给方 j 承诺的交货时间
RA_j	产能供给方 j 的评级/满意度
O_j	产能供给方 j 的累计成交额
MOQ_j	产能供给方 j 的最小订货量
$P_{j\max}$	产能供给方 j 设定的最高价格
$P_{j\min}$	产能供给方 j 设定的最低可接受价格
c_j	产能供给方 j 的单位生产成本
产能需求方符号	符号涵义
$i=1, 2, \cdots, m$	产能需求方指数
D_i	产能需求方 i 对产能的需求
DT_i	产能需求方 i 要求的交货时间
$P_{i\max}$	产能需求方 i 设定的最高可接受价格
U_{ij}	产能需求方 i 对产能供给方 j 的评价
U_i	产能需求方 i 的参考评分
R_X	因素 X 的排名，其中 $X=p_{ij}, RA_j, O_j, ST_j$
β_X	因素 X 的权重，其中 $X=p_{ij}, RA_j, O_j, ST_j$
平台符号	符号涵义
θ	服务费（交易价格的比例）
c_P	单位产能服务成本
Q_{ij}	从产能供给方到产能需求方产能的量（决策变量）

(一) 产能供给方

对于一个特定的产品，本章考虑 n 个竞争的产能供给方公布可接受的价格范围，最小起订量等信息，等待产能需求方的选择。和大多数平台产能供给方一样，他们一般只发布自己的信息等待产能需求方选择，不主动选择产能需求方。产能供给方将接受所有满足条件的产能需求方订单，包括价格范围、最小起订量等。实际价格与成交量有关，类似于价格折扣合同。更具体地说，交易价格表示为 p_{ij} = max $\{P_{j\max}-bQ_{ij}, P_{j\min}\}$，其中 b 表示对订单的价格敏感度。

(二) 产能需求方

对于同一产品，本章考虑 m 个产能需求方在平台上搜索匹配。价格或预期利润并不是产能需求方考虑的唯一因素。事实上，决定产能需求方最终选择的因素很多，例如交货时间、评级和累计交易量。此外，每个产能需求方对这些因素的评价也不同。有些产能需求方关注价格，而另一些产能需求方可能认为评级是必要的。同时，代表产能供给方服务能力和经验的累计成交量将是产能需求方选择的另一重要参考。本章假设每个产能需求方的评级和累计交易量都存在基本要求。产能需求方只对满足基本要求的产能供给方进行排名和评分。因此，在通过评分系统对产能需求方的选择进行建模时，对于产能需求方 i，只有 n 个产能供给方中的 $n_{1i}(n_{1i} \leq n)$ 满足基本要求，才会被产能需求方 i 考虑。此外，对于这些 n_{1i} 个产能供给方，产能需求方 i 只能看（搜索）到其中的 $n_{2i}(n_{2i} \leq n_{1i})$，然后对这些产能供给方的价格、评级等因素进行排名和评分。所有这些因素都将通过一组特定于每个产能需求方的权重联系起来。产能需求方 i 评价的产能供给方 j 的得分为：

$$U_{ij}=\beta_1 R_{P_{ij}}+\beta_2 R_{RA_j}+\beta_3 R_{O_j}+\beta_4 R_{ST_j} \tag{9.1}$$

其中 $R_X(X=p_{ij}, RA_j, O_j, ST_j)$ 是产能供给方 j 的因子 X 的排名。例如，对于 n_{2i} 个产能供给方的交货时间，产能供给方 j_1 的交货时间 ST_{j1} 是第次短的。那么，$R_{ST_{j1}}=2$。在给定参考分数 U_i 的情况下，每个产能需求方都会选择或接受分数大于参考分数的产能供给方，即 $U_{ij} \geq U_i$。产能需求方满意度会随着匹配产能供给方分数与参考分数之间的差值而增加，用 $U_{ij}-U_i$ 表示。

(三) 产能共享平台

平台持有供需双方的一些交易信息，可以从中获得必要的数据来辅助决策。由于平台向产能需求方提供匹配推荐，因此它会提示产能需求方因素偏好等信息，以提供更有针对性的匹配推荐。对于产能需求方，他/她可以选择是否接受推荐并提供偏好信息。如果产能需求方不想提供偏好信息，平台会根据同等偏好原则为产能需求方进行推荐。

平台服务于产能供需双方，并向产能供给方收取每单位的交易服务费。服务费是交易价格 p_{ij} 的百分比 θ，即每单位产能服务费为 θp_{ij}。决策变量由产能需求方 i 和产能供给方 j 共享的产能 Q_{ij} 表示。推荐方案实现了多个目标，包括平台的利润、产能供给方利润总和以及产能需求方剩余效用的总和。本章考虑产能需求方选择产能供给方时通常会关注多种因素，包括交货率、交货时间等，而不仅仅是价格或利润，因此选择用效用来衡量产能需求方的目标。进一步，给定平台优化的每个子目标的权重 α_1—α_3，目标函数为：

$$\max_{Q_{ij}} y = \alpha_1 \underbrace{\sum_{i=1}^{m}\sum_{j=1}^{n}(\theta p_{ij} - c_p)Q_{ij}}_{platform's profit} + \alpha_2 \underbrace{\sum_{i=1}^{m}\sum_{j=1}^{n_{2i}}(U_{ij} - U_i)}_{buyer's surplus utilities}$$
$$+ \alpha_3 \underbrace{\sum_{i=1}^{m}\sum_{j=1}^{n}(p_{ij}(1-\theta) - c_j)Q_{ij}}_{seller's profits} \quad (9.2)$$

约束包括以下内容：

$$\sum_{i=1}^{m} Q_{ij} \leq S_j \quad (9.3)$$

$$\sum_{j=1}^{n} Q_{ij} \leq D_j \quad (9.4)$$

$$Q_{ij} \geq MOQ_j \quad (9.5)$$

$$DT_i \geq ST_j \quad (9.6)$$

$$U_{ij} \geq U_i \quad (9.7)$$

$$Q_{ij} \geq 0 \quad (9.8)$$

在目标函数中，第一项是平台的利润和相应的权重。由于广告和其他收入与产能匹配机制没有直接关系，本章认为平台的利润主要来自服务费，假设单位服务成本为零。第二项是产能需求方剩余效用和相应权重的总和。第三项是产能供给方利润和相应权重之和。

约束（9.3）说明了产能供给方 j 共享的产能之和应该小于或等于其最大产能的事实。约束（9.4）保证推荐给产能需求方 i 的产能不大于其需求。未满足的产能将自发交易。约束（9.5）表示交易量应大于产能供给方的最小订购量。约束（9.6）确保产能供给方 j 的交货时间能够满足产能需求方 i 的要求。约束（9.7）要求平台从产能需求方愿意接受的产能供给方池中选择一个进行匹配。约束（9.8）确保所有推荐的产能都大于或等于0。

二 产能供需匹配算法

为了优化平台利润、产能供给方利润总和以及产能需求方剩余效用总和的多个目标，本章提出了新的遗传算法，这是由于遗传算法在参数空间中存在多个局部极小值时具有全局优化能力。实现遗传算法全局搜索和局部搜索的主要算子是选择、交叉和变异。因此，本研究的贡献在于为给定问题设计新的 GA 算子。由于同时考虑了多个目标，因此采用了非支配排序遗传算法 II（NSGA-II）。

本章研究问题的核心是供需双方之间的交易量分配问题。因此，采用二维（2-D）染色体。由于二维染色体空间大，需要有效的交叉和变异算子。如图 9—2 所示，二维染色体包括每个产能需求方和产

供应方 需求方	1	2	3	4	5	6	7	8	9
1	21	12	41	19	25	24	23	14	-1
2	11	-1	13	14	-1	0	30	8	0
3	8	20	-1	42	17	-1	7	-1	-1
4	27	-1	32	0	20	0	24	33	0
5	34	34	29	-1	0	-1	7	-1	23
6	18	22	10	0	25	16	35	31	20
7	8	2	19	0	30	16	20	16	19

图 9—2 二维染色体样本（灰色背景部分）

能供给方之间的交易量。在染色体中，每一行代表一个产能需求方，而每一列代表产能供给方。每个块中的值是已经发生的交易量。带有-1的红色块表示违反了约束（9.3）—（9.8）之一，因此交易无法发生。

（一）二维交叉

为了进行有效的搜索，这部分使用了六种类型的交叉，如图9—3和图9—4所示。对于行交叉，为两个父染色体选择一个按行计算的

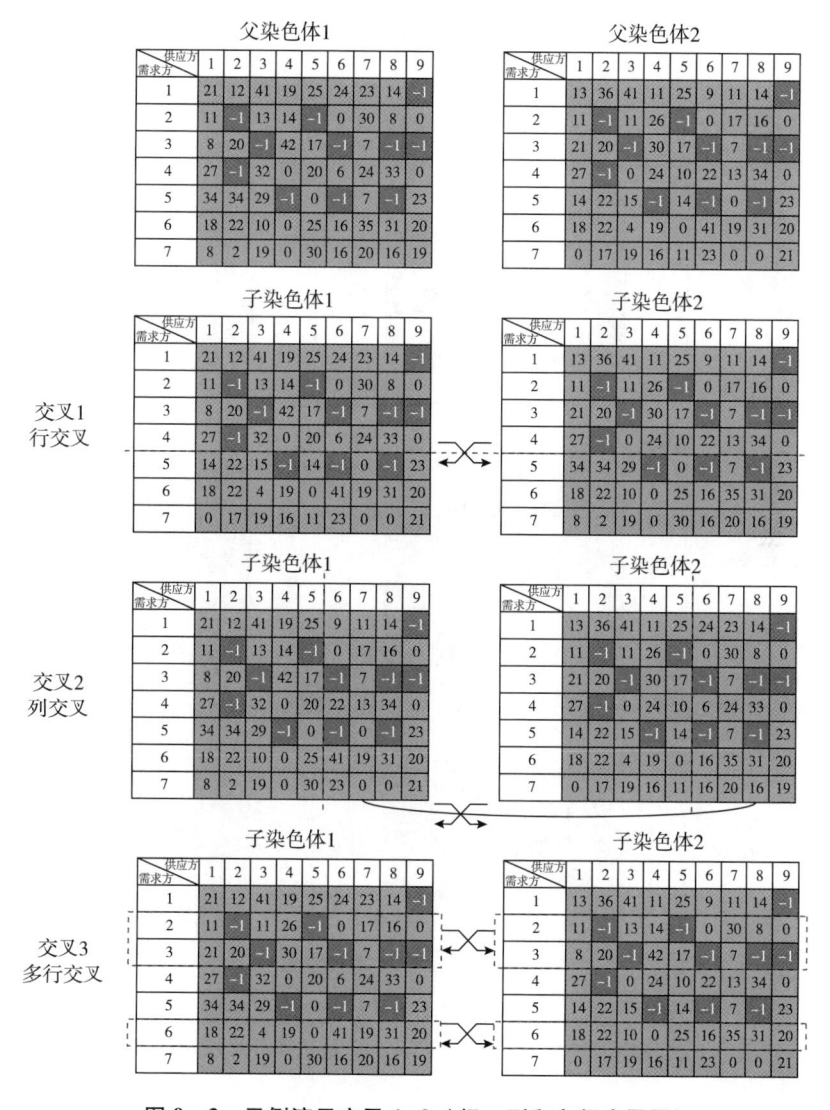

图9—3 示例演示交叉1-3（行、列和多行交叉图）

随机点，并从两个父染色体中选择和交换二维染色体的较低部分，从而生成两个新的子染色体。列交叉中的列也采用了类似的操作。在多行交叉和多列交叉中，选择随机产量的行或列，并与两个父级交换。为了扩大搜索的多样性，设计了主对角和次对角交叉。通过主对角线交叉，交换父染色体的右上角三角形部分，而使用次对角线，交换左上角三角形部分。注意，在新的遗传算法中有六种类型的交叉作为替代方案，交叉是根据分配的概率在每次运行中实现的。

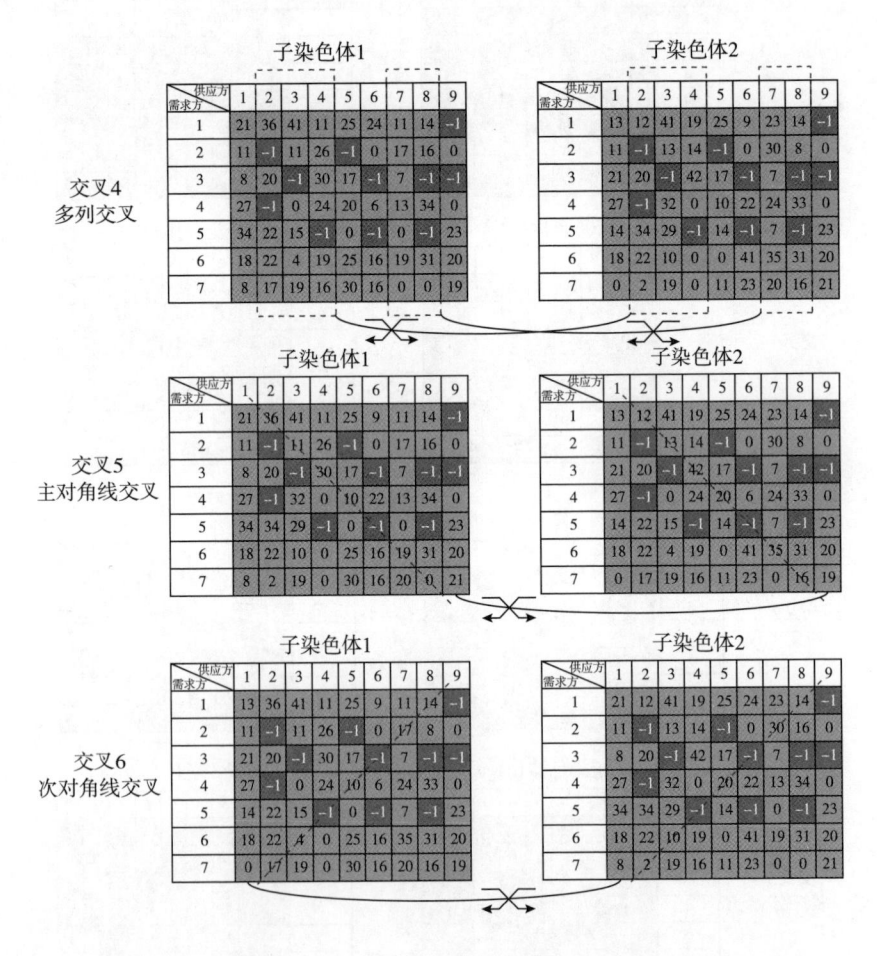

图9—4 示例演示交叉4—6（多列、主对角线和次对角线交叉图）

（二）顺序优先突变

突变作为一种遗传算子维持一代又一代的遗传多样性。在该操作中，染色体中的一个或多个基因值从其初始状态开始可能在每次突变运行中发生变化。对 GA 进行局部搜索也是一种重要的算子类型。关于二维染色体，需要一个强大的突变。此外，由于计算了每个订单中产能需求方和平台的利润，仅满足了总需求。因此，本章引入了顺序优先突变。顺序优先突变背后的基本原理是解决交易量和需求之间的差距。因此，如果每个产能需求方都存在需求缺口，则最大值或随机交易量将被提高以弥合缺口。

由于本章考虑了可以拆分或不拆分订单的两个匹配方案，因此设计了两个突变。在拆分订单的情况下，将每一行中的随机值替换为产能需求方需求与交易量之和之间的差距，从而满足产能需求方的需求。如图 9—5 所示，三个产能需求方的需求并未完全得到满足。因此，对于这些行，替换并扩大随机位置的值，以弥合需求缺口。

对于不拆分订单方案，每行中的最大值直接由产能需求方的需求代替，其他值设为 0，如图 9—6 所示。注意，对于交易超过产能需求方需求的情景，行保持不变，但修复机制被激活。新的维修机制将在下一小节中详述。

突变前（拆分）

供应方\需求方	1	2	3	4	5	6	7	8	9	合计	需求方的需求	需求是否满足
1	21	12	41	19	25	24	23	14	-1	179	182	<
2	11	-1	13	14	-1	0	30	8	0	76	70	>
3	8	20	-1	42	17	-1	7	-1	-1	94	90	>
4	27	-1	32	0	20	6	24	33	0	142	160	<
5	34	34	29	-1	0	-1	0	-1	23	127	127	=
6	18	22	10	0	25	16	35	31	20	177	177	=
7	8	2	19	0	30	16	20	16	19	130	140	<

产能共享：竞合博弈与决策优化

突变后（拆分）

供应方 需求方	1	2	3	4	5	6	7	8	9	合计	需求方 的需求	需求是否 满足
1	21	15	41	19	25	24	23	14	-1	182	182	=
2	11	-1	13	14	-1	0	30	8	0	76	70	>
3	8	20	-1	42	17	-1	7	-1	-1	94	90	>
4	27	-1	50	0	20	6	24	33	0	160	160	=
5	34	34	29	-1	0	-1	7	-1	23	127	127	=
6	18	22	10	0	25	16	35	31	20	177	177	=
7	8	2	19	0	30	26	20	16	19	140	140	=

图 9—5　具有顺序拆分方案的顺序优先突变的示例演示

突变前（不拆分）

供应方 需求方	1	2	3	4	5	6	7	8	9	合计	需求方 的需求	需求是否 满足
1	179	0	0	0	25	0	0	0	-1	204	182	>
2	0	-1	0	40	-1	0	30	0	0	70	70	=
3	0	40	-1	42	0	-1	0	-1	-1	82	90	<
4	0	-1	0	0	142	0	0	0	0	142	160	<
5	34	0	0	-1	0	-1	0	-1	83	117	127	<
6	0	0	177	0	0	0	0	0	0	177	177	=
7	0	120	0	0	30	0	0	0	0	150	140	>

突变后（不拆分）

供应方 需求方	1	2	3	4	5	6	7	8	9	合计	需求方 的需求	需求是否 满足
1	179	0	0	0	25	0	0	0	-1	204	182	>
2	0	-1	0	40	-1	0	30	0	0	70	70	=
3	0	0	-1	92	0	-1	0	-1	-1	90	90	=
4	0	-1	0	0	160	0	0	0	0	160	160	=
5	0	0	0	-1	0	-1	0	-1	127	127	127	=
6	0	0	177	0	0	0	0	0	0	177	177	=
7	0	120	0	0	30	0	0	0	0	150	140	>

图 9—6　具有顺序不拆分方案的顺序优先突变的示例演示

(三) 解决方案修复机制

由于问题中考虑了许多如产能需求方需求、产能供给方最小订货量、产能供给方产能等约束条件,在交叉和突变之后可能会产生很多不可行的解。因此,需要一种有效的修复机制。

拆分订单的修复机制包括三个步骤。步骤1检查是否满足每个产能供给方的最小起订量(MOQ)。如果不满足,则将交易量重新定义为每个产能供给方的MOQ。在步骤2中验证产能需求方的需求。如果交易量的总和大于产能需求方的需求,则将最大值重新定义为需求与剩余交易量总和之间的差距。步骤3验证产能供给方的产能。如果超过了产能供给方的产能,最大值被产能和剩余数量总和之间的差值代替。对于不拆分订单方案,增加了一个额外的步骤,即如果与一个产能需求方发生两笔交易,则将下限设置为0,将上限直接定义为产能需求方需求。如表9—2、表9—3所示。

表9—2   拆分订单的修复机制

修复机制(拆分订单)
输入:不可行的解决方案
步骤1:检查每笔交易量,判断是否满足MOQ
如果不满足,则将每笔交易量定义为MOQ;
步骤2:检查交易是否超过产能需求方需求
如果是,则将最大值重置为需求与剩余交易量总和之间的差距(以行为单位);
步骤3:检查交易是否超过产能供给方的产能
如果是,最大值被替换为产能与剩余量之和的差(以列为单位)。
输出:可行的解决方案

表9—3   不拆分订单的修复机制

修复机制(不拆分订单)
输入:不可行的解决方案
步骤1:检查每笔交易量,判断是否满足MOQ
如果不满足,则将每笔交易量定义为MOQ;

续表

步骤2：检查交易是否超过产能需求方需求	
如果是，则将最大值重置为需求与剩余交易量总和之间的差距（以行为单位）；	
步骤3：检查解决方案的每一行是否有两个或多个交易	
如果是，则将下限值重置为帚，将上限值重置为产能需求方的需求；	
步骤4：检查交易是否超出产能供给方的产能	
如果是，用产能与剩余量之和的差（以列计）替换；	
输出：可行的解决方案	

（四）基于 GA 和 NSGA-II 的算法

基于新的交叉和变异操作，这部分开发了两种基于 GA 的算法。每种算法的框架如下所示。

利用传统的基于 GA 的算法，首先生成初始种群。然后采用轮盘选择法选择性能较好的解作为交叉变异的父群体。在交叉算子中，如果满足交叉概率，则根据预定义的概率选择一种新的交叉。将交叉的输出输入到突变中，如果满足突变概率，则触发突变。最后，对交叉后的种群进行更新。为了保存最佳染色体，在每次迭代中，将最差染色体替换为最佳染色体。直到达到时间限制迭代停止，如表9—4所示。

表9—4　　　　　　　基于 GA 的新算子算法

基于 GA 的算法
输入：产能供需双方的数量；产能需求方要求，即需求、到期日、价格范围等；产能供给方要求，如产能、评级排名、最小起订量等；人口规模、交叉概率、突变概率等。
种群初始化
运行时间时间限制
操作1：根据加权目标选择轮盘
操作2：交叉→修复机制
操作3：突变→修复机制
更新新种群
结束
输出：最佳解决方案

NSGA-Ⅱ除了使用非支配排序的选择方法外，与传统 GA 具有相似的框架。使用非主导排序方法，根据解决方案之间的主导关系对总体进行分类和排序。根据其排名选择解决方案。注意，在基于 NSGA-Ⅱ的算法中，新种群会使用父子种群组合中的优秀种群进行更新。这里再次使用非支配排序，如表9—5所示。

表 9—5　基于 NSGA-Ⅱ的新算子算法

基于 NSGA-Ⅱ的算法
输入：产能供需双方的数量；产能需求方要求，即需求、到期日、价格范围等；产能供给方要求，如产能、评级排名、最小起订量等；人口规模、交叉概率、突变概率等。
种群初始化
运行时间时间限制
操作1：根据非支配排序选择比赛
操作2：交叉→修复机制
操作3：突变→修复机制
采用亲本种群和子代种群相结合的非优势排序法更新新种群
结束
输出：最佳解决方案

三　优化结果分析

（一）算法参数设置

为了研究新算法的性能，本文产生随机问题。问题参数包括产能需求方数量和产能供给方数量。为了确定问题的规模，将产能供给方和产能需求方的数量分别设置为 20 和 15。选取了［20-20］、［20-15］和［15-20］三个组合。前值是产能需求方的数量，后值是产能供给方的数量。关于产能供需双方，需要例如产能需求方需求、产能供给方能力、交货时间等一些属性。例如，产能供给方产能均匀分布在［200，1000］区间内。为了进行公平的性能比较，所有算法都在 MATLAB R2020a 中编码，并在具有 32G 内存的 Intel Core CPU i9-9900K 计算机上运行。每个问题或算法的时间限制被定义为 300 秒。问题的详细参数设置如表9—6所示。

表 9—6　　　　　　　　　　随即问题的参数设置

问题参数	值
产能供给方数量	20, 15
产能需求方数量	20, 15
产能供给方产能	U [200, 1000]
MOQ	U [10, 30]
交货时间	U [1, 3, 5]
产能供给方最高价格	U [30, 60]
产能供给方最低价格	U [10, 30]
累计交易量	U [1000, 1400]
产能需求方需求	U [200, 1000]
产能需求方交货时间要求	U [3, 9]
产能需求方可接受的最高价格	U [25, 40]
产能需求方参考评分	U [1, 25]

表 9—7 列出了所有算法中使用的一些参数，即种群大小、交叉概率、突变概率和每种交叉类型概率。进行三因素五水平的正交实验设计，以确定种群大小、交叉概率和突变概率。例如，订单拆分场景的人口规模的五个级别包括 100、200、300、400 和 500。对于不拆分订单场景，所有人口规模的五个级别都分别设置为 1000、1500、2000、2500 和 3000。然后，根据参数组合检验确定每种交叉类型的概率。测试了每个交叉的不同概率组合，最终概率定义为 0.3、0.2、0.1、0.3、0.05 和 0.05。在本章的实验中，由于二维染色体的解空间大于一维染色体，因此采用了较高的交叉概率。因此，需要较高的交叉概率来增强其搜索能和变异概率。

表 9—7　　　　　　　　　　两种算法的参数设置

超参数	GA（分单）	GA（不分单）	NSGA-Ⅱ（分单）	NSGA-Ⅱ（不分单）
人口规模	200	2500	200	2000
交叉概率	0.8	0.8	0.8	0.8

续表

超参数	GA （分单）	GA （不分单）	NSGA-Ⅱ （分单）	NSGA-Ⅱ （不分单）
突变概率	0.3	0.3	0.3	0.3
每种交叉类型的概率	0.3, 0.2, 0.1, 0.3, 0.05, 0.05	0.3, 0.2, 0.1, 0.3, 0.05, 0.05	0.3, 0.2, 0.1, 0.3, 0.05, 0.05	0.3, 0.2, 0.1, 0.3, 0.05, 0.05

为了进行公平的性能比较，本章考虑了几种现有的算法，包括灰狼优化（GWO）、粒子群算法（PS）和蝗虫算法（GOA）。

（二）结果讨论

本章考虑了三种情况：（1）产能供给方多于产能需求方；（2）产能需求方多于产能供给方；（3）产能供给方和产能需求方数量相等，为了涵盖所有可能的情况，定义和的值如表9—8所示。

表9—8　　　　产能需求方和产能供给方的数量

m	n	情况
20	15	产能供给方多于产能需求方
15	20	产能需求方多于产能供给方
20	20	产能供需双方数量相等

针对每种情况，本章对三个子目标赋予不同的权重，以区分平台的不同决策目标。具体而言，权重组合及其解释如表9—9所示。

表9—9　　　　权重值及说明

α_1	α_2	α_3	解释
1	0	0	最大化平台的利润
1	1	0	鼓励产能需求方发展
1	0	1	鼓励产能供给方发展
1	1	1	鼓励产能供需双方共同发展

根据表 9—8 和表 9—9 模拟了 12 个实验，每个实验重复 30 次（每次有随机值）。例如，标题为 "20-15，1-1-0" 的案例代表了 20 个产能供给方和 15 个产能需求方的情况，平台最大化了自己的利润和产能需求方的剩余效用。本章分析了两种匹配方案，一个拆分产能需求方订单和一个不拆分产能需求方订单。

1. 拆分订单方案

在这种情况下，一个产能需求方的订单可以拆分并分配给两个或多个产能供给方。采用两种新算法（GA 和 NSGA）来优化解决方案并进行比较。实验结果如图 9—7、图 9—8 和图 9—9 所示。

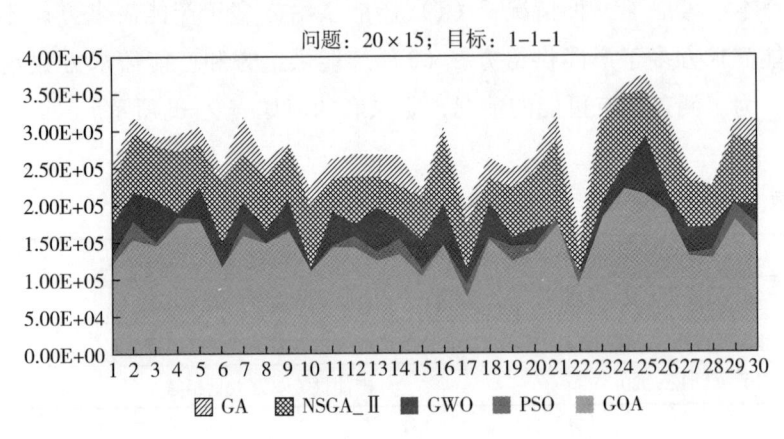

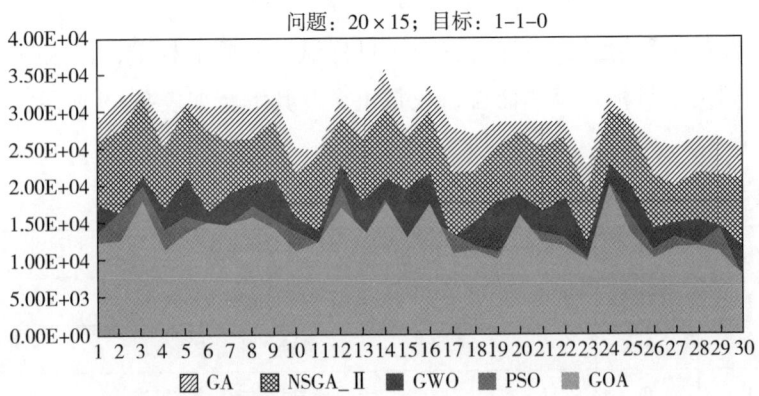

第九章 考虑公平关切的制造产能共享平台智能匹配推荐算法

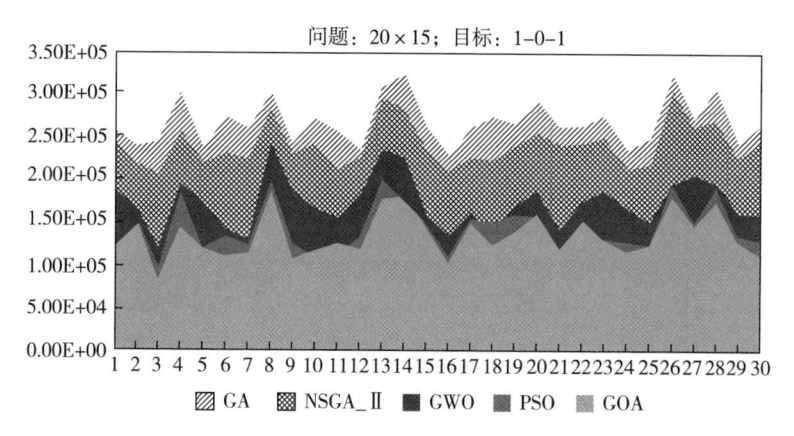

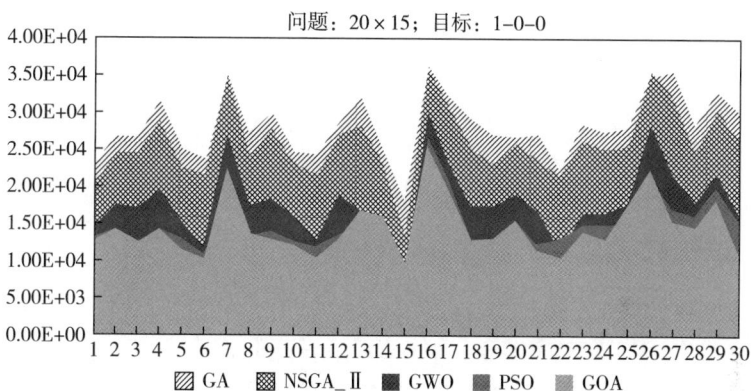

图 9—7 20×15 问题的算法性能比较

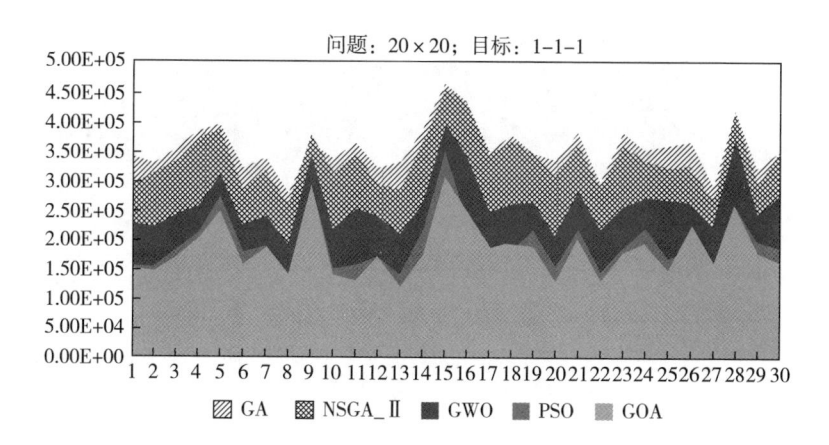

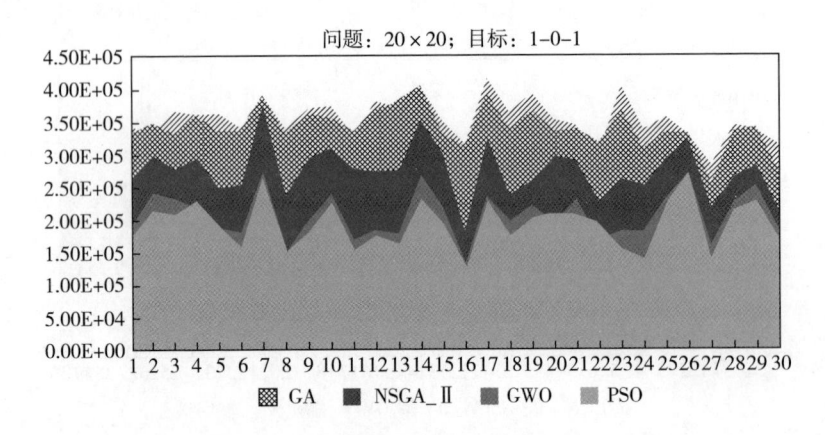

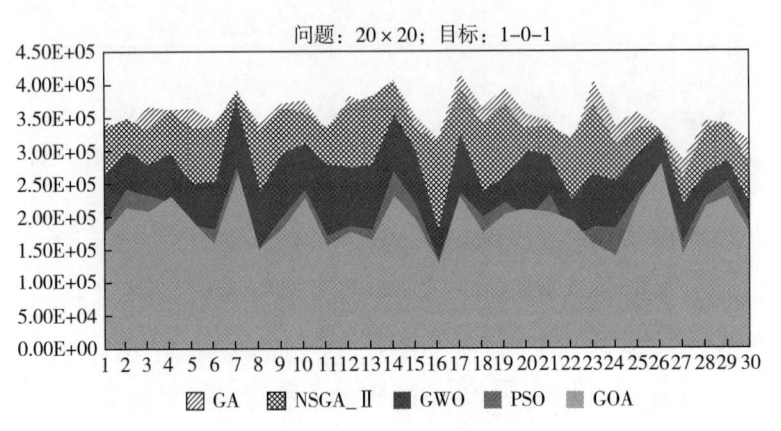

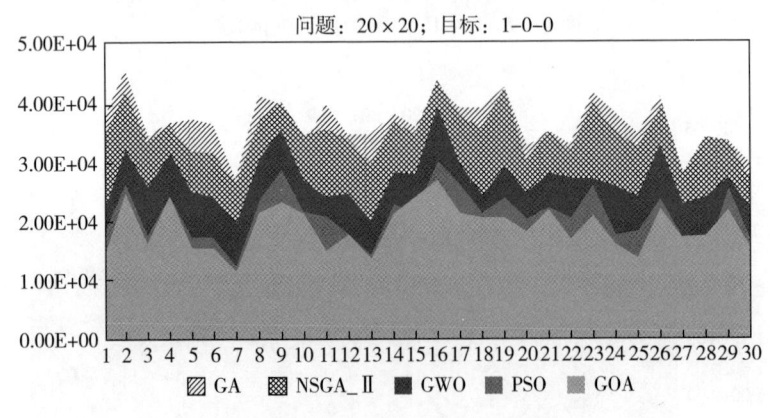

图 9—8 20×20 问题的算法性能比较

第九章 考虑公平关切的制造产能共享平台智能匹配推荐算法

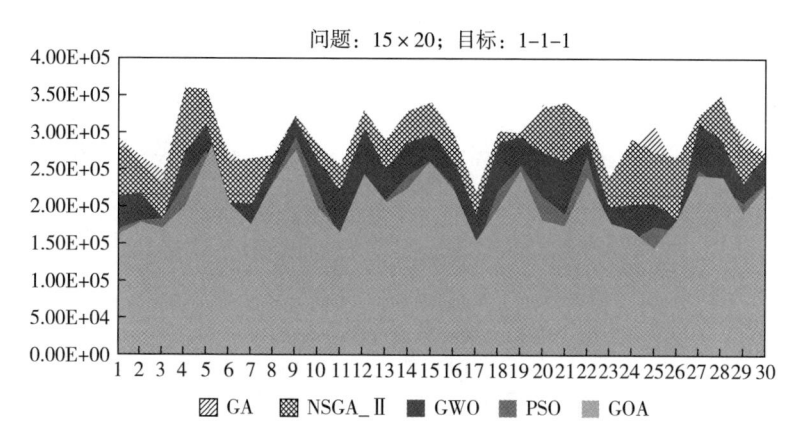

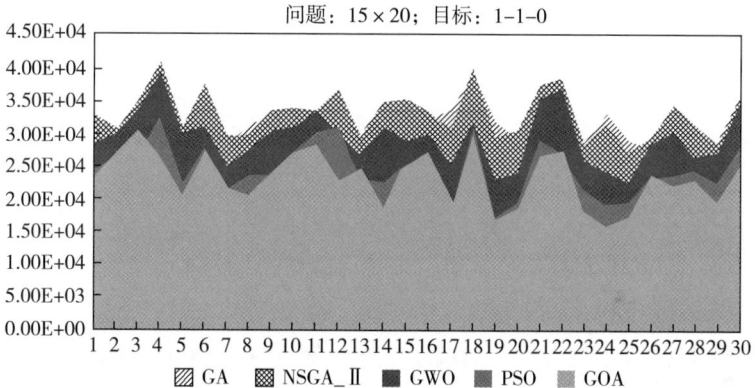

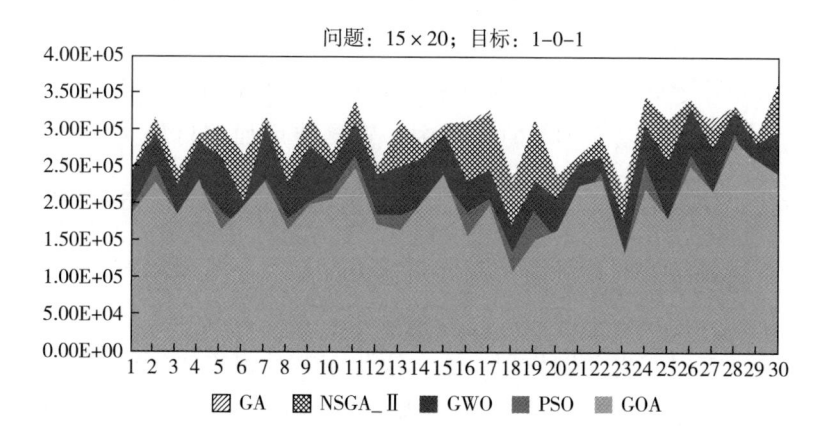

问题：15×20；目标：1-1-1

问题：15×20；目标：1-1-0

问题：15×20；目标：1-0-1

问题：15×20；目标：1-0-0

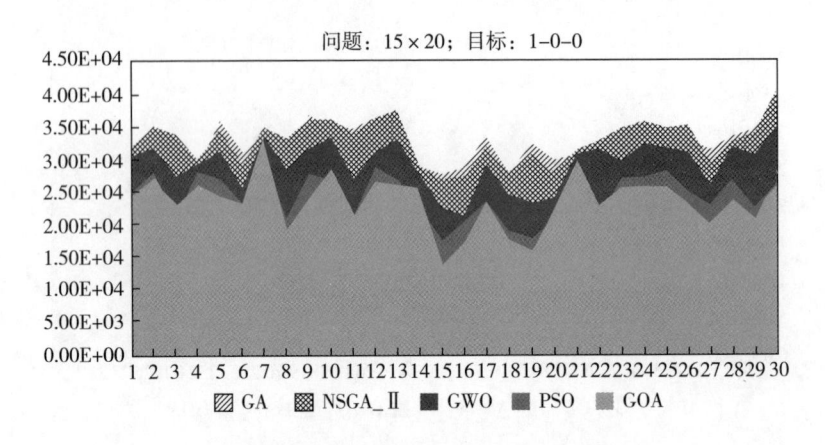

图9—9　15×20问题的算法性能比较

尽管每个实验的问题都是随机的，但这两种算法的性能比较清楚地反映了一定的趋势。图9—7、图9—8和图9—9表明，采用新设计的交叉和变异机制，GA和NSGA-II在所有三个不同问题上的表现都明显优于参考算法GWO、PSO和GOA。GWO算法处于第二层次，其次是PSO和GOA。

GA算法和NSGA-II算法的性能差异在于，在"产能需求方多于产能供给方"的情况下，NSGA-II算法大概率比GA算法有更好的性能；在"产能供给方多于产能需求方"和"产能需求方和产能供给方数量相等"的情况下，GA算法大概率比NSGA-II算法有更好的性能。这是因为在基于GA的算法中，直接使用加权目标来选择优秀的后代，使其在$\frac{2}{3}$的情况下表现出更好的性能。对于15—20的情况，产能供给方的数量大于产能需求方的数量，这就给产能需求方带来了很大的选择空间。在这种情况下，非支配排序方法在选择帕累托最优解时起着关键作用，该方法优于其他具有不同目标的最优解。因此，基于NSGA-II的算法为15—20的情况提供了更好的匹配方案。

2. 不拆分订单方案

考虑到产能需求方可能不愿意为了方便而分单，或产能供给方可

第九章 考虑公平关切的制造产能共享平台智能匹配推荐算法

能一次只能为一个产能需求方服务,因此这部分考虑"一买一卖"的匹配方案。采用基于 GA 和 NSGA-Ⅱ 的算法来生成最佳匹配方案。由于参考算法的结果相似,在此仅提供 PSO 算法(用 PSO-Integ 表示)的结果,并与 GA 和 NSGA-Ⅱ 进行比较。

从图 9—10 到图 9—12 可以看出,GA 和 NSGA-Ⅱ 在不分单方案下表现出明显优于 GA 的性能,尤其是在 20×15 和 20×20 的场景下。对于 15×20 的场景,当定义每个目标权重相等时,所有考虑的算法的性能都会波动。

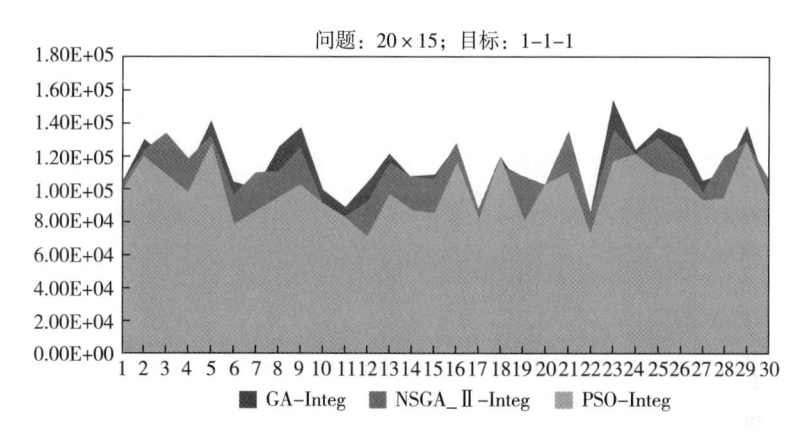

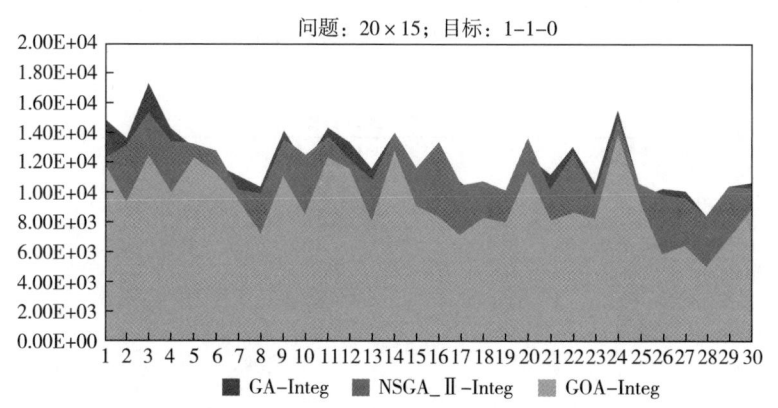

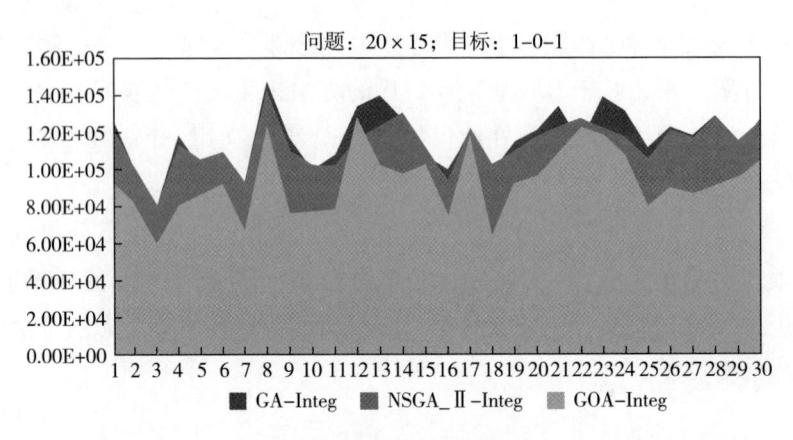

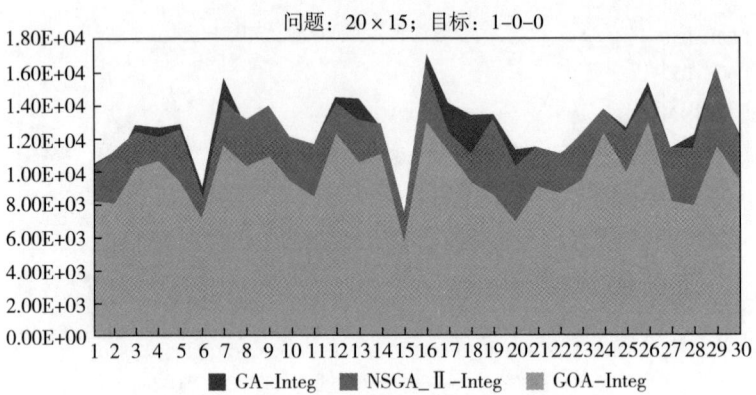

图 9—10　20×15 问题的算法性能比较

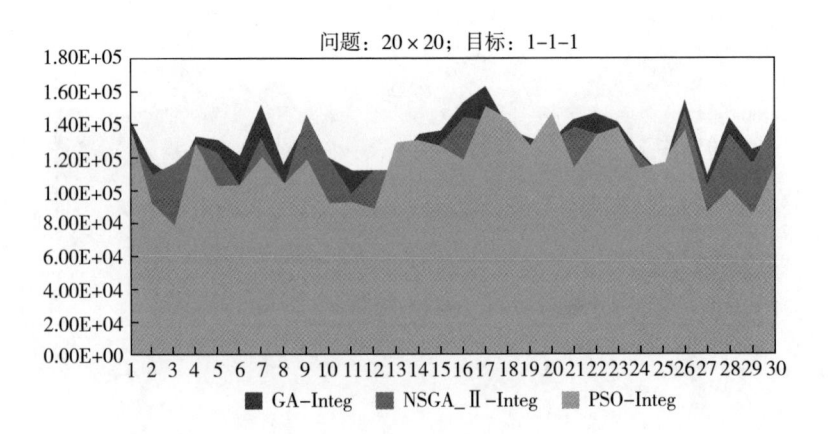

| 第九章 | 考虑公平关切的制造产能共享平台智能匹配推荐算法

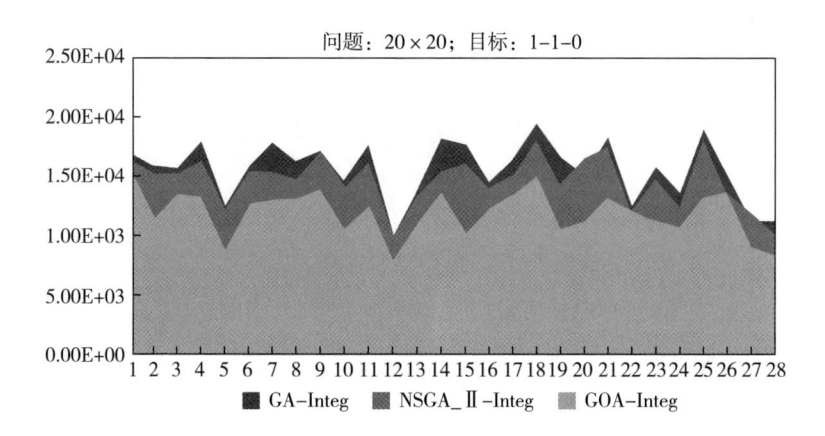

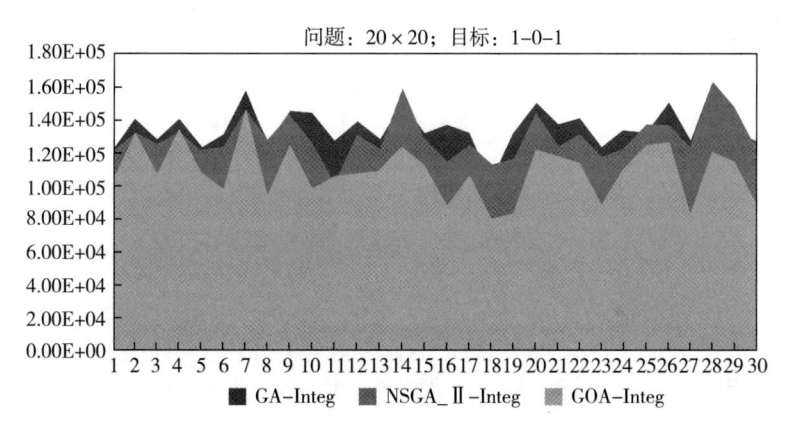

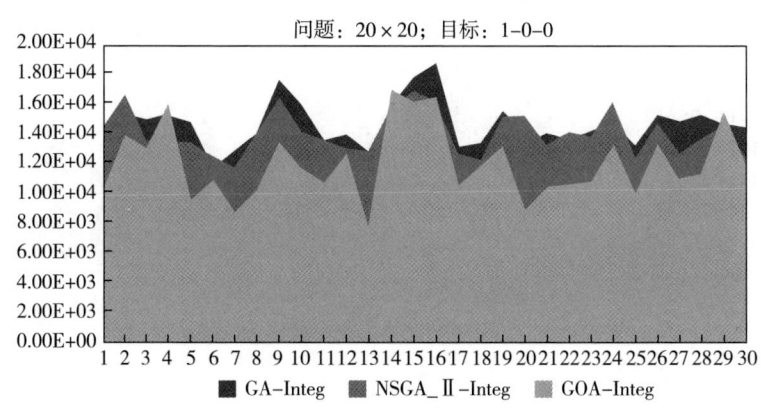

图 9—11 20×20 问题的算法性能比较

产能共享：竞合博弈与决策优化

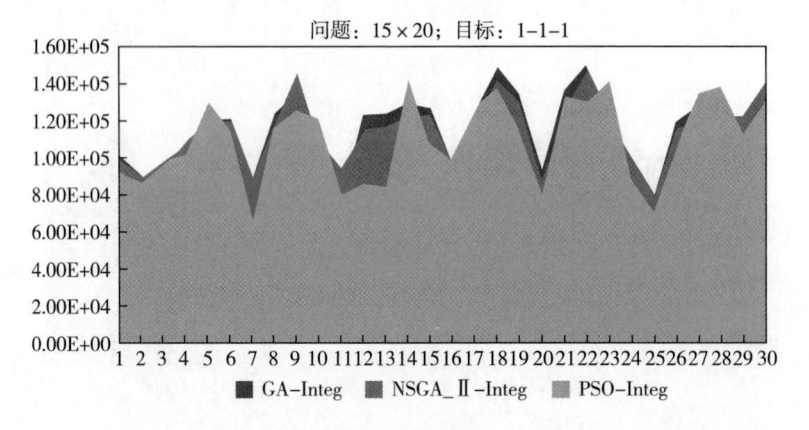

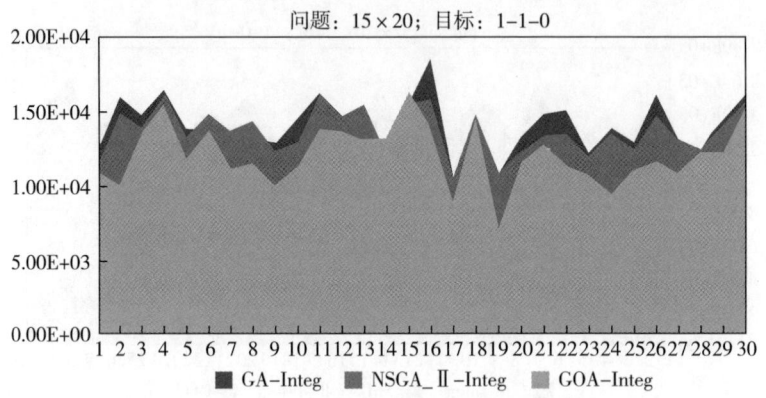

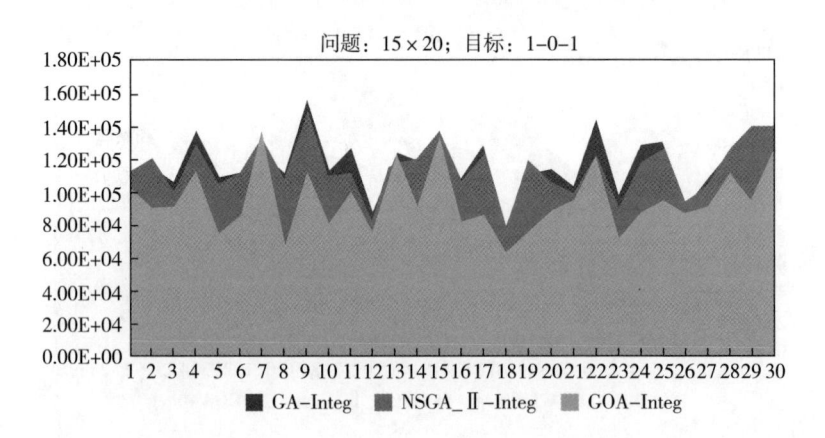

222

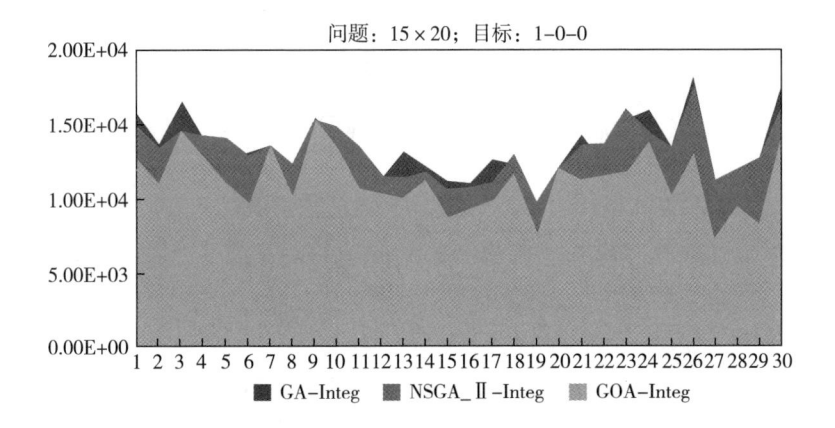

图 9—12　15×20 问题的算法性能比较

显然，在 15-20、20-15 和 20-20 的情况下，不分单方案的性能比分单方案的性能差，如图 9—13 所示。这是因为订单拆分方案使得产能需求方的需求满足几个高利润的产能供给方。有趣的是，结果表明，当更多的制造商加入产能共享平台时，这两种匹配方案之间的性能差距会缩小。原因是产能需求方拥有更大的选择空间来优化订单分配，从而最大化整体利润。

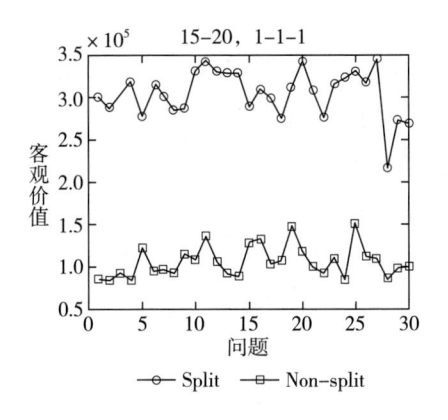

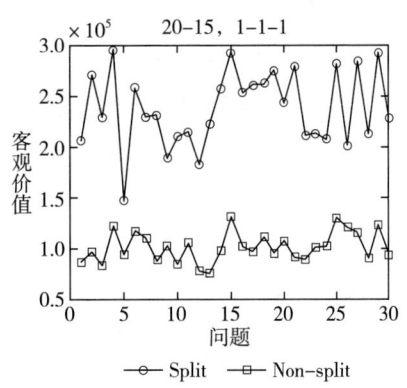

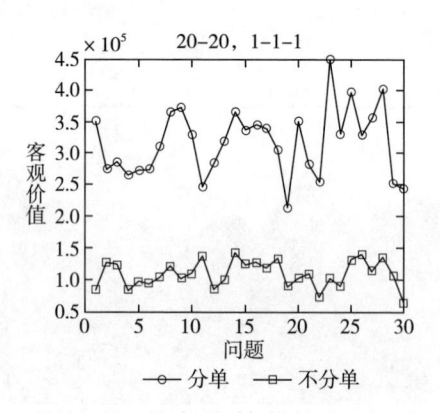

图 9—13 基于 GA 算法在顺序分单和不分单情况下的性能比较

第三节 结论

本章研究了产能共享的匹配问题，以优化供需失衡。同时考虑了包括产能需求方或产能供给方产能的七个约束条件。从平台、产能供给方和产能需求方的角度，研究了平台的利润、产能供给方利润的总和和产能需求方剩余效用的总和三个目标。此外，本章讨论了两种不同的匹配方案，以满足产能需求方的各种要求，即订单可以由一个或多个产能供给方完成。

为了优化产能需求方的需求和产能供给方的产能之间的匹配问题，本章开发了两种基于遗传算法的元启发式算法：一种是基于传统 GA，一种是基于 NSGA-II。本章的贡献依赖于 GA 的新二维交叉和顺序优先变异算子。此外，本章还开发了一种有效的方案修复机制。实验结果表明，两种算法对不同的方案都是有效的。此外，研究发现 GA 在"产能供给方多"的情况下表现更好，而 NSGA-II 在"产能需求方多"的情况下表现更好。

参考文献

鲍世赞、蔡瑞林:《智能制造共享及其用户体验:沈阳机床的例证》,《工业工程与管理》2017年第3期。

曹国昭、齐二石:《竞争环境下新创企业产量柔性技术战略决策研究》,《中国管理科学》2017年第11期。

陈晟恺、方水良、唐任仲:《基于需求预测的云制造服务租赁配置优化》,《计算机集成制造系统》2020年第11期。

冯艳刚、单雪纯:《考虑碳排放权交易的损失厌恶型生产商生产策略研究》,《阜阳师范学院学报》(自然科学版)2017年第2期。

国家发改委:《关于推动先进制造业和现代服务业深度融合发展的实施意见》,2019年,15部门印发,1762号。

国务院:《国务院关于深化制造业与互联网融合发展的指导意见》,《中华人民共和国国务院公报》2016年第16期。

孔繁辉、李健:《供应中断风险下OEM供应链弹性运作与提升策略》,《中国管理科学》2018年第2期。

李辉、谭显春、顾佰和等:《物联网环境下碳配额和减排双重约束的企业资源共享策略》,《系统工程理论与实践》2018年a第12期。

李辉、谭显春、顾佰和等:《物联网环境下碳配额和减排双重约束的企业资源共享策略》,《系统工程理论与实践》2018年b第12期。

廖诺、张紫君、贺勇:《考虑产能约束和分配方式的供应链信息共享价值创造与共享意愿》,《统计与决策》2017年第17期。

齐二石、李天博、刘亮等:《云制造环境下企业制造资源共享的演化博弈分析》,《运筹与管理》2017 年第 2 期。

任磊、任明仑:《基于学习与协同效应的云制造任务动态双边匹模型》,《中国管理科学》2018 年第 7 期。

石丹、李勇建:《不同激励机制下供应商产能投资问题研究》,《系统工程理论与实践》2015 年第 1 期。

苏凯凯、徐文胜、李建勇:《云制造环境下基于非合作博弈的资源优化配置方法》,《计算机集成制造系统》2015 年 a 第 7 期。

苏凯凯、徐文胜、李建勇:《云制造环境下基于非合作博弈的资源优化配置方法》,《计算机集成制造系统》2015 年 b 第 8 期。

邰丽君、胡如夫、赵韩等:《面向云制造服务的制造资源多目标动态优化调度》,《中国机械工程》2013 年第 12 期。

唐亚汇、李凌:《分享经济:理论辨析,模式比较与规制思路》,《经济学家》2017 年第 12 期。

田琛:《基于区块链的制造业产能共享模式创新研究》,《科技管理研究》2020 年第 11 期。

吴江华、姜帆:《供应链中具有产能限制的竞争企业中的信息共享研究》,《中国管理科学》2020 年第 5 期。

吴璐、郭强:《产能不对称情形下的竞争企业的共享合同选择》,《工业工程与管理》2019 年第 5 期。

夏一丹:《杭派女装共享产能平台的服务定价研究》,《物流工程与管理》2021 年。

向坤、杨庆育:《共享制造的驱动要素,制约因素和推动策略研究》,《宏观经济研究》2020 年。

谢磊、孟庆春、韩红帅:《跟单服务与溢短交易驱动下产能分享供应链均衡策略选择》,《中国管理科学》2022 年第 3 期。

谢磊:《不确定需求下供应链制造商产能分享策略研究》,博士学位论文,天津大学,2018 年。

辛依林:《竞合视角下制造企业产能共享策略的演化博弈分析》,《技术与创新管理》2020 年第 4 期。

徐辉、侯建明:《需求不确定条件下的制造商订单分配模型》,《中国管理科学》2016年第3期。

徐琪、吴翠、陈敢：《共享平台下供应链闲置资源动态优化配置策略》，《运筹与管理》2021年第9期。

徐婷婷、苏鸿飞：《共享经济视角下制造业产能共享模式研究》，《现代商贸工业》2018年。

姚锡凡、张剑铭：《智慧制造系统的基础理论与技术体系》，《系统工程理论与实践》2016年第10期。

姚远、邹望蠡、卢佳妮：《"互联网+"视域下大型仪器设备共享机制研究》，《科技资讯》2020年第13期。

易安斌、姚锡凡、周宏甫等：《云制造环境下设备资源的多目标优化选择》，《计算机集成制造系统》2017年第6期。

余明桂、范蕊、钟慧洁：《中国产业政策与企业技术创新》，《中国工业经济》2016年第12期。

张翠华、李春雨、施全杰：《需求更新下考虑参照依赖的网购物流服务质量控制研究》，《工业工程与管理》2020年第1期。

张玉明、朱艳丽、张馨月：《制造业资源共享服务平台运行机制——基于淘工厂的案例研究》，《中国科技论坛》2020年第9期。

赵道致、杜其光：《供应链中需求信息更新对制造能力共享的影响》，《系统管理学报》2017年第2期。

赵金辉、王学慧：《基于服务质量的云制造服务双向匹配模型》，《计算机集成制造系统》2016年第1期。

郑志来：《供给侧视角下共享经济与新型商业模式研究》，《经济问题探索》2016年第6期。

周济：《智能制造——"中国制造2025"的主攻方向》，《中国机械工程》2015年第17期。

Adler N., Hanany E., "Regulating Inter-firm Agreements: The Case of Airline Codesharing in Parallel Networks" *Transportation Research Part B: Methodological*, Vol. 84, 2016.

Agiza H. N., Elsadany A. A., "Nonlinear Dynamics in the Cournot Duopoly Game with Heterogeneous Players" *Physica A: Statistical Mechanics and its Applications*, Vol. 320, 2003.

Agrawal V., Seshadri S., "Impact of Uncertainty and Risk Aversion on Price and Order Quantity in the Newsvendor Problem" *Manufacturing & Service Operations Management*, Vol. 2, No. 4, 2000.

Ahmed E., Agiza H. N., Hassan S. Z., "On Modifications of Puu´s Dynamical Duopoly" *Chaos, Solitons & Fractals*, Vol. 11, No. 7, 2000.

Andersson O., Holm H. J., Tyran J. R. et. al., "Deciding for Others Reduces Loss Aversion" *Management Science*, Vol. 62, No. 1, 2016.

Askar S. S., "Complex Dynamic Properties of Cournot Duopoly Games with Convex and Log-concave Demand Function" *Operations Research Letters*, Vol. 42, No. 1, 2014.

Bao B., Ma J., Goh M., "Short-and Long-term Repeated Game Behaviours of Two Parallel Supply Chains Based on Government Subsidy in the Vehicle Market" *International Journal of Production Research*, Vol. 58, No. 24, 2020.

Benton W. C., Maloni M., "The Influence of Power Driven Buyer/Seller Relationships on Supply Chain Satisfaction" *Journal of Operations Management*, Vol. 23, No. 1, 2005.

Bischi G. I., Gallegati M., Naimzada A., "Symmetry-breaking Bifurcations and Representativefirm in Dynamic Duopoly Games" *Annals of Operations Research*, Vol. 89, No. 0, 1999.

Boonman H. J., Hagspiel V., Kort P. M., "Dedicated Vs Product Flexible Production Technology: Strategic Capacity Investment Choice" *European Journal of Operational Research*, Vol. 244, No. 1, 2015.

Boysen N., Emde S., Schwerdfeger S., "Crowdshipping by Employees of Distribution Centers: Optimization Approaches for Matching Supply and Demand" *European Journal of Operational Research*, Vol. 296, No. 2, 2022.

Cachon G. P., Daniels K. M., Lobel R., "The Role of Surge Pricing on a Service Platform with Self-Scheduling Capacity" *Manufacturing & Serv-*

ice Operations Management, Vol. 19, No. 3, 2017.

Cavalli F., Naimzada A., Tramontana F., "Nonlinear Dynamics and Global Analysis of a Heterogeneous Cournot Duopoly with a Local Monopolistic Approach Versus a Gradient Rule with Endogenous Reactivity" Communications in Nonlinear Science and Numerical Simulation, Vol. 23, No. 1 - 3, 2015.

Chakraborty A., Kumar R. R., Bhaskar K., "A Game-Theoretic Approach for Electric Vehicle Adoption and Policy Decisions under Different Market Structures" Journal of the Operational Research Society, Vol. 72, No. 3, 2021.

Chen J., Shi J., Liu J., "Capacity Sharing Strategy with Sustainable Revenue-Sharing Contracts" Technological and Economic Development of Economy, Vol. 28, No. 1, 2022

Chen J., Wang X., Chu Z., "Capacity Sharing, Product Differentiation and Welfare" Economic Research - Ekonomska Istraživanja, Vol. 33, No. 1, 2020.

Chen J. C., Wang K. J., Wang S. M. et. al., "Price Negotiation for Capacity Sharing in a Two-Factory Environment Using Genetic Algorithm" International Journal of Production Research, Vol. 46, No. 7, 2008.

Chen J. Y., Dimitrov S., Pun H., "The Impact of Government Subsidy on Supply Chains' Sustainability Innovation" Omega, Vol. 86, 2019.

Chen L. G., Ding D., Ou J., "Power Structure and Profitability in Assembly Supply Chains" Production and Operations Management, Vol. 23, No. 9, 2014.

Cho S. H., Tang C. S., "Capacity Allocation under Retail Competition: Uniform and Competitive Allocations" Operations Research, Vol. 62, No. 1, 2014.

Choi S. C., "Price Competition in a Channel Structure with a Common Retailer" Marketing Science, Vol. 10, No. 4, 1991.

Coates D., Humphreys B. R., Zhou L., "Reference-Dependent Preferences, Loss Aversion, and Live Game Attendance" *Economic Inquiry*, Vol. 52, No. 3, 2014.

Cox A., "Power, Value and Supply Chain Management" *Supply Chain Management: An International Journal*, Vol. 4, No. 4, 1999.

Dixit A., "Comparative Statics for Oligopoly" *International Economic Review*, 1986.

Ertek G., Griffin P. M., "Supplier-and Buyer-Driven Channels in a Two-Stage Supply Chain" *IIE Transactions*, Vol. 34, No. 8, 2002.

Fang D., Wang J., "Horizontal Capacity Sharing between Asymmetric Competitors" *Omega*, Vol. 97, 2020.

Feng X., Moon I., Ryu K., "Warehouse Capacity Sharing Via Transshipment for an Integrated Two-Echelon Supply Chain" *Transportation Research Part E: Logistics and Transportation Review*, Vol. 104, 2017.

Ferreira F. A., Ferreira F., "Quantity-Setting Competition with Differentiated Goods under Uncertain Demand" //*AIP Conference Proceedings. American Institute of Physics*, Vol. 1168, No. 1, 2009.

Gan B. P., Liow L. F., Gupta A. K. et. al., "Analysis of a Borderless Fab Using Interoperating Autosched AP Models" *International Journal of Production Research*, Vol. 45, No. 3, 2007.

Ghosh D., Shah J., "A Comparative Analysis of Greening Policies Across Supply Chain Structures" *International Journal of Production Economics*, Vol. 135, No. 2, 2012.

Giri B C., Sharma S., "Optimal Production Policy for a Closed-Loop Hybrid System with Uncertain Demand and Return under Supply Disruption" *Journal of Cleaner Production*, Vol. 112, 2016.

Goyal M., Netessine S., "Strategic Technology Choice and Capacity Investment under Demand Uncertainty" *Management Science*, Vol. 53, No. 2, 2007.

Grauberger W., Kimms A., "Revenue Management under Horizontal and Vertical Competition Within Airline Alliances" *Omega*, Vol. 59, 2016.

Grolleau G., Kocher M. G., Sutan A., "Cheating and Loss Aversion: Do People Cheat More to Avoid a Loss?" *Management Science*, Vol. 62, No. 12, 2016.

Guo L., Wu X., "Capacity Sharing between Competitors" *Management Science*, Vol. 64, No. 8, 2018.

Hedenstierna C. P. T., Disney S. M., Eyers D. R. et. al., "Economies of Collaboration in Build-To-Model Operations" *Journal of Operations Management*, Vol. 65, No. 8, 2019.

Hozdic E., "Smart Factory for Industry 4.0: A Review" *International Journal of Modern Manufacturing Technologies*, Vol. 7, No. 1, 2015.

Hu X., Caldentey R., Vulcano G., "Revenue Sharing in Airline Alliances" *Management Science*, Vol. 59, No. 5, 2013.

Huang W., Swaminathan J. M., "Introduction of a Second Channel: Implications for Pricing and Profits" *European Journal of Operational Research*, Vol. 194, No. 1, 2009.

Hwarng H. B., Xie N., "Understanding Supply Chain Dynamics: A Chaos Perspective" *European Journal of Operational Research*, Vol. 184, No. 3, 2008.

Imas A., Sadoff S., Samek A., "Do People Anticipate Loss Aversion?" *Management Science*, Vol. 63, No. 5, 2017.

Jiang C., D'Alfonso T., Wan Y., "Air-Rail Cooperation: Partnership Level, Market Structure and Welfare Implications" *Transportation Research Part B: Methodological*, Vol. 104, 2017.

Jing X., "Research on Capacity Sharing Strategy Based on Mediation Sharing Platform and Enterprise Alliance Model" 2020 *2nd International Conference on Economic Management and Model Engineering (ICEMME)*. IEEE, 2020.

Jury E. I., Stark L., Krishnan V. V., "Inners and Stability of Dynamic Systems" *IEEE Transactions on Systems, Man, and Cybernetics*, No. 10, 1976.

Kabak I. W. , Schiff A. I. , "Inventory Models and Management Objectives" *Sloan Management Review (Pre-1986)*, Vol. 19, No. 2, 1978.

Khouja M. , "The Single-Period (News-Vendor) Problem: Literature Review and Suggestions for Future Research" *Omega*, Vol. 27, No. 5, 1999.

Klophaus R. , Lordan O. , "Codesharing Network Vulnerability of Global Airline Alliances" *Transportation Research Part A: Policy and Practice*, Vol. 111, 2018.

Kök A. G. , Shang K. , YüCel Ş. , "Investments in Renewable and Conventional Energy: The Role of Operational Flexibility" *Manufacturing & Service Operations Management*, Vol. 22, No. 5, 2020.

Lai M. , Xue W. , Hu Q. , "An Ascending Auction for Freight Forwarder Collaboration in Capacity Sharing" *Transportation Science*, Vol. 53, No. 4, 2019.

Lekavicius V. , Bobinaitë V. , Galinis A. et. al. , "Distributional Impacts of Investment Subsidies for Residential Energy Technologies" *Renewable and Sustainable Energy Reviews*, Vol. 130, 2020.

Li L. , Zhang R. Q. , "Cooperation Through Capacity Sharing between Competing Forwarders" *Transportation Research Part E: Logistics and Transportation Review*, Vol. 75, 2015.

Li L. , "Cooperative Purchasing and Preactive Inventory Sharing-Channel Balancing and Performance Improvement" *European Journal of Operational Research*, Vol. 278, No. 3, 2019.

Li Q. , Zhou J. , "A Horizontal Capacity Reservation Game under Asymmetric Information" *International Journal of Production Research*, Vol. 57, No. 4, 2019.

Li W. , Chen J. , "Backward Integration Strategy in a Retailer Stackelberg Supply Chain" *Omega*, Vol. 75, 2018.

Liu S. , Hua G. , Cheng T. C. E. et. al. , "Unmanned Vehicle Distribution Capacity Sharing with Demand Surge under Option Contracts" *Transportation Research Part E: Logistics and Transportation Review*, Vol. 149, 2021.

Liu Y., Zhang L., Tao F. et. al., "Resource Service Sharing in Cloud Manufacturing Based on the Gale-Shapley Algorithm: Advantages and Challenge" *International Journal of Computer Integrated Manufacturing*, Vol. 30, No. 4-5, 2017.

Liu Z. Z., Song C., Chu D. H. et. al., "An Approach for Multipath Cloud Manufacturing Services Dynamic Composition" *International Journal of Intelligent Systems*, Vol. 32, No. 4, 2017.

Long X., Nasiry J., "Prospect Theory Explains Newsvendor Behavior: The Role of Reference Points" *Management Science*, Vol. 61, No. 12, 2015.

Lyu G., Cheung W. C., Chou M. C. et. al., "Capacity Allocation in Flexible Production Networks: Theory and Applications" *Management Science*, Vol. 65, No. 11, 2019.

Ma J., Wang H., "Complexity Analysis of Dynamic Noncooperative Game Models for Closed-Loop Supply Chain with Product Recovery" *Applied Mathematical Modelling*, Vol. 38, No. 23, 2014.

Ma J., Xie L., "Analysis on Capacity Sharing with Failed Match Based on the Evolutionary Game Theory" *International Journal of Bifurcation and Chaos*, Vol. 32, No. 6, 2022.

Ma J., Zhang J., "Price Game and Chaos Control Among Three Oligarchs with Different Rationalities in Property Insurance Market" *Chaos: An Interdisciplinary Journal of Nonlinear Science*, Vol. 22, No. 4, 2012.

Maloni M., Benton W. C., "Power Influences in the Supply Chain" *Journal of Business Logistics*, Vol. 21, No. 1, 2000.

Mishra S., Singh S. P., "Designing Dynamic Reverse Logistics Network for Post-Sale Service" *Annals of Operations Research*, 2022.

Moghaddam M., Nof S. Y., "Combined Demand and Capacity Sharing with Best Matching Decisions in Enterprise Collaboration" *International Journal of Production Economics*, Vol. 148, 2014.

Niu B., Wang Y., Guo P., "Equilibrium Pricing Sequence in a Co-Opetitive Supply Chain with the ODM as a Downstream Rival of its OEM" *O-*

mega, Vol. 57, 2015.

Patro G. K., Chakraborty A., Ganguly N. et. al., "Incremental Fairness in Two-Sided Market Platforms: on Smoothly Updating Recommendations" *Proceedings of the AAAI Conference on Artificial Intelligence*. Vol. 34, No. 1, 2020.

Qi A., Ahn H. S., Sinha A., "To Share or Not to Share? Capacity Reservation in a Shared Supplier" *Production and Operations Management*, Vol. 28, No. 11, 2019.

Qin J., Wang K., Wang Z. et. al., "Revenue Sharing Contracts for Horizontal Capacity Sharing under Competition" *Annals of Operations Research*, Vol. 291, 2020.

Que Y., Zhong W., Chen H. et. al., "Improved Adaptive Immune Genetic Algorithm for Optimal Qos-Aware Service Composition Selection in Cloud Manufacturing" *The International Journal of Advanced Manufacturing Technology*, Vol. 96, 2018.

Ren X., Herty M., Zhao L., "Optimal Price and Service Decisions for Sharing Platform and Coordination between Manufacturer and Platform with Recycling" *Computers & Industrial Engineering*, Vol. 147, 2020.

Renna P., Argoneto P., "A Game Theoretic Coordination for Trading Capacity in Multisite Factory Environment" *The International Journal of Advanced Manufacturing Technology*, Vol. 47, 2010.

Renna P., Argoneto P., "Capacity Sharing in a Network of Independent Factories: A Cooperative Game Theory Approach" *Robotics and Computer-Integrated Manufacturing*, Vol. 27, No. 2, 2011.

Roels G., Tang C. S., "Win-Win Capacity Allocation Contracts in Coproduction and Codistribution Alliances" *Management Science*, Vol. 63, No. 3, 2017.

Schweitzer M. E., Cachon G. P., "Decision Bias in the Newsvendor Problem with a Known Demand Distribution: Experimental Evidence" *Management Science*, Vol. 46, No. 3, 2000.

Seok H. , Nof S. Y. , "Collaborative Capacity Sharing Among Manufacturers on the Same Supply Network Horizontal Layer for Sustainable and Balanced Returns" *International Journal of Production Research*, Vol. 52, No. 6, 2014.

Seok H. , Nof S. Y. , "Dynamic Coalition Reformation for Adaptive Demand and Capacity Sharing" *International Journal of Production Economics*, Vol. 147, 2014.

Shao X. , "Capacity Sharing: The Impacts of Agreement and Contracting Timing" *Journal of the Operational Research Society*, Vol. 72, No. 10, 2021.

Shao X. F. , "Production Disruption, Compensation, and Transshipment Policies" *Omega*, Vol. 74, 2018.

Shi Y. , Han B. , Zeng Y. , "Simulating Policy Interventions in the Interfirm Diffusion of Low-Carbon Technologies: an Agent-Based Evolutionary Game Model" *Journal of Cleaner Production*, Vol. 250, 2020.

Sterman J. D. , "Modeling Managerial Behavior: Misperceptions of Feedback in a Dynamic Decision Making Experiment" *Management Science*, Vol. 35, No. 3, 1989.

Su C. , Liu X. , Du W. , "Green Supply Chain Decisions Considering Consumers' Low-Carbon Awareness under Different Government Subsidies" *Sustainability*, Vol. 12, No. 6, 2020.

Sudhir K. , "Structural Analysis of Manufacturer Pricing in the Presence of a Strategic Retailer" *Marketing Science*, Vol. 20, No. 3, 2001.

Tao F. , Cheng Y. , Zhang L. et. al. , "Advanced Manufacturing Systems: Socialization Characteristics and Trends" *Journal of Intelligent Manufacturing*, Vol. 28, 2017.

Tereyağoğlu N. , Fader P. S. , Veeraraghavan S. , "Multiattribute Loss Aversion and Reference Dependence: Evidence from the Performing Arts Industry" *Management Science*, Vol. 64, No. 1, 2018.

Tomlin B. , "Capacity Investments in Supply Chains: Sharing the Gain

Rather Than Sharing the Pain" *Manufacturing & Service Operations Management*, Vol. 5, No. 4, 2003.

Tversky A., Kahneman D., "Advances in Prospect Theory: Cumulative Representation of Uncertainty" *Journal of Risk and Uncertainty*, Vol. 5, 1992.

Tversky A., Kahneman D., "Loss Aversion in Riskless Choice: A Reference-Dependent Model" *The Quarterly Journal of Economics*, Vol. 106, No. 4, 1991.

Wang C. X., Webster S., "The Loss-Averse Newsvendor Problem" *Omega*, Vol. 37, No. 1, 2009.

Wang C. X., "The Loss-Averse Newsvendor Game" *International Journal of Production Economics*, Vol. 124, No. 2, 2010.

Wang F., Zhuo X., Niu B. et. al., "Who Canvasses for Cargos? Incentive Analysis and Channel Structure in a Shipping Supply Chain" *Transportation Research Part B: Methodological*, Vol. 97, 2017.

Wang Y., Niu B., Guo P., "On the Advantage of Quantity Leadership When Outsourcing Production to a Competitive Contract Manufacturer" *Production and Operations Management*, Vol. 22, No. 1, 2013.

Wei L., Zhang J., Zhu G., "Incentive of Retailer Information Sharing on Manufacturer Volume Flexibility Choice" *Omega*, Vol. 100, 2021.

Wei L., Zhang J., "Strategic Substitutes or Complements? The Relationship between Capacity Sharing and Postponement Flexibility" *European Journal of Operational Research*, Vol. 294, No. 1, 2021.

Weng Z. K., "Coordinating Order Quantities between the Manufacturer and the Buyer: A Generalized Newsvendor Model" *European Journal of Operational Research*, Vol. 156, No. 1, 2004.

Whalen W. T., "A Panel Data Analysis of Code-Sharing, Antitrust Immunity, and Open Skies Treaties in International Aviation Markets" *Review of Industrial Organization*, Vol. 30, 2007.

Wong C. Y., Wong C. W. Y., Boon-Itt S., "Effects of Green Supply

Chain Integration and Green Innovation on Environmental and Cost Performance" *International Journal of Production Research*, Vol. 58, No. 15, 2020.

Wu D., Chi Y., Peng R. et. al., "Reliability of Capacitated Systems with Performance Sharing Mechanism" *Reliability Engineering & System Safety*, Vol. 189, 2019.

Wu M C., Chang W. J., "A Short-Term Capacity Trading Method for Semiconductor Fabs with Partnership" *Expert Systems with Applications*, Vol. 33, No. 2, 2007.

Wu X., Kouvelis P., Matsuo H., "Horizontal Capacity Coordination for Risk Management and Flexibility: Pay Ex Ante or Commit a Fraction of Ex Post Demand?" *Manufacturing & Service Operations Management*, Vol. 15, No. 3, 2013.

Xiao T., Yang D., "Price and Service Competition of Supply Chains with Risk-Averse Retailers under Demand Uncertainty" *International Journal of Production Economics*, Vol. 114, No. 1, 2008.

Xiao Y., Fu X., Zhang A., "Demand Uncertainty and Airport Capacity Choice" *Transportation Research Part B: Methodological*, Vol. 57, 2013.

Xie L., Han H., "Capacity Sharing and Capacity Investment of Environment-Friendly Manufacturing: Strategy Selection and Performance Analysis" *International Journal of Environmental Research and Public Health*, Vol. 17, No. 16, 2020.

Yan X., Gu C., "Wyman-Pain H. et. al., Capacity Share Optimization for Multiservice Energy Storage Management under Portfolio Theory" *IEEE Transactions on Industrial Electronics*, Vol. 66, No. 2, 2018.

Yan X., Qiu H., Peng R. et. al., "Optimal Configuration of a Power Grid System with a Dynamic Performance Sharing Mechanism" *Reliability Engineering & System Safety*, Vol. 193, 2020.

Yang F., Kong J., Liu T. et. al., "Cooperation and Coordination in Green Supply Chain with R&D Uncertainty" *Journal of the Operational Research Society*, Vol. 73, No. 3, 2022.

Yang Z., Hu X., Gurnani H. et. al., "Multichannel Distribution Strategy: Selling to a Competing Buyer with Limited Supplier Capacity" *Management Science*, Vol. 64, No. 5, 2018.

Yeung J. H. Y., Selen W., Zhang M. et. al., "The Effects of Trust and Coercive Power on Supplier Integration" *International Journal of Production Economics*, Vol. 120, No. 1, 2009.

Yi G., Hu H., Zhang S. et. al., "Composition Modeling for Manufacturing Resource Cloud Service" *Service Oriented Computing and Applications*, Vol. 14, 2020.

Yi H., Sarker B. R., "An Operational Policy for an Integrated Inventory System under Consignment Stock Policy with Controllable Lead Time and Buyers' Space Limitation" *Computers & Operations Research*, Vol. 40, No. 11, 2013.

Yimga J., Gorjidooz J., "Airline Code-Sharing and Capacity Utilization: Evidence from the US Airline Industry" *Transportation Journal*, Vol. 58, No. 4, 2019.

Yimga J. O., "Airline Code-Sharing and its Effects on On-Time Performance" *Journal of Air Transport Management*, Vol. 58, 2017.

Yu Y., Benjaafar S., Gerchak Y., "Capacity Sharing and Cost Allocation Among Independent Firms with Congestion" *Production and Operations Management*, Vol. 24, No. 8, 2015.

Yuan X., Hwarng H. B., "Stability and Chaos in Demand-Based Pricing under Social Interactions" *European Journal of Operational Research*, Vol. 253, No. 2, 2016.

Zhao D., Han H., Shang J. et. al., "Decisions and Coordination in a Capacity Sharing Supply Chain under Fixed and Quality-Based Transaction Fee Strategies" *Computers & Industrial Engineering*, Vol. 150, 2020.

Zhao D., Hao J., Cao C. et. al., "Evolutionary Game Analysis of Three-Player for Low-Carbon Production Capacity Sharing" *Sustainability*, Vol. 11, No. 11, 2019.

参考文献

Zhao X., Huo B., Flynn B. B. et. al., "The Impact of Power and Relationship Commitment on the Integration between Manufacturers and Customers in a Supply Chain" *Journal of Operations Management*, Vol. 26, No. 3, 2008.

Zheng J., Sun X., Jia L. et. al., "Electric Passenger Vehicles Sales and Carbon Dioxide Emission Reduction Potential in China's Leading Markets" *Journal of Cleaner Production*, Vol. 243, 2020.

Zou L., Chen X., "The Effect of Code-Sharing Alliances on Airline Profitability" *Journal of Air Transport Management*, Vol. 58, 2017.

Çömez N., Stecke K. E., Çakanyıldırım M., "In-Season Transshipments Among Competitive Retailers" *Manufacturing & Service Operations Management*, Vol. 14, No. 2, 2012.